Susanne Viernickel • Petra Völkel

Beobachten und Dokumentieren im pädagogischen Alltag

Susanne Viernickel • Petra Völkel

Beobachten und Dokumentieren im pädagogischen Alltag

HERDER
FREIBURG · BASEL · WIEN

Bei einigen Texten war es trotz intensiver Recherche nicht möglich, den Rechtsträger ausfindig zu machen. Für Hinweise sind Autorinnen und Verlag dankbar.

Im Interesse der besseren Lesbarkeit und weil Frauen in frühpädagogischen Berufen prozentual stärker vertreten sind als Männer, wird in diesem Buch stets die Leserin angesprochen und auch meist die weibliche Form verwendet, wenn von pädagogischen Fachkräften die Rede ist. Selbstverständlich sind damit aber immer Leser und Leserinnen bzw. männliche und weibliche Fachkräfte gleichermaßen gemeint.

MIX
Paper | Supporting responsible forestry
FSC® C084698

Erweiterte Neuausgabe 2022
(10. Gesamtauflage)

www.herder.de

Satz und Umschlaggestaltung: Röser MEDIA GmbH & Co. KG, Karlsruhe
Umschlagbild: Klara Killeit
Fotos:
Seiten 76, 85, 86, 91, 105, 111, 121, 127, 132, 136, 137, 140, 146, 148, 151, 158: Bildarchiv Herder
S. 13 (c) FatCamera/GettyImages; S. 16 (c) nyul/GettyImages; S. 21 (c) Yvonne Bogdanski/AdobeStock; S. 23 (c) lagom/AdobeStock; S. 24 (c) ajijchan/GettyImages; S. 25 (c) HalfPoint/GettyImages; S. 26 (c) romrodinka/GettyImages; S. 28 (c) brebca/GettyImages; S. 30 (c) FatCamera/GettyImages; S. 32 (c) SolStock/GettyImages; S. 43 (c) DmitriyBezborodkin/GettyImages; S. 69 (c) SeventyFour/GettyImages; S. 167 (c) SolStock/GettyImages; S. 172 (c) kali9/iStock; S. 183 (c) SerrNovik/GettyImages; S. 184 (c) andreonegin/GettyImages;

Herstellung: PNB Print Ltd
Printed in Latvia

ISBN Print 978-3-451-38932-0
ISBN E-Book (PDF) 978-3-451-82511-8
ISBN E-Book (EPUB) 978-3-451-82517-0

Inhalt

Einleitung: Was Sie in diesem Buch erwartet 9

1. Beobachten als pädagogische Grundhaltung 13

1.1 Von der subjektiven Wahrnehmung zum Perspektivenwechsel 14
1.2 Einstellung gegenüber dem Kind 15
1.3 Beschreibung der kindlichen Handlungen 19
1.4 Erforschen der subjektiven Absichten der Kinder und erste Deutungen 20
1.5 Angebote machen und Impulse setzen 30

2. Beobachten und Dokumentieren als Elemente fachlichen Handelns 33

2.1 Beobachtung und Dokumentation in Qualitätshandbüchern und Bildungsplänen 34
2.2 Beobachten und Dokumentieren als Teil der Einrichtungskonzeption 37
2.3 Drei Säulen eines Beobachtungssystems 41

3. Beobachten und Dokumentieren in der praktischen Umsetzung 43

3.1 Beobachtung als pädagogisches Angebot? 45
3.2 Zeitliche und personelle Planung von Beobachtung 48
3.3 Wege zum Ziel: Zwei Praxisbeispiele 55
3.4 Die häufigsten Beobachtungs-„Fallen“ und wie man sie umgeht 59

4. Verfahren zur systematischen Beobachtung und Dokumentation von Entwicklungs- und Bildungsprozessen 69

4.1 Beobachtungsbasierte Bildungskonzepte 75
4.1.1 Das infans-Konzept der Frühpädagogik 75
4.1.2 Bildungs- und Lerngeschichten 80

4.1.3 Wahrnehmendes Beobachten 91
4.1.4 Early-Excellence-Ansatz 96
4.1.5 Die Leuvener Engagiertheitsskala 101
4.2 Beobachtung von Kompetenzen in mehreren Entwicklungs-/ Bildungsbereichen 107
4.2.1 Kuno Bellers Entwicklungstabelle 0–9 107
4.2.2 Der Baum der Erkenntnis 113
4.2.3 Die Entwicklungsschnecken 117
4.2.4 Mondey 120
4.2.5 KOMPIK 125
4.3 Sprachliche Kompetenzen und Sprachstandsfeststellung 129
4.3.1 liseb, sismik, seldak, selsa 129
4.3.1.1 liseb 130
4.3.1.2 sismik & seldak 134
4.3.1.3 selsa 139
4.3.2 BaSiK 143
4.4 perik – positive Entwicklung und Resilienz im Kindergartenalltag 149
4.5 Ermittlung von Gruppenstrukturen (Soziogramme) 152
4.6 Beobachtung zur Früherkennung von Entwicklungsrisiken 157
4.6.1 Grenzsteine der Entwicklung 157
4.6.2 Entwicklungsbeobachtung und -dokumentation 3–48 (EBD 3–48) und 48–72 (EBD 48–72) 160
4.6.3 Beobachtungsbogen zur Erfassung von Entwicklungsrückständen und Verhaltensauffälligkeiten bei Kindergartenkindern – BEK 164

5. Dokumentationsformen 167

5.1 Dokumentation und Analyse spontaner Beobachtungen 169
5.2 Dokumentation und Analyse von ungeplanten Beobachtungen 170
5.3 Dokumentation und Analyse von Gesprächen mit Kindern 171
5.4 Dokumentation und Analyse von Fotografien und Filmaufnahmen 173
5.5 Portfolio-Dokumentation 176

6. Zum Abschluss: Was Sie auf jeden Fall beachten sollten, wenn Sie beobachten 183

6.1 Das Bild vom Kind 185
6.2 Perspektivenübernahme 186
6.3 Theoretische Grundannahmen zu Entwicklung und Entwicklungsverläufen 186
6.4 Beteiligung von Eltern und Kindern an der Dokumentation 187
6.5 Praktische Erfordernisse zur Arbeit mit den unterschiedlichen Verfahren 187

Literatur 189

Anhang 194

Einleitung: Was Sie in diesem Buch erwartet

Die Idee, Kinder zu beobachten, um sie zu verstehen, ist nicht neu, und als pädagogische Fachkraft tun Sie dies wahrscheinlich auch täglich, wenn Sie mit den Kindern Ihrer Gruppe spielen, sprechen und sich um sie kümmern. Deshalb wissen Sie in der Regel auch viel über die Kinder, die Sie betreuen. Sie können benennen, was die Kinder besonders gerne tun und was ihnen Spaß macht; Sie haben einen Eindruck davon, was einzelne Kinder besonders gut können, und Sie haben eine Idee davon, welche Kinder miteinander befreundet sind und häufig miteinander spielen. Andererseits sind Sie wahrscheinlich auch manchmal irritiert von dem, was die Kinder treiben. Sie fragen sich vielleicht, „was das jetzt schon wieder soll", und haben den Wunsch, es genauer zu verstehen. Außerdem möchten Sie natürlich dem gesetzlichen Bildungsauftrag von Kindertageseinrichtungen gerecht werden und jedes Kind in seiner Entwicklung so gut wie möglich fördern.

Mit diesem Buch möchten wir Ihnen Anregungen und Hinweise geben, wie Sie durch systematische Beobachtung und Dokumentation die Kinder Ihrer Gruppe bzw. in Ihrem Verantwortungsbereich noch besser oder vielleicht auch ganz anders kennenlernen können. Dabei gehen wir davon aus, dass das, was Erwachsene an Kindern wahrnehmen, beeinflusst ist durch die Vorstellung, die sie vom kindlichen Lernen haben. Basierend auf Erkenntnissen der Pädagogik, der Entwicklungspsychologie und der Neurobiologie betrachten wir Kinder grundsätzlich als Wesen, die mit dem Wunsch, sich zu bilden, auf die Welt kommen, deren Neugier und das Bedürfnis, die Welt zu verstehen, keine Grenzen kennen, und die mit allen ihnen zur Verfügung stehenden Mitteln versuchen, die sie umgebende Welt zu erforschen. Aufgabe von Erwachsenen ist es unserer Meinung nach, diesem Forscherdrang der Kinder mit einem breiten Angebot an individuellen Bildungsmöglichkeiten zu begegnen.

Um vor diesem Hintergrund die Bildungs- und Entwicklungsprozesse eines jeden Kindes möglichst optimal zu unterstützen und herauszufordern, ist unserer Ansicht nach die Beobachtung und Dokumentation kindlicher Bildungsprozesse unerlässlich. Die Beobachtung von Kindern betrachten wir als pädagogische Grundhaltung, denn nur durch jene Bildungsangebote, die auf die individuellen Interessen, Bedürfnisse und Wünsche der Kinder abgestimmt sind, ist ein Entwicklungsfortschritt zu erwarten.

Um Interessen, Bedürfnisse und Wünsche der Kinder zu verstehen, ist es notwendig, dass sich Erwachsene auf die kindliche „Weltsicht" einlassen. Das **erste Kapitel** dieses Buches beschäftigt sich deshalb damit, warum es wichtig ist und wie es gelingen kann,

- sich bei der Beobachtung in die Perspektive des Kindes zu versetzen,
- davon auszugehen, dass das Tun des Kindes für es selbst Sinn macht (auch wenn Erwachsene diesen Sinn nicht gleich verstehen),
- die subjektiven Absichten des Kindes zu erforschen
- und darauf aufbauend Angebote zu machen und Impulse zu setzen.

Zum besseren Verständnis der kindlichen Weltsicht werden im ersten Kapitel einige typische Entwicklungsthemen von Kindern im vorschulischen Alter beschrieben.

In aktuellen Qualitätshandbüchern und in den Bildungsplänen der einzelnen Bundesländer wird der Beobachtung und Dokumentation kindlicher Bildungsprozesse als Element fachlichen Handelns große Bedeutung beigemessen. Das **zweite Kapitel** dieses Buches beschäftigt sich damit,

- welche Aufgaben sich stellen und welche Kompetenzen von pädagogischen Fachkräften in Bezug auf die Beobachtung und Dokumentation erwartet werden
- und gibt Hinweise darauf, wie Sie sich Klarheit darüber verschaffen können, wo Ihre Einrichtung in dieser Hinsicht im Augenblick steht, was sie leisten sollte und was sie leisten möchte.

Wie ein aus fachlicher Sicht geeignetes Beobachtungssystem konzipiert sein sollte, ist ebenfalls in Kapitel 2 beschrieben.

Das **dritte Kapitel** thematisiert, wie die systematische Beobachtung von Kindern als pädagogisches Angebot in die alltägliche Praxis integriert werden kann. Es werden Überlegungen dazu angestellt,

- welche Chancen eine regelmäßige und reflektierte Beobachtungs- und Dokumentationspraxis für die Weiterentwicklung der pädagogischen Arbeit in der Einrichtung bieten kann
- und welcher zeitlichen und personellen Planung es dazu bedarf.
- Erfahrungen zweier Kindertageseinrichtungen illustrieren, welche Lösungen auch unter ganz normalen Praxisbedingungen hier gefunden werden können. Weiterhin finden Sie in diesem Kapitel, unter Bezugnahme auf Erkenntnisse aus der Wahrnehmungspsychologie und der Beobachtungsforschung, Informationen über mögliche Beobachtungsfehler und wie man sie vermeiden kann.

Kernstück des Buches ist das **vierte Kapitel,** in dem wir Ihnen beobachtungsbasierte Bildungskonzepte und Verfahren zur systematischen Beobachtung und Dokumentation unterschiedlicher Aspekte kindlicher Entwicklungs- und Bildungsprozesse präsentieren. In Kapitel 4.1 finden Sie zunächst umfassende Bildungskonzepte, die maßgeblich auf Beobachtungen zurückgreifen, um zu verstehen, mit welchen Themen und Inhalten sich Kinder auseinandersetzen, und welche Wege sie gehen, um sich Wissen und Kompetenzen zu erschließen. Dies bildet dann die Basis für die Bildungs- und Erziehungsarbeit in der Kindertageseinrichtung bzw. der Kindertagespflege.

Die Beobachtungsverfahren dieser Konzepte stellen „kindliche Praktiken, Sichtweisen und Selbst- und Weltzugänge in den Mittelpunkt“ (Blaschke-Nacak & Thörner 2019, S. 38). Das *infans*-Konzept der Frühpädagogik, die Bildungs- und Lerngeschichten, das Wahrnehmende Beobachten nach Gerd E. Schäfer, der Early Excellence Ansatz und die Leuvener Engagiertheitsskala bieten die Möglichkeit, zu identifizieren, wofür sich Kinder besonders interessieren, sich kindlichen Bildungs- und Lernprozessen anzunähern und zu verfolgen, ob die pädagogischen Angebote den „Bildungsnerv“ der Kinder treffen oder an ihren Interessen vorbeigehen.

Mit der Beobachtung kindlicher Entwicklungsverläufe in verschiedenen Entwicklungsbzw. Bildungsbereichen befassen sich die in Kapitel 4.2 versammelten Verfahren. Die Erfassung der Entwicklungsverläufe erfolgt in diesen Verfahren *überwiegend nicht normativ, sondern* bezieht sich auf die individuellen Stärken und Schwächen der Kinder. Die Kuno-Beller-Entwicklungstabelle, der Baum der Erkenntnis, die Entwicklungsschnecken sowie die Verfahren Mondey und Kompik umfassen ein breites Entwicklungsspektrum mit bis zu elf einzeln beschriebenen Entwicklungs- und/oder Bildungsbereichen. Beim Baum der Erkenntnis wird darüber hinaus der kindliche Kompetenzerwerb auch in einen Zusammenhang mit gesellschaftlichen Werten und Zielen gestellt. Die Altersstufen, für die die Verfahren angewendet werden können, sind dabei unterschiedlich: Während Kuno Bellers Entwicklungstabelle für die Beobachtung von Kindern zwischen null und neun Jahren konzipiert ist und die Entwicklungsschnecken *für Kinder zwischen null und sechs Jahren*, wird es mit dem Baum der Erkenntnis möglich, Kompetenzen von Kindern und Jugendlichen bis zum Alter von 15 Jahren zu erfassen. Das Verfahren Mondey kann für Kinder von der Geburt bis zum dritten Lebensjahr angewendet werden und das Verfahren Kompik eignet sich für Kinder im Alter von dreieinhalb bis sechs Jahren.

Eine Reihe von Verfahren, die in Kapitel 4.3 vorgestellt werden, konzentriert sich auf Fragen des Spracherwerbs und des sprachlichen Entwicklungsstands. Auch diese Verfahren sind an individueller Betrachtung interessiert, ermöglichen jedoch auch einen normativen Vergleich mit Kindern gleichen Alters. Die Beobachtung des Sprachverhaltens und des Interesses an Sprache bei Kindern mit Migrationsgeschichte wird Ihnen durch das Verfahren sismik ermöglicht, die Beobachtung der Sprachentwicklung und sogenannten Literacy bei deutschsprachig aufwachsenden Kindern durch die Verfahren seldak und liseb. Selsa ist für die Beobachtung der Sprach- und Literacyentwicklung von Kindern im Schulalter (1.–4. Klasse) geeignet. Das Verfahren BaSiK konzentriert sich ebenfalls auf die Sprach- und Literacyentwicklung bei Kindern im Alter zwischen zwei und sechs Jahren mit Deutsch als Erstsprache und mit Deutsch als Zweitsprache.

Das in Kapitel 4.4 erläuterte Verfahren perik ermöglicht individuelle Beobachtungen im Bereich der sozial-emotionalen Entwicklung sowie einen Abgleich mit der Entwicklung der jeweiligen Altersgruppe. Mit dem Soziogramm wird in Kapitel 4.5 ein Verfahren beschrieben, das Ihnen hilft, sich mit Gruppenstrukturen unter Kindern auseinanderzusetzen.

Alle in den Kapiteln 4.1 bis 4.5 vorgestellten Verfahren gehen von einem modernen Bild des Kindes aus, das heißt, sie sehen das Kind als einen aktiven Gestalter seiner eigenen Entwicklung an und berücksichtigen, dass es sein Wissen und seine Kenntnisse über die Welt durch die eigenen Handlungen und Erfahrungen gewinnt.

Zur Früherkennung von Entwicklungsrisiken bieten sich die in Kapitel 4.6 beschriebenen Verfahren Grenzsteine der Entwicklung, die Entwicklungsbeobachtung und Dokumentation (EBD 3–48 und EBD 48–72) sowie der Beobachtungsbogen zur Erfassung von Entwicklungsrückständen und Verhaltensauffälligkeiten bei Kindergartenkindern (BEK) an. Diese Verfahren sind diagnostisch orientiert, aber auch für die Verwendung durch pädagogische Fachkräfte geeignet.

Aufgrund ihrer Zielsetzung können sie nicht stärkenorientiert ausgerichtet sein; die Autorinnen und Autoren betonen jedoch, dass ihre Instrumente nicht als alleinige Beobachtungsverfahren ausreichen, sondern immer in Ergänzung zu anderen, pädagogisch nutzbaren Verfahren eingesetzt werden sollten.

Für jedes beschriebene Verfahren finden Sie Hinweise darauf,

- welche Erkenntnisse damit gewonnen werden können,
- wo der Beobachtungsfokus liegt,
- wie die Beobachtung dokumentiert und ausgewertet wird,
- wofür die gewonnenen Erkenntnisse eingesetzt werden können,
- welcher Voraussetzungen es bedarf, um mit dem jeweiligen Verfahren zu beobachten,
- und wo Sie weitere Informationen und Anregungen dazu finden.

Damit Beobachtungen zur Reflexion der eigenen pädagogischen Arbeit und zur Entwicklung individueller pädagogischer Angebote genutzt werden können, müssen sie dokumentiert und analysiert werden. Die im vierten Kapitel vorgestellten Beobachtungsverfahren bieten dazu Hilfen in Form von Beobachtungs- und Einschätzbogen an.

Darüber hinaus finden Sie im **fünften Kapitel** Hinweise,

- wie und warum auch spontane Beobachtungen dokumentiert und analysiert werden sollten,
- welche Möglichkeiten die Dokumentation durch Fotografien und Filmaufnahmen bietet
- und welche Vorteile ein Portfolio für die systematische Dokumentation kindlicher Bildungsprozesse und darauf aufbauender pädagogischer Angebote hat.

Zum Abschluss werden die wesentlichen Aussagen dieses Buches noch einmal zusammengefasst, damit Sie sich auf einen Blick versichern können, „was Sie auf jeden Fall beachten sollten, wenn Sie beobachten".

1.

Beobachten als pädagogische Grundhaltung

Die Erzieherin Anja arbeitet in einer altersgemischten Gruppe mit Kindern im Alter zwischen zwei und fünf Jahren. Heute ist ein besonders schöner Tag, und die Kinder möchten in den Garten gehen. Nach dem Frühstück ziehen sie sich ihre Schuhe und Jacken an. Die beiden fünfjährigen Jungen Lukas und Markus sind schnell fertig, und die Erzieherin erlaubt ihnen, schon vorauszugehen. Sie weiß, dass sie sich auf sie verlassen kann. Auch der dreijährige Simon ist bereits angezogen. Lautstark fordert er das gleiche Recht ein wie die beiden älteren Jungen; er möchte gemeinsam mit ihnen in den Garten gehen. Anja überlegt einen kurzen Augenblick und stimmt dann zu. An Lukas und Markus gewandt, sagt sie: „Achtet ein bisschen auf unseren Kleinen." Zu dritt machen sich die Jungen auf den Weg.
Zehn Minuten später kommt auch Anja mit den restlichen Kindern der Gruppe in den Garten. Sie hält Ausschau nach Lukas, Markus und dem kleinen Simon. Als sie die drei entdeckt, stockt ihr fast der Atem. Lukas und Markus wälzen sich im Sandkasten, halb unter ihnen begraben entdeckt sie den dreijährigen Simon. Der versucht ganz offensichtlich, sich aus der Umklammerung der beiden älteren Jungen zu befreien. Empört läuft die Erzieherin auf das Kinderknäuel zu und ruft dabei: „Lukas! Markus! Das kann ja wohl nicht wahr sein! Sofort lasst ihr den Simon los!" Lukas und Markus heben erstaunt die Köpfe, sehen Anja, stehen auf und grinsen verlegen. Auch Simon rappelt sich auf. Gerade will die Erzieherin anfangen, die älteren Jungen zur Rechenschaft zu ziehen, da läuft Simon strahlend auf sie zu und erklärt freudig: „Anja, Anja, wir spielen verkloppen!"

Was hier aus der Sicht der verschiedenen Beteiligten passiert ist und welche Bedeutung eine Beobachtung durch die pädagogische Fachkraft in einer solchen Situationen haben kann, wollen wir im Folgenden betrachten.

1.1 Von der subjektiven Wahrnehmung zum Perspektivenwechsel

Beobachtung hat etwas mit Wahrnehmen zu tun. Was Erwachsene in Bezug auf Kinder wahrnehmen, interpretieren und bewerten sie in der Regel subjektiv und vor dem Hintergrund ihrer eigenen Erfahrungen, Wertvorstellungen und Erziehungsziele. Auch die Erzieherin Anja nimmt das Verhalten der drei Jungen mit dem Blick einer Erwachsenen wahr und interpretiert. Als sie in den Garten kommt, sieht sie drei sich prügelnde Jungen. Sofort geht sie davon aus, dass es zwischen ihnen einen Streit gegeben hat. Die Tatsache, dass die Jungen ihren Streit sozusagen „mit den Fäusten" regeln, findet sie überhaupt nicht gut. Wie oft hat sie den Kindern schon gesagt: „Redet miteinander!" Außerdem ist die Erzieherin maßlos enttäuscht von den beiden Großen. Da lässt sie die beiden einmal für zehn Minuten allein, und schon geht alles schief. Der Verantwortung, die sie Lukas und Markus für den kleinen

Simon übertragen hat, sind sie allem Anschein nach nicht gerecht geworden. Anstatt auf ihn aufzupassen, nutzen sie ihre Überlegenheit aus und tun ihm weh. Die Reaktion der Erzieherin ist von Empörung geprägt. Das, was sie wahrnimmt, löst Wut und Enttäuschung in ihr aus. Auf der Grundlage ihrer Wahrnehmung und ihrer Emotionen will Anja den beiden großen Jungen Lukas und Markus nun sagen, was sie von ihnen und ihren Handlungen hält.

Umso erstaunlicher verhalten sich die Jungen. Lukas und Markus reagieren zwar verlegen, als die Erzieherin sie mit Namen ruft, schuldbewusst wirken sie jedoch nicht. Zur Verblüffung von Anja klärt Simon die Situation auf. Er hat von der Empörung der Erzieherin gar nichts mitbekommen. Umso mehr freut er sich, ihre Aufmerksamkeit zu besitzen, weil er ihr nun erzählen kann, was für tolle Sachen er in den letzten zehn Minuten erlebt hat. In diesem Moment wird auch der Erzieherin deutlich, dass sie die Situation mit ganz anderen Augen gesehen hat, als sie von den Kindern gemeint war. Die Jungen haben sich zwar tatsächlich geprügelt, aber nicht, weil sie miteinander in Streit geraten sind oder die Großen dem Kleinen zeigen wollten, „wo es langgeht". Aus der Sicht der Kinder hat es sich ganz eindeutig um ein Spiel gehandelt.

Natürlich ist es die Aufgabe der pädagogischen Fachkraft, darauf zu achten, dass sich die Kinder nicht gegenseitig verletzen. Andererseits ist es auch ihre Aufgabe, den Kindern Bildungsmöglichkeiten bereitzustellen und sie in ihrer Bildungsfähigkeit zu unterstützen. Manchmal ist es deshalb hilfreich, sich nicht im Augenblick von den eigenen Reaktionen überwältigen zu lassen und allzu spontan zu reagieren. Es lohnt sich häufig, kurz innezuhalten, die Situation mit den Augen der Kinder zu betrachten und sich zu fragen: „Was tun die Kinder denn da?" Vielleicht wäre Anja dann aufgefallen, dass die Kinder miteinander lachen und durchaus fröhlich wirken. Ihre Reaktion wäre dann sicher anders ausgefallen.

1.2 Einstellung gegenüber dem Kind

Die drei Jungen aus unserem Beispiel verprügeln sich also nicht wirklich, sondern tun nur so, als ob. Bei genauerem Hinsehen könnte man fast auf die Idee kommen, bei der Szene handle es sich um eine Art Schmusestunde. Was für einen Sinn macht das Ganze aber, was könnte es mit Bildung zu tun haben?

Nicht immer ist es für pädagogische Fachkräfte leicht zu verstehen, was Kinder tun und welchen Sinn ihr Tun hat. Die Art und Weise, wie Kinder miteinander oder mit Gegenständen umgehen, wirkt auf pädagogische Fachkräfte manchmal unangemessen und erscheint unverständlich. Wie unser Beispiel zeigt, behandeln Kinder in ihren Aktivitäten aber durchaus nicht immer nur das, was oberflächlich sichtbar ist. Nicht wechselseitige Aggression ist hier das Thema der Kinder, sondern viel eher der enge, körperliche Kontakt und das Ausprobieren der eigenen Kräfte. Aber auch wenn pädagogische Fachkräfte die Aktivitäten, Interessen oder Themen der Kinder nicht immer gleich und manchmal auch gar nicht entschlüsseln können, ist davon auszugehen, dass Kinder etwas lernen, wenn sie sich für etwas engagieren, wenn sie ganz und gar bei der Sache sind.

Kinder sind aktive Gestalter ihrer Entwicklungs- und Bildungsprozesse. Bildung geschieht somit von Anfang an. Von der Geburt an sind Kinder mit einem Aneignungsbedürfnis und entsprechenden Fähigkeiten ausgestattet, die ihnen dazu verhelfen, sich selbst im Rahmen ihrer von der Umwelt angebotenen Möglichkeiten zu entwickeln und zu bilden. Bildungsfördernde pädagogische Angebote sollten es den Kindern daher ermöglichen, ihre Themen zu bearbeiten, sich mit ihren Interessen, Wünschen und Bedürfnissen auseinanderzusetzen und in anregender Weise herausgefordert zu werden.

Dieser Gedanke vom kindlichen Lernen bzw. von kindlicher Bildung ist nicht neu. Schon bei den Reformpädagogen findet man ihn, zum Beispiel in der Montessori- und Freinet-Pädagogik (vgl. dazu Voß-Rauter 1999; Klein & Vogt 1998), die Reggio-Pädagogik greift ihn auf (Dreier 2010), die Entwicklungspsychologie verfolgt ihn, und jüngste Erkenntnisse der Neurobiologie bestätigen ihn.

Erkenntnisse der konstruktivistischen Entwicklungspsychologie

In der Entwicklungspsychologie findet sich die Vorstellung vom aktiven und selbsttätigen kindlichen Lernen bereits seit den 20er-Jahren des 20. Jahrhunderts in den Theorien der geistigen Entwicklung des Entwicklungspsychologen Jean Piaget wieder. Piaget beschreibt einen Erkenntnisprozess, der nicht passiver Natur ist, sondern ein Kind voraussetzt, das sein Wissen selbst konstruiert.

> „In aktiver Auseinandersetzung mit Gegebenheiten, mit selbst geschaffenen oder vorgegebenen Fragen und Problemen schafft sich der Mensch seine Strukturen des Handelns und Erkennens“ (Montada 2002, S. 440).

Piaget spricht von „kognitiven Konflikten“, denen Kinder immer wieder ausgesetzt sind, wenn ihre vorhandenen Strukturen für eine Erklärung der Welt nicht ausreichen. Einen solchen Konflikt erleben Kinder insbesondere dann, wenn sie mit anderen interagieren und in dieser Interaktion Widersprüchliches und Gegensätzliches erfahren. Die Erkenntnismöglichkeiten des Kindes stehen demzufolge in einem Austausch mit den Erfahrungen, die seine soziale Umwelt ihm anbietet. Im Bereich der Sozialentwicklung sind es nach Piaget vor allem die gleichaltrigen Spielpartner, die es dem Kind ermöglichen, unterschiedliche Standpunkte zu erkennen, zu verstehen und miteinander zu vergleichen und dadurch das eigene Verständnis von der Welt durch ein qualitativ anderes zu ersetzen.

Seine Erkenntnisse über die kindliche Entwicklung gewann Piaget nicht zuletzt durch die Beobachtung seiner eigenen drei Kinder. Für pädagogische Fachkräfte, die das frühkindliche Lernen auf der Grundlage von Beobachtungen ermöglichen und herausfordern wollen, erscheint es wichtig, einige kindliche Entwicklungsschritte zu kennen, um die Aktivitäten der Kinder zu verstehen und ihre Angebote daran auszurichten.

Ähnlich wie Piaget argumentierte in den 1920er Jahren auch der russische Vertreter der kulturhistorischen Schule Lew Wygotski. Er sah den einzelnen Menschen als aktiven Gestalter seiner Entwicklung, der sich die kulturellen Inhalte seiner Gesellschaft aneignet und infolgedessen zum Mitglied der Kultur wird. In der Interaktion mit kompetenteren Partnern werden dem Kind Bedeutungen der gegenständlichen und der sozialen Welt verfügbar gemacht. Der Sozialisationsprozess besteht allerdings nicht darin, dass das Kind die Bedeutungen der Erwachsenen einfach übernimmt. Wygotski betont, dass sich der Sozialisationsprozess im praktischen Handeln des Kindes vollzieht. Besonders förderlich ist es für das Kind, wenn Erwachsene in der „Zone der nächsten Entwicklung“ mit ihm interagieren. Die „Zone der nächsten Entwicklung“ ist unmittelbar über dem aktuellen Entwicklungsstand des Kindes angesiedelt und bezeichnet jenen Entwicklungsbereich, den sich das Kind als nächsten aneignen wird. Um in dieser Zone mit dem Kind zu interagieren, muss der kompetentere Partner erkennen können, auf welchem Niveau er dem Kind die notwendige Unterstützung geben muss. Diese Erkenntnis kann sich eine pädagogische Fachkraft durch die Beobachtung der Kinder aneignen.

Erkenntnisse aus der Neurobiologie

Jüngste Bestätigung findet das Bild vom eigenaktiven, sich selbst bildenden Kind durch neurobiologische Erkenntnisse. Die Neurobiologie untersucht den Zusammenhang zwischen dem Aufbau neuronaler Verbindungen im menschlichen Gehirn und den durch die Außenwelt gegebenen Erfahrungsmöglichkeiten:

> „Wer Lernen für einen passiven Vorgang hält, der sucht nach dem richtigen Trichter. Wer aber Lernen als eine Aktivität versteht, wie beispielsweise das Laufen oder das Essen, der … denkt über Rahmenbedingungen nach, unter denen diese Aktivität am besten stattfinden kann" (Spitzer 2002, S. 4).

Die Neurobiologie verweist weiter darauf, dass Lernerfahrungen individuelle Prozesse sind:

> „Eine sichere Schlussfolgerung ist, dass kein Kind dem anderen gleichen kann, und das gilt auch für eineiige Zwillinge, weil im Laufe der Entwicklung eine riesige Zahl von Verzweigungen durchlaufen werden müssen und Entscheidungen darüber, welche Gabelung gewählt wird, oft von kleinen, mitunter zufälligen Fluktuationen der Umgebungsbedingungen abhängen. Ferner gibt es gewaltige interindividuelle Unterschiede in der Entwicklungsgeschwindigkeit, selbst zwischen Geschwistern" (Singer 2001).

Aufgrund der unterschiedlichen Anlagen und Entwicklungsgeschwindigkeiten von Kindern ist kaum damit zu rechnen, dass alle Kinder gleichen Alters auch gleiche Bedürfnisse haben und gleiche Fähigkeiten besitzen. Außerdem wird in der Neurobiologie davon ausgegangen, dass es im Leben von Menschen sogenannte „Zeitfenster" für den Erwerb bestimmter Fähigkeiten und Fertigkeiten gibt. Damit die jeweiligen Zeitfenster für Lernerfahrungen genutzt werden, ist Kindern ein Experimentierverhalten angeboren. Kinder sind in aller Regel genügend neugierig und wissbegierig und holen sich, was sie brauchen. Dennoch ist es unerlässlich, dass den Kindern Erfahrungsangebote durch die Umwelt bereitgestellt werden, denn ein Entzug von Erfahrungen bringt den gesamten Entwicklungsprozess zum Stillstand.

Um Kindern Lernmöglichkeiten zu eröffnen, sollten pädagogische Fachkräfte die Fragen und die anstehenden Entwicklungsschritte der Kinder erspüren und die Umgebung so gestalten, dass die Kinder diese nächsten Schritte mit Erfolg gehen können. Dabei misst auch die Neurobiologie der Beobachtung eine entscheidende Rolle zu: „Da bislang nur wenige experimentelle Daten darüber vorliegen, wann das menschliche Gehirn welche Informationen benötigt, ist es wohl die beste Strategie, sorgfältig zu beobachten, wonach die Kinder fragen" (Singer 2001). Dabei ist es hilfreich, nicht nur danach zu schauen, was die Kinder momentan gerade tun, sondern sich darüber hinaus zu fragen, was sie gerne tun, womit sie sich gerne auseinandersetzen würden. „Wahrscheinlich sind in diesem Zusammenhang Beobachtungen besonders wertvoll, die zeigen, wann Kinder den Erwartungen von Erwachsenen nicht entsprochen, unerwartet reagiert und sich ungewöhnlich verhalten haben" (Strätz 2003, S. 212).

Konsequenzen für die pädagogische Praxis

Welche Konsequenzen haben nun die beschriebenen Theorien und Erkenntnisse für die pädagogische Praxis? Zum einen ist davon auszugehen, dass das, was das Kind engagiert und freudig tut, für das Kind Sinn macht, auch wenn pädagogische Fachkräfte diesen Sinn zunächst nicht verstehen bzw. entschlüsseln können. Aufgabe der pädagogischen Fachkraft ist es, das Kind in seinen Aktivitäten, Interessen, in der Sinnhaftigkeit seines Tuns ernst zu nehmen. Das Kind lernt in diesen Situationen etwas, es bildet sich selbst. Zum anderen braucht das Kind für seine Selbstbildungsprozesse aber auch Erwachsene, die ihm Aufmerksamkeit schenken, die ihm gegenüber achtsam reagieren und eine neugierig-respektvolle Haltung einnehmen.

Bezogen auf unser Beispiel könnte die Erzieherin Anja einen Moment warten, bevor sie eingreift. Sie könnte innehalten und das Verhalten der beiden älteren Jungen, denen sie ja vor zehn Minuten noch vertraut hat, auf sich wirken lassen. Vielleicht käme sie dann zu anderen Schlüssen als denen, die sie in ihrer spontanen Reaktion gezogen hat.

1.3 Beschreibung der kindlichen Handlungen

Wenn pädagogische Fachkräfte etwas darüber wissen möchten, womit sich Kinder intensiv beschäftigen, was sie interessiert und wofür sie sich engagieren, kann es nicht bei den spontanen Alltagsbeobachtungen bleiben. Für gezielte pädagogische Angebote, die auf die Themen der Kinder eingehen, sie erweitern und Impulse für neue Themen setzen, macht es Sinn, gezielt und regelmäßig einzelne Kinder oder Gruppen von Kindern zu beobachten. Dabei ist es notwendig, nicht sofort zu interpretieren, was man sieht. Jede Beobachtung sollte mit einer Beschreibung der kindlichen Handlungen beginnen, die zunächst wertfrei und ohne Deutungen erfolgt. Erst durch die möglichst genaue und konkrete Beschreibung dessen, was Kinder tun oder sagen, können sich pädagogische Fachkräfte einen Zugang dazu verschaffen, wie Kinder die Welt sehen und verstehen. Sie versetzen sich quasi in die Perspektive der Kinder und versuchen, mit deren Augen die Lebenswelt zu betrachten. Darüber hinaus kann die schriftliche Beschreibung dessen, was man wahrnimmt, als Erinnerungsstütze dienen und als Grundlage für den kollegialen Austausch über die beobachtete Situation.

Kommen wir zu unserem Beispiel zurück. Nehmen wir an, die Erzieherin Anja hätte nicht spontan eingegriffen, sondern sich vorgenommen, die drei Jungen einmal genauer zu beobachten. Wie könnte dann eine Beschreibung des Beobachteten aussehen? Die Erzieherin Anja notiert:

> **Der kleine Simon liegt bäuchlings** im Sandkasten. Über ihm befinden sich die älteren Jungen Lukas und Markus. Lukas umschlingt mit seinen Armen Simons Hüfte, Markus hält Simons Beine fest. Simon versucht, sich zu befreien. Dabei lacht er und ruft: „Gleich hab ich's!" Lukas und Markus schauen einander verschwörerisch an. Lukas lockert den Griff um Simons Hüfte. Simon gelingt es nun, sich zu drehen und Lukas abzuwerfen. Ein triumphierendes „Ha!" begleitet die Befreiungsaktion. Lukas grinst Markus an, er kniet sich hin, schnappt sich Simons Arme und hält diese fest.

Markus fragt Simon: „Und jetzt?" Simon reagiert unwillig: „Ach, Mann!" Obwohl er heftig mit den Beinen und den Armen zappelt, kann er sich nicht befreien. Simon lacht nicht mehr, er wirkt angestrengt und ein bisschen sauer.
Fast gleichzeitig stehen Lukas und Markus auf, halten dabei Simons Arme und Beine fest und beginnen, ihn zu schaukeln. Nun freut sich Simon offensichtlich wieder. Als die älteren Jungen ihn auf den Boden legen, ruft er sofort: „Noch mal!" Lukas und Markus lassen sich darauf ein und schaukeln Simon erneut. Dann legen sie ihn in den Sandkasten, laufen weg und verstecken sich hinter einem Busch. Simon steht auf, klopft sich den Sand von der Kleidung und schaut sich um. Als er die beiden älteren Jungen nicht entdecken kann, holt er sich eine Schippe und einen Eimer und fängt mit dem gleichaltrigen Sven an zu buddeln

Hier beendet die Erzieherin Anja ihre Beobachtung und steckt ihre Notizen in die Tasche. Das Aufschreiben hat ihr dabei geholfen, aufmerksam und genau hinzuschauen. Im Moment hat sie keine Zeit, weiter darüber nachzudenken. In der nächsten Teambesprechung wird sie ihre Notizen jedoch ihren beiden Kolleginnen vorlesen und gemeinsam mit ihnen versuchen herauszufinden, was genau zwischen den drei Jungen vor sich gegangen ist.

1.4 Erforschen der subjektiven Absichten der Kinder und erste Deutungen

Bleiben wir zunächst bei unserem Beispiel. In der Teambesprechung holt die Erzieherin Anja ihre Beobachtungsnotizen hervor und berichtet ihren Kolleginnen Folgendes:

„Seit einiger Zeit habe ich den Eindruck, dass der Lukas, der Markus und der Simon aus meiner Gruppe sich ganz gut leiden können, obwohl der Simon doch viel jünger ist als die anderen beiden Jungen. Gestern wollte ich mal sehen, was die drei so miteinander anstellen. Ich hatte ihnen erlaubt, gleich nach dem Frühstück schon voraus in den Garten zu gehen. Als ich dann mit den anderen Kindern nachgekommen bin, habe ich erst mal einen Schreck bekommen. Der Simon lag im Sandkasten, und Lukas und Markus über ihm. Irgendwie wirkte das Ganze aber nicht sehr bedrohlich, und deshalb habe ich mich entschlossen, erst einmal abzuwarten und zu beobachten."

Die Erzieherin Anja liest ihren Kolleginnen ihre Notizen vor, und gemeinsam versuchen sie anschließend zu ergründen, was die Situation bedeuten könnte, was das Thema der Kinder ist, welche Absichten sie verfolgen. Sie kommen dabei zu folgendem Schluss: Simon findet es ganz wunderbar, wenn er mit den beiden älteren Jungen zusammen spielen darf. Er liebt es, von ihnen Aufmerksamkeit und Anerkennung zu bekommen. Er fühlt sich dann richtig wie ein „Großer". Nicht immer versteht Simon das, was Lukas und Markus spielen, aber die Spiele der älteren Jungen fesseln ihn und fordern ihn zum Nachdenken heraus.

Obwohl auch die beiden älteren Jungen den kleinen Simon mögen, spielen sie doch nicht immer gerne mit ihm. Für manche Spiele finden sie ihn einfach zu klein. Er stört und behindert sie, weil er so vieles noch nicht versteht. Manchmal ist es aber auch ganz lustig mit ihm. Gegenüber dem kleinen Simon kommen sich Lukas und Markus eindeutig überlegen vor.

Bei der Szene im Sandkasten möchte Simon den beiden älteren Jungen zeigen, dass er mithalten kann. Er versucht, seine körperlichen Kräfte unter Beweis zu stellen. Vielleicht heißt „gleich stark" für Simon „gleichberechtigt". Das Spiel im Sandkasten hat für Simon also durchaus einen ernsten Hintergrund. Er versucht, durch körperliche Aktivität herauszufinden, wie er zu den älteren Jungen steht. Als er sich fast befreien kann, hat er den Eindruck, dazuzugehören.

Lukas und Markus nehmen Simon wahrscheinlich nicht wirklich ernst. Weil sie ihn jedoch mögen, wollen sie ihm das Gefühl geben, er hätte eine Chance, sich aus ihrer Umklammerung zu befreien. Gleichzeitig haben sie selbst dadurch aber auch das Gefühl, die Situation zu kontrollieren. Sie wissen, dass sie stärker sind als Simon. Wenn sie ihren Griff lockern, wissen sie, dass er denkt, er wäre genauso stark wie sie. Als sie ihn an Armen und Beinen festhalten, bemerken sie, dass er sich hilflos fühlt und ärgerlich wird. Damit die Situation nicht im Streit endet, bereiten Lukas und Markus dem jüngeren Simon eine Freude und schaukeln ihn. Damit demonstrieren sie jedoch auch, dass sie die Stärkeren und Wissenderen sind.

Auch aus entwicklungspsychologischer Sicht ist das, was die drei Jungen tun, zu erklären. Simon thematisiert wahrscheinlich einen Aspekt aus der Moralentwicklung: Das Prinzip der Gleichheit. Deshalb legt er sehr viel Wert darauf, sich als ebenso stark zu empfinden wie die beiden älteren Jungen. Als er bemerkt, dass dem nicht so ist, frustriert ihn das. Lukas und Markus üben sich in ihrer Fähigkeit der Perspektivenübernahme. Sie machen nicht einfach nur, was ihnen selbst Spaß macht, sondern berücksichtigen auch, wie Simon sich in der Situation fühlt, was er sich wünscht, was seine Interessen sind. Lukas und Markus orientieren sich in ihren Handlungen daran und haben eine Vorstellung davon, wie Simon reagieren wird, wenn sie ihn loslassen (da wird er sich freuen), ihn festhalten (darüber wird er sich ärgern) oder ihn schaukeln (das wird ihm Spaß machen).

Kleiner Ausflug in die Entwicklungspsychologie

Um herauszufinden, warum Kinder etwas machen, welches Thema sie gerade beschäftigt, wofür sie sich engagieren und was sie herausfordert, sind Kenntnisse über aktuelle Erfahrungen des Kindes ebenso wichtig und hilfreich wie Kenntnisse über die kindliche Entwicklung und altersspezifische Entwicklungsschritte. Im Folgenden werden einige dieser Entwicklungsschritte für Kinder im vorschulischen Alter exemplarisch thematisiert. Zur Erläuterung der Entwicklungsschritte werden absichtlich Situationen gewählt, in denen sich Kinder aus der Sicht von Erwachsenen merkwürdig oder nicht angemessen verhalten. Diese Situationen sind wahrscheinlich den meisten Erwachsenen, die mit Kindern umgehen, hinlänglich bekannt. Was jedoch oft wenig Berücksichtigung findet, ist die Tatsache, dass Kinder all diese merkwürdigen und unangemessenen Dinge tun, um etwas zu lernen, um sich zu bilden.

Kinder lernen, die Welt zu verstehen, indem sie aktiv handelnd mit ihr umgehen

Bei ihrer Geburt beginnen Kinder damit, die Welt zu entdecken und mit Bedeutung zu versehen. Sie müssen zum Beispiel herausfinden, wie sich die gegenständliche Welt von der sozialen Welt unterscheidet, und sie müssen herausfinden, wie sich Gedanken und Dinge zueinander verhalten. Die Art und Weise, wie Kinder versuchen, die Welt zu begreifen, ist gerade in den ersten Lebensjahren eng mit Handlung verknüpft. Wenn kleine Kinder einen Apfel in die Hand nehmen, dann schauen sie ihn an, riechen daran und beißen hinein. Zum Erstaunen mancher Erwachsenen rollen sie den Apfel aber auch über den Boden oder werfen ihn durch den Raum. Ebenso verhalten sie sich, wenn man ihnen einen Schaumstoffball gibt.

Kleine Kinder kennen zunächst den Unterschied zwischen einem Apfel und einem Ball noch nicht. Sie erfahren jedoch, dass Erwachsene in der Regel nicht erfreut sind, wenn sie mit Äpfeln werfen, oder das Ausspucken verlangen, wenn sie in den Schaumstoffball beißen. Nun fangen die Kinder an zu begreifen, dass es runde Dinge zum Essen und runde Dinge zum Rollen gibt.

Sobald Kinder selbstständig sitzen und beide Arme frei bewegen können, fangen sie an, immer wieder Gegenstände auf den Boden zu werfen, wenn sie sich im Hochstuhl oder im Kinderwagen befinden. Je nach Gleichmut und körperlicher Fitness heben Erwachsene diese Gegenstände mehr oder weniger oft auf und geben sie dem Kind zurück. Gleich darauf wirft das Kind den Gegenstand jedoch wieder weg und schimpft, wenn es ihn nicht zurückbekommt. Zum einen wird daran deutlich, dass das Kind bereits erkannt hat, dass Dinge weiter existieren, auch wenn es sie nicht mehr sieht. Dieses Wissen ist durchaus nicht ab der Geburt vorhanden, sondern Kinder erwerben es in den ersten Lebensjahren. Zum anderen überprüfen Kinder in diesem Spiel die Regel, ob Dinge wirklich immer hinunterfallen und nicht hinauf; sie entdecken das Gesetz der Schwerkraft. Vielleicht übt deshalb auch der Luftballon, der, losgelassen, in den Himmel fliegt, eine solch große Faszination auf Kinder aus, weil er eine Ausnahme von der Regel bildet.

Sich selbstständig bewegen zu können, eröffnet dem Kind neue Lernmöglichkeiten

In den ersten beiden Lebensjahren gewinnen Kinder durch ihre zunehmenden motorischen Fähigkeiten immer mehr Möglichkeiten, die Welt zu erkunden. Motorische Fähigkeiten sind häufig die Voraussetzung für intellektuelle und soziale Entwicklungsschritte. Wenn das Kind krabbeln oder laufen gelernt hat, kann es auf Menschen und Dinge von selbst zugehen und muss nicht mehr darauf warten, dass diese zu ihm kommen bzw. ihm gebracht werden. Nun fängt das Kind aber vielleicht auch damit an, ein Regal voller Gesellschaftsspiele auszuräumen und sich selbst hineinzulegen. Ein anderes Mal läuft es zu einem anderen Kind und zieht dieses so fest an den Haaren, dass es schreit. Bei nächster Gelegenheit schiebt es einen Tisch vor das Regal, stellt einen Stuhl auf den Tisch, klettert selbst auf diesen Stuhl und hangelt mit dem Arm nach dem kaputten Spielzeugauto ganz oben im Regal. Diese Verhaltensweisen mögen aus Sicht der Erwachsenen nicht erwünscht sein oder sogar als gefährlich gelten; das kleine Kind aber macht die Erfahrung, dass es durch seine eigenen Handlungen etwas bewirken und erreichen kann, dass es Räume verändern und gestalten kann, dass es Reaktionen bei anderen hervorrufen und selbst gestellte Aufgaben bewältigen kann.

Das Kind beginnt, die Dinge zu verstehen

Bereits ab dem Alter von etwa sechs Monaten beginnen Kinder, Gegenstände zu sortieren. Allerdings tun sie das nicht immer im Sinne der Erwachsenen. Beim Aufräumen legt ein zweijähriges Kind vielleicht die Bausteine nicht in den Bausteinkasten, die Teller vom Puppengeschirr nicht in die Puppenküche und die Spielzeugautos nicht in die Autokiste, sondern räumt stattdessen alle roten Bausteine, Teller und Autos in die rote Kiste, alle blauen Bausteine, Teller und Autos in die blaue Kiste und alle gelben Bausteine, Teller und Autos in die gelbe Kiste. Dies bedeutet jedoch nicht, dass es noch nicht in der Lage wäre, Ordnung zu halten. Es bedeutet lediglich, dass das Kind nicht den Ordnungssystemen der Erwachsenen folgt, sondern seine eigenen Ordnungssysteme entwickelt und erprobt, um etwas zu lernen. In unserem Beispiel ist das Kind dabei, die Grundfarben zu erlernen. In anderen Experimenten dieser Art lernt es etwas über Mengen und Größen oder über Statik, zum Beispiel, wenn es aus Bilderbüchern ein Haus baut, anstatt sie sich anzuschauen, oder wenn es aus Stühlen einen Turm errichtet, anstatt sie ordentlich um den Tisch zu stellen.

Auch in Bezug auf die Dinge der Natur entwickelt das Kind eigene Ideen. Viele Kinder erklären Naturphänomene ganz anders als Erwachsene. Sie sagen: „Ich geh nicht in den Garten. Da ist die Sonne, und die will mich ärgern. Sie blitzt mir immer in die Augen." Oder sie behaupten: „Pferde sind schneller als Autos, das ist ganz klar. Neulich habe ich auf einem Pferd gesessen und musste mich ganz doll festhalten, damit ich nicht runterfalle. Aus dem Auto bin ich aber noch nie gefallen, obwohl ich mich gar nicht festhalte. Also sind Pferde schneller als Autos." Diese Erklärungen der natürlichen Welt sind nicht nur fantasievoll, sondern sie erzählen etwas vom Denken der Kinder. Kinder erklären sich die physikalische und biologische Welt aufgrund ihrer alltäglichen Erlebnisse und ihrer Erfahrungen mit anderen Menschen. Das hilft ihnen, sich in der Welt zurechtzufinden. Und im Übrigen unterscheiden sich hierin viele Kinder nicht von Erwachsenen, wenn diese zum Beispiel als eher unwissende Laien die Vorstellung entwickeln, dass der Strom als dünnes gelbes Rinnsal durch die Leitungen fließt.

Die Nachahmung hilft Kindern, die Welt zu verstehen

Die kindliche Nachahmung erscheint vielen Erwachsenen wünschenswert, wenn Kinder nur das nachahmen, was Erwachsene als sinnvoll und angemessen erachten. Gegen kleine Kinder, die ruhig und gesittet am Tisch sitzen, weil sie sehen, wie sich Erwachsene bei Tisch benehmen, oder Kinder, die der pädagogischen Fachkraft beim Aufräumen helfen, haben Erwachsene in der Regel nichts einzuwenden. Aber Kinder ahmen eben nicht nur diese Verhaltensweisen nach, sondern alles Mögliche, was ihnen an Verhalten begegnet. Fängt ein Kind an, in der Buchstabensuppe die Buchstaben seines Namens zu suchen, haben auch alle anderen Kinder am Tisch die Finger in der Suppe. Der kleine Junge, der laut mit den Händen auf den Tisch schlägt, findet begeisterte Anhänger, die den Lärmpegel im Raum um ein Vielfaches steigern. Schon zweijährige Kinder benutzen voller Freude Schimpfwörter oder Ausdrücke, die sie von älteren Kindern gehört haben. Und auch die Nachahmung dieses unerwünschten Verhaltens macht in den Bildungsprozessen der Kinder Sinn, denn durch jede Art von Nachahmung versucht das Kind, seine Umwelt zu verstehen, indem es sich anpasst. Zur Anpassung gehört es, zu verstehen, was der andere tut, dies in eigene Handlung zu übersetzen und darauf Reaktionen zu erfahren.

In der Entwicklungspsychologie wird dieser Vorgang als Perspektivenübernahmefähigkeit bezeichnet. Die Fähigkeit zur Perspektivenübernahme wird zum Beispiel benötigt, um sich mit anderen zu verständigen, um zu kooperieren, um sich selbst Ziele zu setzen und um Probleme zu lösen. Mit der Nachahmung leistet das Kind einen ersten Schritt zur Entwicklung dieser Fähigkeit. Wenn ein kleines Kind Schimpfwörter verwendet, tut es dies nicht aus einer eigenen Befindlichkeit heraus (z.B., weil es wütend wäre), sondern um auszuprobieren, wie andere darauf reagieren. Erfährt es Ablehnung, dann kann es begreifen, dass Schimpfwörter kein angemessenes Mittel sind, um freundschaftlichen Kontakt aufzunehmen. Manchmal macht es aber auch die Erfahrung, dass es durch den Gebrauch von „Ausdrücken" die volle (wenn auch negative) Aufmerksamkeit von Erwachsenen auf sich ziehen kann, von denen es sonst vielleicht nur wenig beachtet wird.

Das „Als-ob-Spiel" hilft dem Kind, über Menschen und Dinge nachzudenken

Im zweiten Lebensjahr beginnen Kinder mit dem „Als-ob-Spiel", das in der Entwicklungspsychologie auch als Symbolspiel bezeichnet wird. Seine Hochphase erlebt das Symbolspiel, wenn die Kinder etwa vier Jahre alt sind. In der Regel betrachten Erwachsene das Symbolspiel von Kindern mit Wohlwollen. Wenn kleine Mädchen „Puppenmutter" spielen oder kleine Jungen „Feuerwehr und Polizei", erkennen Erwachsene darin viel Fantasie. Irritierend ist es dagegen für viele Erwachsene, wenn zwei kleine Jungen so tun, als ob sie aufeinander schießen, oder zwei kleine Mädchen mit Barbiepuppen eine äußerst konservative Paarbeziehung nachstellen. Dabei wird jedoch klar, dass das kindliche Symbolspiel nur in zweiter Linie etwas mit Fantasie zu tun hat. In erster Linie hilft es den Kindern, sich mit Situationen auseinanderzusetzen oder Probleme zu bearbeiten, die sie aus eigener Erfahrung kennen.

Dabei wissen die Kinder sehr wohl, dass das, was sie spielen, nicht der Wirklichkeit entspricht. Die Jungen, die aufeinander schießen, glauben nicht wirklich, sich damit zu töten, und sie wollen dies auch gar nicht. Sicherlich aber stellen sie nicht nur das nach, was sie im Fernsehen gesehen haben; Kampfspiele gibt es schon wesentlich länger als den Fernseher in jedem Haushalt. Vielmehr ist anzunehmen, dass die schießenden Jungen ausprobieren, wie es ist, wenn man sich streitet, wenn man sich nicht mag, wenn man unterschiedlicher Ansicht ist oder auch wie man sich verbündet und gegen einen Dritten zur Wehr setzt. Dies ist es, was sie aus eigener Erfahrung kennen und was sie im Symbolspiel bearbeiten.

Mit zunehmendem Alter nutzen Kinder das Symbolspiel immer weniger, um die Wirklichkeit zu verstehen. Neue Situationen oder Probleme bearbeiten Kinder nun, indem sie miteinander darüber reden bzw. sich im Kopf ausmalen, was geschehen würde, wenn man sich so oder wenn man sich anders verhält.

Lügen und Schummeln sind Zeichen dafür, dass Kinder die Welt verstehen

Im Verlauf ihrer Entwicklung wächst das Interesse der Kinder an Gesellschaftsspielen oder anderen Spielen mit Wettbewerbscharakter. Diese Spiele zeichnen sich dadurch aus, dass ein bestimmtes Ziel erreicht werden soll, die Kinder dieses Ziel in Konkurrenz zueinander erreichen wollen und man sich auf Regeln einigen muss, wie dieses Ziel erreicht werden kann. In vielen Fällen ereifern sich die Kinder zum einen in solchen Spielen darüber, was gerecht ist, was fair ist, welche Regeln gelten und wer welche Regeln gebrochen hat. Auf der anderen Seite verstoßen sie jedoch selbst gegen Regeln, um sich einen Vorteil zu verschaffen.

Bei jüngeren Kindern erntet man häufig nur erstaunte Blicke, wenn man sie auf ihre Regelverstöße aufmerksam macht. Ganz unverblümt und selbstverständlich setzen sie ihre „Mensch-ärgere-dich-nicht"-Figur auf dem kürzesten Weg ins Ziel, denn dort soll sie ja schließlich hin. Man kann ihnen deswegen nicht böse sein, denn offensichtlich verstehen sie den Sinn und Zweck von Spielen mit Wettbewerbscharakter noch nicht. Ältere Kinder verwenden dagegen oft ausgefeilte Tricks, um einen Vorteil für sich herauszuschlagen. Beim „Mensch-ärgere-dich-nicht"-Spiel stößt man aus Versehen mit der Hand gegen das Brett, sodass einige Figuren umfallen. Diese lassen sich dann taktisch günstiger wieder platzieren.

Beim Quartettspiel werden die jüngeren Kinder abgezockt, und die Freude darüber, dass diese nicht begreifen, warum sie am Ende keine Karten mehr haben, ist diebisch. Ältere Kinder schummeln, mogeln und lügen mit Vergnügen und freuen sich darüber, wenn ihre Täuschungsmanöver nicht entdeckt werden.

Die Entwicklungspsychologie schließt daraus jedoch nicht auf eine wachsende Verderbtheit der Kinder mit zunehmendem Alter, sondern sieht einen Entwicklungsfortschritt darin. Kinder, die bewusst und geschickt ihre Spielpartner betrügen, können sich besser in deren Perspektive versetzen als Kinder, die nur offen ihre eigenen Interessen verfolgen. Jüngere Kinder wollen einfach nur dafür sorgen, dass sie selbst gewinnen, wenn sie sich nicht an die Spielregeln halten. Ältere Kinder überlegen sich dagegen, was der Spielpartner bemerken kann und was man ihn glauben machen kann, wenn man schummelt. Dies zeigt, dass sie dazu in der Lage sind, Handlungen zu verstehen, die auf Einstellungen bzw. auf Glauben basieren und nicht auf dem, was wirklich wahr ist.

Ebenso wie sie bewusst lügen und betrügen können, ist es älteren Kindern nun auch möglich, Verständnis dafür aufzubringen, dass jemand etwas aus Versehen falsch gemacht hat und dabei glaubte, richtig zu handeln. Trotz anfänglichem Ärger können sie nun dem jüngeren Kind verzeihen, das die mühevoll errichtete Stadt aus Bausteinen zerstört hat, weil sie begreifen, dass dies nicht seine Absicht war. Ebenso ist es älteren Kindern nun möglich, Verantwortung zu übernehmen oder Sorge für andere zu tragen, weil sie sich vorstellen können, was andere glauben, wünschen, fühlen und wollen.

Den Sinn von Regeln und Werten verstehen Kinder, wenn sie mit gleichaltrigen Spielpartnern auf Augenhöhe darüber verhandeln

Auch wenn man das Schummeln und Mogeln als Entwicklungsfortschritt bezeichnen kann, ist es dennoch im Interesse eines harmonischen Zusammenlebens hilfreich, wenn Kinder sich an Regeln halten und Regeln achten. Häufig gewinnen pädagogische Fachkräfte jedoch den Eindruck, dass Kinder sich überhaupt nicht um die Regeln kümmern, die in der Gruppe aufgestellt worden sind. Obwohl körperliche Auseinandersetzungen nicht erwünscht sind, schubst ein Kind das andere von der Schaukel, woraufhin dieses am Pullover des ersten Kindes zerrt. In der Bauecke streiten sich die Kinder um Spielzeug, weil natürlich wieder fünf Kinder anstatt der vereinbarten drei dort gleichzeitig spielen müssen.

Ist hier nun die pädagogische Fachkraft gefragt, die auf die Einhaltung von Regeln und Grenzen besteht? In manchen Fällen sicherlich, und zwar dann, wenn es um das Wohlergehen des Einzelnen in der Gruppe geht. Grundsätzlich gelingt es Kindern jedoch dann am besten, sich an Regeln zu halten und Grenzen zu akzeptieren, wenn sie auch deren Sinn verstehen. Einsicht in den Sinn von Regeln gewinnen Kinder einerseits dadurch, dass sie von Erwachsenen darauf hingewiesen werden, welche Konsequenzen ihr Handeln für andere hat. Um die Regeln des Zusammenlebens wirklich zu verinnerlichen, benötigen Kinder jedoch auch den Austausch mit gleichaltrigen Partnern. In ihre Verhandlungen mit Gleichaltrigen müssen Kinder eigenes Wissen über den Sinn von Regeln und Werten einbringen, und gleichzeitig müssen sie dem Regelverständnis des Anderen Achtung erweisen.

Auf dieser Basis wird ein Zusammenleben möglich, das nicht immer konfliktfrei verläuft, dafür aber interessant und erfahrungsreich ist. In ihren Verhandlungen miteinander tauschen sich die Kinder auf gleicher Augenhöhe darüber aus, was unter kulturellen Werten wie Gerechtigkeit, Solidarität oder Freundschaft zu verstehen ist; sie machen Erfahrungen, wie man mit anderen kooperiert, und sie erarbeiten sich miteinander den Sinn von Regeln.

1.5 Angebote machen und Impulse setzen

Dieser kleine Ausflug in die Entwicklungspsychologie sollte verdeutlichen, mit welchen Themen sich Kinder befassen, wenn sie spielen, sich streiten, sich vertragen, ausprobieren und verhandeln. Die Frage ist nun, warum pädagogische Fachkräfte eigentlich wissen sollten, womit sich Kinder beschäftigen und was sie interessiert. Die Antwort lautet, dass von pädagogischen Angeboten, die die Themen, Interessen, Bedürfnisse und Wünsche der Kinder treffen, ein größerer Bildungs- und Entwicklungsfortschritt zu erwarten ist als von Angeboten, die an den Themen der Kinder vorbei gemacht werden. Der Neurobiologe Singer äußert sich dazu sogar folgendermaßen:

> „Es ist nutzlos und womöglich kontraproduktiv, Inhalte anzubieten, die nicht adäquat verarbeitet werden können, weil die entsprechenden Entwicklungsfenster noch nicht offen sind“ (Singer 2001).

Aufgezwungene Angebote, mit denen Kinder entwicklungsbedingt noch nicht umgehen können, führen lediglich dazu, dass unnütz Zeit mit Abwehr verbracht wird. In der Pädagogik sollten diese Erkenntnisse aufgegriffen werden, um zu bestimmen, welche sozialen, räumlichen und materialen Bildungsanregungen Kinder brauchen, damit sie sich ihren Fähigkeiten entsprechend bilden können. Bildungsfördernde Umwelten sind Angebote oder Erfahrungsmöglichkeiten, die Erwachsene im Sinne von Rahmenbedingungen bereitstellen und die die Kinder selbsttätig bearbeiten können.

Was heißt das nun konkret? Kommen wir noch einmal auf unser Beispiel der drei „prügelnden“ Jungen (siehe Seite 14) zurück. Durch die Reflexion ihrer Beobachtung und die Diskussion mit ihren Kolleginnen hat die Erzieherin Anja erkannt, was die Themen des kleinen Simon sind:

- Simon möchte seine körperlichen Fähigkeiten erproben.
- Er möchte sich kompetent und als „Großer“ fühlen.
- Er möchte gleichberechtigt sein.

Welche Konsequenzen ergeben sich daraus für die Arbeit der pädagogischen Fachkraft? Welche pädagogischen Angebote könnten Simon ansprechen, welche Impulse sollte Anja setzen, damit Simon seine Themen bearbeiten kann?

Zum einen wäre zu überprüfen, welche räumlichen und materiellen Möglichkeiten Simon in der Einrichtung hat, um seine grobmotorischen Fähigkeiten zu trainieren und mit seinem Körper und der Koordination von Bewegung zu experimentieren. Allzu häufig wird beklagt, dass Kinder sich heutzutage zu wenig bewegen. Andererseits stehen ihnen oft keine attraktiven Bewegungsmöglichkeiten zur Verfügung. Die Erzieherin Anja könnte also überprüfen, ob es in ihrer Einrichtung genügend Bewegungsmaterial gibt, wie Rollbretter, Trampolins, Seile oder im Innenraum Matratzen, die man aufeinanderschichten, auf die man klettern und von denen man herunterspringen kann. Weiter könnte sie ihre Einrichtung unter dem Gesichtspunkt betrachten, ob es dort Orte gibt, an denen die Kinder toben oder klettern können. Hierzu gehören zum Beispiel Räume mit weiten Flächen, in denen nur wenig Möbel stehen, mit Schrägen, Treppen und verschiedenen Ebenen.

Da Simon offensichtlich sehr daran interessiert ist, ein „Großer“ zu sein, und seine Kompetenzen unter Beweis stellen möchte, könnte die Erzieherin Anja überlegen oder beobachten, was Simon besonders gut kann, wo seine Stärken liegen. Dazu könnte sie eines der in

Kapitel 4 vorgestellten Beobachtungsverfahren einsetzen, zum Beispiel Kuno Bellers Entwicklungstabelle (siehe Seite 107) oder die Bildungsbereiche/Zugangsformen aus dem beobachtungsbasierten *infans*-Konzept (siehe Seite 75ff.). Ist Simon besonders interessiert daran, Geschichten über sich und seine Erlebnisse zu erzählen, oder fragt er häufig danach, wie Dinge funktionieren? Mag Simon Bewegungsspiele, ist er geschickt im Balancieren? Führt er gerne Experimente durch, entwickelt er Ideen, um seine Hypothesen zu testen, oder liegen seine Kompetenzen mehr im praktischen Bereich? Nimmt Simon zum Beispiel gerne Gegenstände auseinander und setzt sie geschickt wieder zusammen? Hat die Erzieherin Simons Stärken erkannt, dann kann sie ihm Angebote machen, die ihm das Gefühl geben, etwas besonders gut zu können, und die ihn veranlassen, seine Fähigkeiten weiter auszubauen.

Weiterhin könnte die Erzieherin Anja überlegen, mit welchen Kindern Simon besonders häufig spielt. Sind das immer nur die älteren Kinder, die ihm wohlwollend das Gefühl von Gleichberechtigung geben, oder hat er auch gleichaltrige Freunde, mit denen er sich wirklich auf Augenhöhe messen kann? Hierzu könnte sie ein Soziogramm der Gruppe erstellen (siehe Seite 152ff.) oder seine soziale Einbindung einschätzen. Um Simon ein gleichberechtigtes Spiel mit anderen Kindern zu ermöglichen, sollte die Erzieherin Anja Situationen schaffen, in denen er Freude am Spiel mit Kindern entwickeln kann, die etwa das gleiche Alter wie er haben oder sich auf einem ähnlichen Entwicklungsstand befinden. Auch hierbei kann sie an ihr Wissen über Simons Stärken anknüpfen.

Diese Beispiele zu pädagogischen Angeboten, die auf der Grundlage von Beobachtungen gemacht werden, zeigen, dass pädagogische Fachkräfte in ihrer Arbeit einer Forschertätigkeit nachgehen können. Durch die bewusste Wahrnehmung von kindlichen Aktivitäten und die Reflexion dieser Wahrnehmungen können Impulse gesetzt und Bildungsmöglichkeiten für die Kinder geschaffen werden. Darüber hinaus wird deutlich, dass die Forschungstätigkeit der pädagogischen Fachkraft mit der Beobachtung nicht abgeschlossen ist. Vielmehr ergeben sich häufig weitere Fragen als Ausgangspunkte erneuter und genauerer Beobachtungen, und es gilt immer wieder zu überprüfen, ob und wie sich die Themen der Kinder verändern bzw. ob die pädagogischen Angebote die Themen der Kinder treffen.

2. Beobachten und Dokumentieren als Elemente fachlichen Handelns

Nicht erst mit der Qualitätsdebatte zu Beginn dieses Jahrhunderts, aber durch sie neu belebt, wird in der Frühpädagogik ein Professionalisierungsbemühen erkennbar. Pädagogisches Handeln wird nicht mehr als intuitiv und von persönlichen Erfahrungen und besonderen Begabungen im Umgang mit Kindern abhängig betrachtet. Vielmehr werden Kompetenzen beschrieben und auch eingefordert, über die eine pädagogische Fachkraft verfügen sollte und die grundsätzlich erlernbar sind. Aufgaben und Kompetenzen von pädagogischen Fachkräften sind in Qualitätshandbüchern, wie sie für die Arbeit mit verschiedenen Zielgruppen und in verschiedenen Trägerorganisationen entstanden sind, detailliert beschrieben. In den Bildungsprogrammen und Bildungsplänen der Bundesländer finden sich zahlreiche Aussagen zu den Bildungsaufgaben pädagogisch Tätiger in Kindertageseinrichtungen und Kindertagespflege. Beobachtung und Dokumentation sind als Elemente fachlichen Handelns hier regelmäßig genannt.

Damit Bildungsprogramme und Qualitätsvereinbarungen für die pädagogische Arbeit tatsächlich wirksam werden können, müssen sie zunächst auf die Bedingungen der einzelnen Einrichtung vor Ort angewendet werden. Deshalb ist es wichtig, sich zu fragen, wie die Aufgaben der Beobachtung und Dokumentation in den für Ihre Arbeit geltenden Dokumenten beschrieben sind, ob sich dies in Ihrer Einrichtungskonzeption widerspiegelt und in welchem Maß Beobachten und Dokumentieren in Ihre tägliche Arbeit integriert sind. Kapitel 2.2 enthält Vorschläge, wie Sie sich – am besten gemeinsam im Team – Klarheit darüber verschaffen können, wo Ihre Einrichtung in dieser Hinsicht im Augenblick steht, was sie leisten soll und leisten möchte.

2.1 Beobachtung und Dokumentation in Qualitätshandbüchern und Bildungsplänen

Die Qualitätsdiskussion im System der Kindertagesbetreuung wird in Deutschland seit mehreren Jahren intensiv geführt. Im Sozialgesetzbuch VIII (SGB VIII) wird die Bedeutung von Tageseinrichtungen für Kinder als entwicklungsfördernde und familienergänzende Leistung für alle Kinder und Familien formuliert. Spätestens mit dem seit 1996 bestehenden Rechtsanspruch auf einen Kindergartenplatz wurden Tageseinrichtungen für Kinder zum Regelangebot für die Drei- bis Sechsjährigen. Im Jahr 2013 wurde dieser Rechtsanspruch auf einen Betreuungsplatz auf Kinder ab dem vollendeten ersten Lebensjahr ausgedehnt. Nicht nur, weil diese Ausweitung des Angebots mit hohen Kosten einhergeht, sondern auch aufgrund der damit verbundenen Verantwortung für die Bildungschancen der nachwachsenden Generationen wird zunehmend die Frage nach der Qualität gestellt und danach, wie das System der Tagesbetreuung von Kindern zur Erreichung guter Qualität gesteuert werden kann. Im SGB VIII, wird der Anspruch, in Kindertageseinrichtungen für die Sicherung guter Qualität zu sorgen, verpflichtend festgehalten. Die Träger der Jugendhilfe sollen die Qualität der Förderung in ihren Einrichtungen durch geeignete Maßnahmen sicherstellen und weiterentwickeln. Als Grundlage hierfür werden die Entwicklung und der Einsatz einer pädagogischen Konzeption genannt, aber auch der Einsatz von Instrumenten und Verfahren zur internen und externen Evaluation, also zur systematischen Überprüfung der pädagogischen Arbeit. In diesen Zusammenhang sind die vielen Initiativen einzuordnen, die in den vergangenen Jahren zur Sammlung von Qualitätskriterien und zur Entwicklung von Qualitätshandbüchern und Zertifizierungsverfahren beigetragen haben.

In Deutschland sind drei parallele Entwicklungen zu verzeichnen, die prägend für die Qualitäts- und Bildungsdiskussion geworden sind. Zum einen gab es mit der **Nationalen Qualitätsinitiative im System der Tageseinrichtungen für Kinder (NQI)** eine politische Antwort auf die Qualitätsfrage. Sie wurde im Jahr 1999 vom Bundesministerium für Familie, Frauen, Senioren und Jugend unter der damaligen Ministerin Christine Bergmann ins Leben gerufen. In diesem länder- und trägerübergreifenden Vorhaben wurden in insgesamt fünf Teilprojekten Qualitätskriterien für die pädagogische Arbeit entwickelt und praxisnahe Verfahren erprobt, mit denen die Qualität einer Einrichtung intern und extern überprüft werden kann. So sollten vor allem konsensfähige Aussagen mit breiter Akzeptanz getroffen werden. Jedes Teilprojekt befasste sich mit einem jeweils anderen thematischen Schwerpunkt. Die Projekte I und II bezogen sich auf die Altersgruppe der null- bis sechsjährigen Kinder (Tietze & Viernickel 2016), Projekt III befasste sich mit der Tagesbetreuung für Kinder im Schulalter (Strätz et al. 2008). In Projekt IV ging es um die Erarbeitung von Qualitätskriterien und Evaluationsinstrumentarien auf der Basis des in Deutschland weit verbreiteten Situationsansatzes (Preissing & Heller 2009); Projekt V stellte die Qualität der Träger von Tageseinrichtungen in den Mittelpunkt (Fthenakis et al. 2003).

Der zweite starke Impuls ging von den **freien Trägerverbänden** aus. Sie suchten nach Verfahren, um die Qualität ihrer Einrichtungen erfassen, beschreiben und nach außen hin ausweisen zu können. Dafür orientierten sie sich in der Mehrzahl an Qualitätsmanagementverfahren aus der Wirtschaft wie dem Konzept der ISO 9001 : 2000 oder dem Total-Quality-Management-Modell. Diese Verfahren stellen einen Ordnungsrahmen bereit, in dem das generelle Konzept und Leitbild, die Handlungsrichtlinien, Schlüsselprozesse und Methoden einer Einrichtung dokumentiert und überprüfbar gemacht werden (Rugor & von Studzinski 2003; Klug 2001). Die Dokumentation beginnt in der Regel mit der Anlage eines Qualitätsmanagementhandbuchs. Mehrere große Trägerorganisationen stellen für ihre Kindertageseinrichtungen ein solches Rahmenhandbuch zur Verfügung (vgl. Bundesvereinigung Evangelischer Tageseinrichtungen für Kinder e.V. & Diakonisches Institut für Qualitätsentwicklung Diakonie Deutschland 2016; Bundesverband Katholischer Tageseinrichtungen für Kinder 2016). Auch die nichtkonfessionellen freien Trägerverbände wie die AWO, das DRK und der Paritätische Wohlfahrtsverband arbeiten seit langem mit Qualitätsmanagementsystemen. Viele der dort angeschlossenen Einrichtungen sind bereits gemäß dem trägerspezifischen QM-Ansatz zertifiziert.

Sowohl in den aus der Nationalen Qualitätsinitiative hervorgegangenen Qualitätskriterienkatalogen als auch in den Rahmenhandbüchern der freien Trägerverbände werden Beobachtung und Dokumentation als fachliche Aufgaben von pädagogischen Fachkräften angesprochen, allerdings mit Unterschieden in Gewichtung und Konkretheitsgrad. Je nachdem, bei welchem Träger Sie beschäftigt sind, nach welchem pädagogischen Konzept Ihre Einrichtung arbeitet und welche Altersgruppen dort betreut werden, mag es sinnvoll sein, sich die entsprechenden fachlichen Grundlagen im Original zu beschaffen, um die Aussagen zu Beobachtung und Dokumentation noch genauer nachlesen zu können.

Der dritte und wahrscheinlich nachhaltigste Impulsgeber ist die Entwicklung und Veröffentlichung von **Bildungsprogrammen, -empfehlungen oder -plänen** für den Elementarbereich in allen 16 Bundesländern. Sie sind als Reaktion auf die wachsende bildungspolitische Bedeutung des Elementarbereichs entstanden und unterstützen den eigenständigen Bildungsauftrag, den Kindertageseinrichtungen zu erfüllen haben. Dieser muss jedoch für Kinder im vorschulischen Alter wesentlich breiter gefasst sein als für ältere Kinder. Bildung im Kleinkind- und Vorschulalter ist aus pädagogischer Sicht nicht gleichbedeutend mit Schulvorbereitung. Bildungsprozesse im frühen Kindesalter vollziehen sich ganzheitlich, das heißt, Kinder lernen mit allen Sinnen und durch die Verknüpfung unterschiedlichster Erfahrungen. Wahrnehmung und Tätigkeit gehen Hand in Hand. Dies gilt umso mehr, je jünger ein Kind ist. Aufgabe von Kindertageseinrichtungen ist es, solche kindlichen Bildungsprozesse anzuregen und zu unterstützen. Bildungspläne und Bildungsprogramme haben zum Ziel, eine verbindliche, möglichst konkrete Beschreibung dieses Bildungsauftrags und entsprechende fachliche Vorgaben zu liefern.

Bildungspläne und Bildungsprogramme der Bundesländer

Die Bildungspläne der Bundesländer für die frühe Bildung in Kindertageseinrichtungen finden sich auf der Internetseite des Deutschen Bildungsservers: www.bildungsserver.de/Bildungsplaene-der-Bundeslaender-fuer-die-fruehe-Bildung-in-Kindertageseinrichtungen-2027.html.

Die meisten Bildungsprogramme der Bundesländer weisen der regelmäßigen Beobachtung und der Dokumentation des Beobachteten einen wichtigen Stellenwert zu. Die Fähigkeit, genau hinzusehen, das Verhalten von Kindern wahrzunehmen und daraus alleine und im Team Schlüsse zu ziehen, wird als eine notwendige professionelle Kompetenz von pädagogischen Fachkräften betrachtet. Fast alle Bildungsprogramme sehen vor, dass jedes Kind in regelmäßigen Abständen beobachtet werden soll und dass die Beobachtung verschiedene Aspekte der Entwicklung und Bildung eines Kindes abdeckt. Ebenso werden die Auswertung der Beobachtungsergebnisse im Team und deren Reflexion gemeinsam mit den Eltern gefordert. Dazu soll eine individuelle Bildungs- und Entwicklungsdokumentation für jedes Kind erstellt werden. Viele Bildungsprogramme sehen eindeutig vor, dass mit einem ausgewiesenen Verfahren gearbeitet werden soll, manche geben sogar vor, welches Verfahren hier zu nutzen ist, oder machen Empfehlungen. Andere versuchen, mithilfe von Analysefragen, die auf einzelne Bildungsbereiche zugeschnitten sind, den Einstieg ins „Beobachtungsgeschäft“ zu erleichtern. Aus unserer Sicht ist ein solcher Rückgriff auf Vorhandenes und Erprobtes ein sinnvoller Weg. Nicht jedes Rad muss neu erfunden werden.

Die Auswahl und der Einsatz von Beobachtungsinstrumenten sollten allerdings nicht nur von Sympathie oder Abneigung abhängig gemacht werden, die Sie vielleicht einzelnen, Ihnen bereits bekannten Verfahren gegenüber hegen, und auch nicht allein auf Empfehlungen von Kolleginnen und Kollegen beruhen, die von einem Instrument schon „ganz Tolles" gehört haben. Um Sie darin zu unterstützen, Beobachtungsverfahren gezielt und informiert auszuwählen und anzuwenden, benennen wir im folgenden Kapitel zunächst einige Kriterien für eine gezielte Auswahl und schlagen dann eine Schrittfolge und inhaltliche Orientierung für den Auswahlprozess und die Umsetzung vor.

2.2 Beobachten und Dokumentieren als Teil der Einrichtungskonzeption

Wie gelange ich zu einer gezielten Auswahl von Beobachtungsverfahren? Wir schlagen Ihnen hierfür die im Folgenden beschriebenen Schritte vor. Dabei gehen wir davon aus, dass Beobachtung und Dokumentation Aufgaben sind, die auf der Ebene der Kindertageseinrichtung geplant, organisiert und ausgewertet werden müssen. Deshalb sprechen wir von ihnen als einem Teil der Einrichtungskonzeption. Selbstverständlich ist jede pädagogische Fachkraft dann dafür verantwortlich, ihre Beobachtungstätigkeit und die Anfertigung der Aufzeichnungen in die alltägliche Arbeit zu integrieren. Der Nutzen der Aufzeichnungen wiederum ist umso höher, je häufiger die eigenen Wahrnehmungen mit den Kolleginnen und Kollegen geteilt und diskutiert werden. Kurz und gut: Es wird einfacher und effektiver, wenn sich ein Team zusammensetzt und eine übergreifende Beobachtungsplanung entwickelt. Aber auch, wenn sich ein solches Vorgehen nicht realisieren lässt, empfiehlt sich die beschriebene Schrittfolge.

1. Prüfung: Welche Empfehlungen sind für Ihre Arbeit gültig?

Je nachdem, in welchem Bundesland und bei welchem Träger pädagogische Fachkräfte tätig sind, gelten für sie die jeweils spezifischen Vorgaben oder Empfehlungen. Das Bildungsprogramm oder der Bildungsplan Ihres Bundeslandes wird sicherlich als Buch oder Dokument in Ihrer Einrichtung vorhanden sein. Wenn Sie bei einem Träger beschäftigt sind, der bereits ein trägerspezifisches Qualitätsrahmenhandbuch zur Verfügung stellt, dienen die entsprechenden Standards zur Beobachtung und Dokumentation als verbindliche Grundlage.

- **Wenn Sie für sich alleine planen:** Besorgen Sie sich die für Sie geltenden Dokumente (Bildungsprogramm, Qualitätshandbuch des Trägers) und arbeiten Sie diese gründlich durch. Markieren Sie die Stellen, die sich auf Beobachtung und Dokumentation beziehen oder schreiben Sie sie heraus. Ziehen Sie ein erstes Fazit: Sind die Aussagen eher allgemein oder enthalten sie verbindliche Vorgaben? Finden sich Hinweise auf bestimmte Beobachtungsverfahren? Welche Konsequenzen ergeben sich für Ihre pädagogische Arbeit im Hinblick auf Beobachtung und Dokumentation?

- **Wenn Sie im Team planen:** Regen Sie an, dass auf einer der nächsten Teamsitzungen die Abschnitte bzw. Standards, die sich auf Beobachtung und Dokumentation beziehen, herausgesucht, gelesen und diskutiert werden und ein erstes Fazit als Arbeitsergebnis gezogen wird (dieser Schritt ist analog zum Vorgehen, wenn Sie für sich alleine planen). Wenn Ihr Team bereits Qualitätsstandards erstellt, an denen die Arbeit in der Einrichtung orientiert und überprüft werden kann, oder dabei ist, die Richtlinien der Bildungspläne in die pädagogische Arbeit zu integrieren, umso besser. Dann kann die Thematisierung von Beobachtung und Dokumentation als nächster sinnvoller Schritt geplant werden.

2. Klärung: Welche pädagogischen Ziele möchte ich/meine Einrichtung durch Beobachtung und Dokumentation erreichen?

Die Beobachtungs- und Dokumentationstätigkeit ist kein Selbstzweck. Sie dient immer den pädagogischen Zielen, die Sie als pädagogische Fachkraft bzw. als Teil des Einrichtungsteams verfolgen. Die verschriftlichte Konzeption, nach der die Einrichtung arbeitet, kann hier ein wichtiger Bezugspunkt sein, denn sie enthält normalerweise den Konsens, den ein Team in Bezug auf die pädagogischen Orientierungen, Zielsetzungen und Vorgehensweisen erreicht hat. Aber nicht immer spiegelt die Konzeption den aktuellen Stand der pädagogischen Arbeit in der Einrichtung wider; deshalb bleibt grundsätzlich die Reflexion fachlicher Orientierungen und Ziele notwendig, wenn Entscheidungen über Beobachtungs- und Dokumentationsverfahren getroffen werden sollen. Ebenso kann keine Konzeption spezifische Fragestellungen, die sich in einer Gruppe oder auch bezüglich bestimmter Kinder immer wieder aufs Neue ergeben, befriedigend berücksichtigen. Diese sind aber ebenfalls wichtige Anlässe für eine gezielte Beobachtung.

- **Wenn Sie für sich alleine planen:** Befragen Sie die Konzeption Ihrer Einrichtung daraufhin, welche pädagogischen Ziele und Schwerpunktsetzungen hier formuliert sind. Klären Sie für sich, ob diese mit Ihren eigenen Zielen und Ihrer täglichen Praxis übereinstimmen, und identifizieren Sie Ihre persönlichen Schwerpunkte in der fachlichen Arbeit. Schreiben Sie diese stichwortartig auf. Wie verhalten sich die notierten Schwerpunkte zu den vorher identifizierten Empfehlungen/Vorgaben: Überschneiden, ergänzen oder widersprechen sie sich? Versuchen Sie, eine Liste der inhaltlichen Bereiche und pädagogischen Fragen zu erstellen, die sowohl die externen Empfehlungen, die Konzeption als auch Ihre persönlichen Anliegen berücksichtigt. Markieren Sie dann für sich die Punkte, bei denen Sie Beobachten und Dokumentieren für eine nützliche methodische Herangehensweise halten.
- **Wenn Sie im Team planen:** Auch in diesem Fall bietet sich die Einrichtungskonzeption als Ausgangsbasis für die Ziel- und Schwerpunktsetzung an. Welche inhaltlichen Schwerpunktsetzungen gibt es in Ihrer Konzeption? Bildet zum Beispiel die Sprachför-

derung einen Schwerpunkt, sollte hier auch das Hauptaugenmerk von Beobachtung und Dokumentation liegen. Ein Bewegungskindergarten wird ein stärkeres Interesse an der Bewegungsfreude und der Entwicklung der motorischen Fertigkeiten der Kinder sowie eventuell an einer Analyse der Nutzung seiner Bewegungsbaustelle haben als andere Einrichtungen.

Weitere Fragen, die im Team geklärt werden sollten, sind das herrschende Vorverständnis von Beobachtung und die derzeitige Beobachtungspraxis. In vielen Einrichtungen wird immer noch nur zu bestimmten Gelegenheiten – anlässlich von Elterngesprächen, vor dem Schulübergang, im Hinblick auf „Problemverhalten" einzelner Kinder – beobachtet. In anderen Kindertageseinrichtungen obliegt es dem Engagement der einzelnen Fachkraft, ob und was sie beobachtet und dokumentiert. Wie sieht es in Ihrer Einrichtung aus:

- Zu welchen Anlässen, in welchen Abständen und in welcher Breite setzen Sie bereits Beobachtung und Dokumentation ein?
- Welche Formen haben sich als geeignet erwiesen, und wo sehen Sie Veränderungsbedarf?
- Wie kann Beobachtung Sie dabei unterstützen, den Bildungsauftrag der Einrichtung zu erfüllen?
- Idealerweise legt Ihr Team nach der Auswertung einer solchen Fachdiskussion fest, welche Beobachtungspraxis bis zu einem bestimmten Zeitpunkt erreicht werden soll und welche Schritte dazu unternommen werden müssen.

3. Auswahl: Welche Beobachtungshilfen sind geeignet?

Sie wissen nun, welche Empfehlungen oder Regelungen für Ihre Arbeit gelten und haben Entscheidungen darüber getroffen, welche inhaltlichen Schwerpunkte Sie für Ihre Beobachtungen setzen wollen und welche fachlichen Ziele damit erreicht werden sollen. Nun geht es darum, geeignete Verfahren zusammenzustellen. Es gibt eine Reihe von Instrumenten, für die mehr oder weniger gut dokumentierte Erfahrungen vorliegen. Einige davon werden in Kapitel 4 ausführlich beschrieben; sie bieten sich für unterschiedliche Fragestellungen an. Diese Informationen können Ihnen als Entscheidungshilfe dienen. Allerdings kann dieses Buch keine vollständige Sammlung existierender Verfahren liefern. Vielleicht hat im Team die eine oder andere Kollegin von einem weiteren Beobachtungsinstrument gehört oder sogar Erfahrungen damit gesammelt. Wie bereits erwähnt, bieten auch die Bildungspläne einiger Länder bzw. die Qualitätsrahmenhandbücher mancher Träger Ansatzpunkte. Beziehen Sie auch solche Erfahrungswerte und Vorschläge in den Auswahlprozess ein.

- **Wenn Sie für sich alleine planen:** Treffen Sie eine Auswahl, welche Verfahren für den Einsatz in Ihrer pädagogischen Arbeit infrage kommen. Prüfen Sie dann anhand der Ihnen zur Verfügung stehenden Informationen wie schwierig und wie zeitintensiv die Beobachtung und die Auswertung der Aufzeichnungen mit den ins Auge gefassten Instrumenten sind. Bei manchen Verfahren wird ein vorgängiges Training als Voraussetzung für aussagekräftige Ergebnisse angesehen, andere empfehlen es zumindest. Das ist äußerst sinnvoll, und dennoch gibt es gelegentlich Rahmenbedingungen, unter denen ein solches Training in absehbarer Zeit und auf Initiative einer einzelnen Fachkraft nicht ermöglicht werden kann. Wägen Sie ab, ob Sie die zeitlichen und finanziellen Möglichkeiten haben, ein Training zu absolvieren. Entscheiden Sie sich für ein eher einfaches und weniger zeitaufwendiges Verfahren, wenn Sie bisher noch nicht viel Erfahrung im Beobachten gesammelt haben. Es ist besser, bescheiden anzufangen und mit zunehmender Sicherheit sein Repertoire auszubauen, als an einem zu hohen selbst gesetzten Anspruch zu scheitern.

- **Wenn Sie im Team planen:** Auch das Team wird aufgrund der vorangegangenen Überlegungen eine (Vor-)Auswahl von Verfahren treffen müssen. Allerdings ist hier in der Regel die Chance größer, mehrere Bereiche der pädagogischen Arbeit parallel durch Beobachtung begleiten und angemessen dokumentieren zu können. Machen Sie sich gemeinsam ein Bild über die infrage kommenden Verfahren und versuchen Sie abzuschätzen, welcher Aufwand für Vorbereitung, Schulung, Durchführung, Dokumentation und Auswertung nötig wird. Als Team sollten Sie auf eine gründliche Einarbeitung, wenn möglich mit Unterstützung durch eine externe Trainerin oder einen Trainer, nicht verzichten, die/der mit den Details in der Handhabung des ausgewählten Verfahrens vertraut ist.

4. Planung: Wie genau sollen Beobachtung und Dokumentation in die Arbeit integriert werden?

Sie sollten realistisch abschätzen, wie viel Zeit in die geplanten Beobachtungen und Ihre Dokumentation fließen wird, und welche zeitlichen und personellen Ressourcen zur Verfügung stehen. Wie oft und zu welchen Gelegenheiten soll beobachtet, in welcher Form dokumentiert werden? Wie und wann kann im Tagesablauf Freiraum für Ihre Beobachtungstätigkeit geschaffen werden? Wie können Teambesprechungen umorganisiert werden, damit der Austausch über Beobachtetes und gemeinsame Schlussfolgerungen für die pädagogische Arbeit regelmäßig Platz finden? Ziel ist es, diese Abläufe bzw. Aufgaben so in den Alltag zu integrieren, dass sie zu einem selbstverständlichen Bestandteil werden (siehe dazu ausführlicher Kapitel 3.2).

- **Wenn Sie für sich alleine planen:** Führen Sie sich Ihren bisherigen Tagesablauf vor Augen. Identifizieren Sie Situationen und Gelegenheiten, in die Sie Beobachtungsphasen einbauen könnten. Wäre dies täglich, wöchentlich oder seltener der Fall? Gleichen Sie dann ab, ob dieser Zeitrahmen für Ihre Vorhaben ausreicht und ob der Einsatz der ausgewählten Beobachtungshilfen unter diesen Bedingungen möglich ist. Suchen Sie nach Spielräumen und Alternativen, wenn notwendig. Vielleicht lassen sich Kolleginnen und Kollegen für die Sache begeistern. Dann kann in Absprache abwechselnd eine Person beobachten, während die andere für die Kinder ansprechbar bleibt. Prüfen Sie, welche sonstigen Vorschläge und Hinweise aus Kapitel 3.2 auf Ihre Situation anwendbar sind. Am Ende der Planungsphase sollte ein schriftlich festgehaltener konkreter Beobachtungsplan stehen. In der Regel kristallisiert sich bereits nach kurzer Zeit der Erprobung heraus, was gut läuft und wo die Knackpunkte liegen. Dann sollte man sich nicht scheuen, nachzubessern, Veränderungen vorzunehmen oder auch seine Ziele nach oben oder unten zu korrigieren.

- **Wenn Sie im Team planen:** Hier geht es ebenfalls um einen Abgleich zwischen zeitlichen und personellen Ressourcen und dem angestrebten Beobachtungsumfang. Beobachtung und Dokumentation führen zunächst einmal für jeden zu einer zusätzlichen Belastung. Deshalb ist es wichtig, sich des gemeinsamen Ziels bewusst zu bleiben, eine Verbesserung der pädagogischen Arbeit zu erreichen und den Bildungsauftrag der Einrichtung zu erfüllen. Aus diesem Grund sollten der fachliche Austausch über Beobachtungen und die daraus abzuleitende Entwicklung von Bildungsangeboten einen festen Platz in Teambesprechungen erhalten.

2.3 Drei Säulen eines Beobachtungssystems

Die vielfältigen Ziele pädagogischer Beobachtungen (siehe Kapitel 3.1) erfordern unterschiedliche Herangehensweisen. Ein einzelnes Beobachtungsverfahren kann nicht alle Ansprüche und Erkenntnisinteressen abdecken. Eine bewusste Kombination mehrerer Verfahren erscheint sinnvoll, wobei vorab zu klären ist, für welche Zwecke und in welcher Form die einzelnen Verfahren eingesetzt werden sollen. Wir schlagen Ihnen ein Vorgehen nach dem „Baukastenprinzip" vor. Es beinhaltet, dass drei unterschiedliche „Verfahrenstypen" zu einem integrierten Beobachtungssystem kombiniert werden:

1. ein Verfahren, das seinen Fokus auf die Aktivitäten und Bildungsprozesse der Kinder richtet (siehe Kapitel 4.1),
2. ein Verfahren, das die kindliche Entwicklung in einem Entwicklungsbereich oder – umfassend – in mehreren Entwicklungsbereichen erfasst (siehe Kapitel 4.2 bis 4.4) und
3. ein Verfahren, das mit relativ geringem Aufwand feststellen hilft, bei welchen Kindern eventuell ein Entwicklungsrisiko besteht, dem genauer nachgegangen werden muss (siehe Kapitel 4.6).

Um als Werkzeug für das übergeordnete Ziel, Kinder in ihrer Persönlichkeit zu stärken und ihre Entwicklung zu fördern, dienlich sein zu können, sind in der Regel alle Methoden darauf zu befragen, ob sie sich einer generellen Orientierung an Stärken und Ressourcen verpflichtet fühlen oder zumindest damit in Einklang bringen lassen. Von ihrer Anlage und ihren Erkenntniszielen her erfüllen Beobachtungsverfahren, die ihren Fokus auf die Aktivitäten und Bildungsprozesse der Kinder richten, diese Voraussetzung eher als Instrumente, die kindliche Entwicklung über beobachtbare Verhaltensmerkmale abzubilden trachten. Solche Verfahren sind inhärenter, wenn auch nicht unbedingt einziger Bestandteil der beobachtungsbasierten Bildungskonzepte, die in Kapitel 4.1 vorgestellt werden. Es empfiehlt sich daher, im Team auszuhandeln, ob man sich auf den Prozess hin zu einem solchen Konzept einlassen möchte. Dieser Prozess ist anspruchsvoll und wird jede einzelne pädagogische Fachkraft wie auch das gesamte Team herausfordern, weil pädagogische Ziele, Orientierungen und Werte in den Blick genommen und auf den Prüfstand gestellt werden.

Aber auch, wenn eine solch tiefgreifende Entwicklung zunächst oder generell nicht beschlossen wird, macht es Sinn, den Aufbau eines Beobachtungssystems in einer Einrichtung – sozusagen als **erste Säule** – mit einem der prozessorientierten Verfahren zu beginnen, die in Kapitel 4.1 dargestellt sind. Da auch dies konstitutiv mit Klärungen über die mit Beobachtung und Dokumentation verbundene Haltung gegenüber kindlichen Aktivitäten, Ausdrucksformen und Bildungsprozessen verbunden ist, kann es durchaus etwas länger dauern, bis ein Team sich mit Überzeugung für ein solches Verfahren entscheidet und gewillt ist, Zeit und Energie in seinen regelmäßigen Einsatz zu investieren.

Die **zweite Säule** bildet ein Beobachtungsverfahren, das Sie dabei unterstützt, genauer auf einzelne Entwicklungsbereiche zu schauen. Die Verfahren der ersten Gruppe lassen nämlich keine systematischen Aussagen darüber zu, welches Spektrum von Kompetenzen ein Kind zum Beispiel im sprachlichen oder motorischen Bereich zeigt. Um sich ein fundiertes Bild von den Stärken (die meist auch Interessenschwerpunkte sind) und den weniger ausgeprägten Fähigkeiten und „Weltzugängen" eines Kindes zu machen, sind die in den Kapiteln 4.2 bis 4.4 beschriebenen merkmalsbasierten Verfahren somit eine wichtige Ergänzung. Auch diese sollten einer grundsätzlichen Stärkenorientierung verpflichtet sein. Dies ist wichtig, weil es sich bei der Beobachtung und Dokumentation in Kindertageseinrichtungen nicht in erster Linie um diagnostische oder therapeutische, sondern um pädagogische Zielstellungen handelt, die untrennbar mit Motivation und Eigenaktivität der Kinder verbunden sind. Es kann also auch bei den merkmalsbasierten Instrumenten nicht darum gehen, Kinder mit anderen Kindern oder statistisch ermittelten Normwerten zu vergleichen. Vielmehr sollen individuelle Interessen, Entwicklungsthemen und -schritte erkennbar und nachvollziehbar werden, um auf dieser Grundlage die pädagogische Arbeit zu planen oder mit den Eltern ins Gespräch zu kommen.

Als **dritte Säule** empfehlen wir den regelmäßigen Einsatz eines sogenannten Entwicklungs-Screenings (siehe Kapitel 4.6). Ein Entwicklungs-Screening erlaubt einen schnellen und zuverlässigen Überblick, ob sich die Entwicklung eines Kindes im Normalbereich befindet. Charakteristisch ist, dass für ein breites Spektrum von Entwicklungsbereichen in Abhängigkeit vom Alter des Kindes jeweils nur wenige präzise formulierte Merkmale erfragt werden. Diese sind in der Regel ausführlicheren Entwicklungstests entnommen und haben sich als besonders vorhersagekräftig für den Entwicklungsverlauf erwiesen. Zeigt ein Kind, das sich in dem entsprechenden Alterssegment befindet, das erfragte Verhalten oder die erfragte Fähigkeit nicht, wird dies als Risikohinweis gewertet. Da es auch eine Aufgabe von pädagogischen Fachkräften ist, Entwicklungsrisiken zu erkennen und negativen Entwicklungsverläufen vorzubeugen, ist der Einsatz von Screening-Verfahren fachlich notwendig und sinnvoll, auch wenn sie andere, pädagogische Beobachtungsverfahren keinesfalls ersetzen können.

3. Beobachten und Dokumentieren in der praktischen Umsetzung

In den vorangegangenen Kapiteln haben wir darüber gesprochen, dass die Beobachtung von Verhaltensweisen, Interaktionen und Situationen die Grundlage bietet, um Kinder besser zu verstehen und ihre Entwicklungs- und Bildungsprozesse nachvollziehen zu können. Eine kindorientierte Pädagogik ist ohne regelmäßige und gezielt eingesetzte Beobachtung nicht denkbar. Damit werden die Beobachtungen von Kindern zu verschiedenen Gelegenheiten und die Fähigkeit, diese Beobachtungen zur Grundlage für Bildungsangebote zu machen, zu einem unverzichtbaren Element des Handelns von pädagogischen Fachkräften.

Dabei geht es zunächst, wie in Kapitel 1 am Beispiel der Erzieherin Anja beschrieben, um ein neugierig-offenes Sammeln von Informationen, das noch ohne Interpretation und Wertung erfolgt. Zu verstehen, woran Kinder interessiert sind, was ihre Motive und Anreize sein könnten, sich auf eine bestimmte Art und Weise zu verhalten, ist wiederum eine notwendige Bedingung für die Planung von gezielten und sinnvollen pädagogischen Angeboten. Eine solche Planung setzt sowohl allgemeines Wissen über kindliche Entwicklung voraus als auch spezielle Informationen und Kenntnisse über jedes einzelne Kind. Diese Informationen, die zu unterschiedlichen Gelegenheiten und mit einander ergänzenden Methoden gewonnen werden können, liefern in ihrer Gesamtheit dann ein Bild sowohl von den einzelnen Kindern als auch von der Gruppe insgesamt.

Wie aber gelingt es, Beobachtung als pädagogisches Angebot in die Alltagspraxis zu integrieren? Welche Schwierigkeiten gibt es, und wie kann man sie umgehen? Für wessen Augen sind welche Aufzeichnungen bestimmt, wie sieht es mit dem Datenschutz aus? Im Folgenden werden diese und ähnliche Fragen rund um die praktische Umsetzung aufgegriffen. In Kapitel 3.1 sollen zunächst einige Überlegungen dazu angestellt werden, welche Chancen eine regelmäßige und reflektierte Beobachtungs- und Dokumentationspraxis für die Unterstützung und Weiterentwicklung der pädagogischen Arbeit und für die persönliche Qualifikation der pädagogischen Fachkräfte bietet. Anschließend geht es in Kapitel 3.2 um die zeitliche und personelle Planung von Beobachtung und Dokumentation und darum, auf welche Weise Eltern und Kinder informiert und einbezogen werden können. Kapitel 3.3 stellt exemplarisch die Beobachtungsplanung und -praxis in zwei Kindertageseinrichtungen mit viel Erfahrung in diesem Bereich vor. In Kapitel 3.4 richtet sich schließlich der Blickwinkel auf eine etwas stärker theoretische Betrachtungsweise. Es informiert unter Rückbezug auf Erkenntnisse aus der Wahrnehmungspsychologie und Beobachtungsforschung über „typische" Beobachtungsfehler und deren Vermeidung.

Zum Einstieg eine wahre Geschichte: Es war einmal eine Gruppe von 17 pädagogischen Fachkräften, die an einer Fortbildung zum Thema „Beobachtung im Kindergarten" teilnahmen. Die Fortbildung war dreigeteilt. Sie begann mit einer zweitägigen Einführung in das Thema. Zurück im Kindergarten sollten die Fachkräfte in ihrer Arbeitszeit Beobachtungen machen, diese protokollieren und als „Arbeitsmaterial" zum nächsten Gruppentermin mitbringen. Zwischen dem ersten und zweiten Gruppentreffen lagen sechs Wochen. Am Morgen des zweiten Gruppentreffens fragte die Leiterin der Fortbildung erwartungsvoll nach den Beobachtungen. Drei Teilnehmerinnen waren gar nicht wieder erschienen. Von den anderen hatte bis auf eine einzige Fachkraft niemand etwas mitgebracht. Die Erklärungen dafür reichten von „Eigentlich weiß ich gar nicht, wozu dieses Aufschreiben gut sein soll. Ich weiß doch auch so, was in meiner Gruppe vorgeht" über „Ich bin einfach nicht dazu gekommen" bis zu „Ich habe es versucht, aber ich konnte mit dem, was ich notiert habe, nichts anfangen". Die Dozentin brach die Veranstaltung wütend und enttäuscht ab.

Was können wir aus diesem Beispiel lernen? Aus den Rechtfertigungen, die die pädagogischen Fachkräfte vorbrachten, kann man Zweifel, Zeitmangel und Unsicherheit herauslesen. Drei Stolpersteine, die – auf unterschiedlichen Ebenen – den erfolgreichen Einsatz von Beobachtung in der pädagogischen Arbeit gefährden oder sogar verhindern können. Drei Stolpersteine, die ernst zu nehmen sind, und die im Folgenden etwas näher betrachtet werden sollen.

3.1 Beobachtung als pädagogisches Angebot?

Der erste Stolperstein kann bereits in der eigenen Grundhaltung stecken. „Das Aufschreiben kostet doch nur Zeit, die dann den Kindern verlorengeht" – fast jeder, der sich mit Fragen von Beobachtung und Dokumentation in Kindertageseinrichtungen beschäftigt, hat schon einmal in diese Richtung gedacht. Dahinter steckt zum einen die Angst, dass vor lauter Dokumentieren, Planen und Auswerten die direkte Arbeit mit den Kindern leiden könnte. Außerdem spiegelt sich in solchen Argumenten eine durchaus vernünftige Kosten-Nutzen-Rechnung: Was bringen mir diese Arbeiten an zusätzlichen Informationen, an Wissen, das ich mit Gewinn in meine pädagogische Arbeit einbringen kann? In welcher Form kommt es letztlich den Kindern und ihren Familien zugute?

Der erstgenannten Befürchtung kann meist durch eine sorgfältige und realistische Zeitplanung und organisatorische Absprachen im Team begegnet werden (siehe Kapitel 2.2 und 3.2). Hat ein Team sich für die Beobachtungsschwerpunkte entschieden und den zeitlichen Aufwand einmal durchkalkuliert, zeigt sich in der praktischen Anwendung schnell, ob man sich doch zu viel vorgenommen hat oder ob es sogar besser läuft als erwartet. Hier sollte man auf jeden Fall nach einer Erprobungsphase einen offenen Austausch im Team über positive und negative Erfahrungen einplanen. Kleinere „Kurskorrekturen" werden wahrscheinlich immer wieder einmal notwendig, sodass ein regelmäßiger kritischer Blick auf die Beobachtungspraxis sinnvoll ist.

Was die Frage nach dem „Warum überhaupt?" angeht, gibt es die Erfahrung, dass die Mehrzahl der pädagogischen Fachkräfte überzeugte Verfechterinnen und Verfechter systematischer Beobachtung werden, sobald sie ernsthaft damit begonnen haben. „Der Geschmack kommt beim Essen", sagt ein Sprichwort. Dem tatsächlich zu leistenden Mehraufwand an Organisation und persönlichem Engagement steht ein hoher pädagogischer und professioneller Ertrag gegenüber. Dazu muss aber auch klar gesagt werden, dass der Start leichter fällt, wenn sich ein Team gemeinsam auf den Weg begibt. Im Folgenden werden die wichtigsten Argumente für Beobachtung und Dokumentation wiedergegeben, die in der Beobachtung erfahrene pädagogische Fachkräfte nennen:

„Ich entdecke und erkenne Themen, Interessen und Bedürfnisse der Kinder." Regelmäßige Beobachtung von Kindern und die sich anschließende Auswertung im Team führen dazu, dass pädagogische Fachkräfte die ihnen anvertrauten Kinder im Laufe der Zeit immer besser kennenlernen. Sie entdecken das Besondere, Einzigartige an jedem Kind und bekommen einen Einblick, womit einzelne Kinder sich aktuell beschäftigen, an welchen Themen sie arbeiten. Auch Themen, für die mehrere Kinder der Gruppe sich gerade interessieren, treten hervor.

„Ich kann die individuelle Entwicklung jedes Kindes besser verfolgen." Jedes Kind gelangt zu verschiedenen Zeitpunkten im Verlauf des Kita-Jahres in den Fokus der Aufmerksamkeit. Dies wirkt der Gefahr entgegen, im oft quirligen Gruppengeschehen die leisen, unauffälligen Kinder zu übersehen. Jedes einzelne Kind wird als Individuum wahrgenommen und als solches in seinen Entwicklungsfortschritten und Kompetenzen gewürdigt. Besondere Stärken und hervortretende Schwierigkeiten können rechtzeitig erkannt, jedes Kind kann gezielt gefördert bzw. unterstützt werden.

„Ich lerne ´meine´ Kinder ganz neu und von unterschiedlichen Seiten kennen." Manche Kinder fallen uns immer dann auf, wenn es Streit gibt oder etwas kaputtgeht. Andere, weil sie anscheinend immer Erster sein wollen und nie warten können. Verlassen wir uns lediglich auf diese wenigen Ausschnitte unserer Wahrnehmung, erhalten wir ein verzerrtes und einseitiges Bild. Gezielte Beobachtung in unterschiedlichen Situationen führt zu umfassenderen, oft überraschenden Einsichten in das Verhalten, die Gefühlslagen und die sozialen Kontakte eines Kindes. Man beginnt, das Kind „mit anderen Augen zu sehen". Dadurch verändern und intensivieren sich auch Beziehungen zu einzelnen Kindern.

„Ich kann mir ein differenziertes Bild von meiner gesamten Kindergruppe machen." Mit entsprechenden Verfahren können pädagogische Fachkräfte Informationen über die sozialen Kontakte und Spielpartnerschaften innerhalb der Kindergruppe, über bevorzugte Spielorte und -materialien bestimmter Kinder und Kleingruppen sammeln. Sie können einschätzen, welche Kinder befreundet sind und welche miteinander rivalisieren. Sie registrieren, an welcher Position im sozialen Gruppengefüge einzelne Kinder stehen, und wie sich Konstellationen verändern, wenn Kinder neu hinzukommen oder die Gruppe verlassen.

„Kenntnisse über Themen, Interessen, Bedürfnisse und Entwicklungsverläufe ermöglichen mir eine individualisierte pädagogische Planung im Hinblick auf Bildungsgelegenheiten in der Kindertageseinrichtung." Pädagogische Fachkräfte erarbeiten sich durch regelmäßige Beobachtungen ein fundiertes Bild von den individuellen Entwicklungswegen jedes Kindes und können anstehende Bildungsschritte gezielt unterstützen. So erhalten sie eine Grundlage für die Planung von pädagogischen Angeboten ebenso wie für die Auswertung von Angeboten, Projekten und Aspekten der Tages- und Raumgestaltung.

„Der Austausch mit den Kindern über die Beobachtungen führt zu intensiven Dialogerlebnissen." Gespräche mit Kindern über das, was beobachtet wurde, ergänzen nicht nur die eigene Wahrnehmung, sondern bieten auch Gelegenheit, sich mit dem Kind über ihm wichtige Dinge der Welt auszutauschen und gemeinsam darüber nachzudenken. In diesen Situationen erhält das Kind die Rückmeldung, dass seine Person und seine Ansichten ernst genommen und wertgeschätzt werden. Gleichzeitig fördern sie die kindliche Sprach- und Denkentwicklung.

„Ich kann Situationen besser analysieren und den Erfolg pädagogischer Maßnahmen objektiver beurteilen." Über Beobachtungen und ihre Dokumentation lassen sich Informationen zu Nutzungsmustern von Räumlichkeiten und Materialien und dem Engagement von Kindern bei unterschiedlichen Aktivitäten, Angeboten und Projekten gewinnen. Damit können problematische Raumsituationen erkannt und verändert werden, Angebote und Projekte können ausgewertet und so verbessert werden, dass noch mehr Kinder noch stärker davon profitieren.

„Die Beobachtungsnotizen verdichten sich mit anderen Dokumenten und Produkten kindlichen Tätigseins zu einer persönlichen Entwicklungs- und Bildungsbiografie jedes Kindes." Die Forderung, Prozesse und Ergebnisse der pädagogischen Arbeit zu dokumentieren, wird in Qualitätshandbüchern und Bildungsprogrammen regelmäßig erhoben. Aufzeichnungen, Fotos, Produkte der Kinder und andere Materialien können dazu genutzt werden. Sie wachsen im Laufe der Zeit zu einer einzigartigen Sammlung von Lernspuren und Entwicklungswegen jedes Kindes, das darüber auch ein Bewusstsein seiner eigenen Lerngeschichte entwickeln kann.

„Die dokumentierten Beobachtungen nutze ich als Grundlage für einen informierten und am Wohl des Kindes orientierten Austausch mit Eltern, Team und auch externen Institutionen (Fachdiensten, Schulen)." Eltern wünschen sich regelmäßige und nachvollziehbare Informationen über das Verhalten und die Entwicklungsfortschritte ihres Kindes. Die Erkenntnisse der pädagogischen Fachkräfte werden sich dabei verstärkt auf das Verhalten des Kindes in Gruppensituationen und mit anderen Kindern beziehen, aber auch auf den individuellen Entwicklungsverlauf eines Kindes in verschiedenen Entwicklungsbereichen. Eltern erleben ihr Kind im Familienzusammenhang, sie kennen seine Vorlieben und Verhaltensbesonderheiten und wissen, welche Fragen es gerade beschäftigen. Ein regelmäßiger Austausch von pädagogischen Fachkräften und Eltern dient dem Aufbau einer beidseitig getragenen Erziehungspartnerschaft. Systematisch dokumentierte Beobachtungen sind auch die Basis, auf der sich pädagogische Fachkräfte im fachlichen Dialog mit ihren Kolleginnen und Kollegen über Themen und Bildungsprozesse der Kinder verständigen können; ferner geben sie Hinweise auf etwaige Verhaltensprobleme oder Entwicklungsverzögerungen einzelner Kinder. Schließlich leisten sie auch im Kontakt mit Fachdiensten und externen Institutionen (z.B. im Rahmen der Kooperation beim Übergang in die Grundschule) wichtige Dienste.

„Durch systematische Beobachtung und Dokumentation stärke und erweitere ich meine professionellen Kompetenzen." Mit dem Wandel des Bildes vom Kind, das heute weit mehr als früher als aktives, sich in einem Prozess der Selbstbildung eigenständig und kreativ Wissen aneignendes Individuum gesehen wird, haben sich auch die Anforderungen an pädagogische Fachkräfte verändert. Sie werden zu Wegbereiterinnen und Begleiterinnen des Kindes. Dabei sollen sie als Dialogpartnerin zur Verfügung stehen, für eine angemessene und herausfordernde Umwelt sorgen und gezielte Impulse setzen. Regelmäßige Beobachtungen und Aufzeichnungen stellen hierfür eine wichtige Grundlage dar; der Blick schärft sich für Typisches, aber auch für Unerwartetes und Überraschendes. Man wird sensibler in der Wahrnehmung, sicherer in der Einschätzung und treffender in der Beschreibung von Verhaltensweisen und Situationen. Eine regelmäßige Beobachtungspraxis dient somit gleichzeitig der kontinuierlichen fachlichen Weiterqualifikation.

3.2 Zeitliche und personelle Planung von Beobachtung

Beobachten ist wichtig, aber ich komme einfach nicht dazu – das ist wohl die häufigste Aussage, wenn es um die Frage geht, wie man als pädagogische Fachkraft zum regelmäßigen Beobachten steht. Und es stimmt tatsächlich: Wenn Beobachten, Dokumentieren und die Auswertung des Aufgezeichneten keinen systematischen Platz im Kita-Alltag haben, werden diese Tätigkeiten von den vielen anderen Aufgaben überlagert und verdrängt. Deshalb ist die zeitliche und personelle Planung von Beobachtung von entscheidender Bedeutung, damit sich eine regelmäßige Beobachtungspraxis und von allen getragene Beobachtungskultur in einer Einrichtung entwickeln kann.

Zwar kann es keinen für alle Einrichtungen gültigen, verbindlichen „Beobachtungsplan" geben, denn jede Einrichtung hat ihre jeweils individuellen Schwerpunktsetzungen, Rahmenbedingungen oder auch Trägervorgaben, die es zu berücksichtigen gilt. Dennoch gibt es einige grundsätzliche Punkte, die sich für eine gelingende Planung und Organisation als wesentlich herausgestellt haben. Sie sollen im Folgenden erörtert werden.

Wie ausführlich in Kapitel 2.2 dargestellt, beginnt eine Beobachtungsplanung immer mit der Überprüfung, welche Vorgaben und Richtlinien für die fachliche Arbeit gültig sind und welche Ziele mit dem Beobachten erreicht bzw. welche Schwerpunkte gesetzt werden sollen. Auf diesen Überlegungen beruht die Vorentscheidung für die infrage kommenden Beobachtungsverfahren. Nun ist allerdings noch die Frage zu klären, wie genau Beobachtung und Dokumentation in die Alltagspraxis integriert werden können.

Abschätzung des zeitlichen Aufwands für Beobachtung und Dokumentation

Je nachdem, wie viele und welche Beobachtungsverfahren Sie einsetzen möchten, variiert der Zeitaufwand für die Erhebung und Dokumentation unter Umständen beträchtlich. Berechnen Sie: Wie viele Kinder sind zu beobachten, wie häufig sollen diese im Fokus stehen und wie zeitaufwendig ist die einzelne Beobachtung? Daraus erhalten Sie einen ersten Anhaltspunkt für die notwendigen zeitlichen Ressourcen.

Nehmen wir als Beispiel eine Einrichtung, die regelmäßig Kurzbeobachtungen zu den Bildungsthemen der Kinder im Kontext des *infans*-Konzepts (Kapitel 4.1.1) durchführt, die Sprachentwicklung mit sismik bzw. seldak (Kapitel 4.3.1.2) dokumentiert und zusätzlich einmal jährlich die Grenzsteine der Entwicklung (Kapitel 4.6.1) einsetzen möchte. Die Einrichtung betreut 60 Kinder in drei Gruppen, für die jeweils eine pädagogische Hauptkraft und eine Zweitkraft zuständig sind.
Für die Grenzsteine der Entwicklung sind jeweils im Umfeld des Geburtstags eines Kindes circa zehn Minuten Beobachtungszeit einzuplanen, pro Gruppe also 20 x 10 Minuten. Das ergibt 200 Minuten oder rund dreieinhalb Stunden. Und das wiederum entspricht circa fünf Minuten pro Woche bei – angenommenen – 40 Wochen im Jahr, die für Beobachtung genutzt werden.
Der Einsatz der Beobachtungsverfahren sismik bzw. seldak beansprucht jeweils rund 45 Minuten. Dies sind bei 20 Kindern, die zweimal jährlich beobachtet werden, 30 Stunden im Jahr; verteilt über 40 Wochen wären das pro Woche wiederum 45 Minuten. Außerdem soll jeweils ein Kind an drei Tagen einer Woche für fünf Minuten beim Freispiel beobachtet werden, um herauszufinden, was möglicherweise seine aktuellen Bildungsthemen sind. Für diese Beobachtungen sind also täglich noch einmal jeweils rund fünf Minuten einzuplanen.
Am Ende des dreitägigen Beobachtungszyklus eines Kindes benötigt die pädagogische Fachkraft Zeit, um sich über das Beobachtete Gedanken zu machen und ihre Interpretationen bzw. Schlussfolgerungen zu notieren. Wenn Sie sich dafür noch einmal insgesamt eine halbe Stunde zugestehen, sind Sie in ihrer Gesamtplanung bei einem wöchentlichen Zeitaufwand von rund eineinhalb Stunden pro Fachkraft angelangt.
Mit diesem Ansatz erhält man für jedes Kind circa drei interpretierte Beobachtungszyklen im Kita-Jahr, die Anhaltspunkte für seine individuellen Themen und Interessenbereiche geben, zwei aussagekräftige Dokumentationen des Sprachverhaltens und Sprachinteresses sowie eine systematische Einschätzung, ob sich das Kind in den zentralen Entwicklungsbereichen im sogenannten Normalbereich befindet.
Letztendlich muss ein Team entscheiden, welchen zeitlichen Aufwand es leisten kann und will. Die Beispielrechnung macht jedoch auch deutlich, dass der Aufwand nicht übermäßig hoch sein muss, um regelmäßige und aussagekräftige Beobachtungen durchführen zu können.

Zuordnung von „Zielkindern“

Wann immer Sie Beobachtungsverfahren einsetzen, die auf das einzelne Kind fokussieren, muss geklärt werden, wer für die Beobachtung welcher Kinder zuständig ist. Sinnvoll ist es natürlich, wenn dies die für das Kind verantwortliche pädagogische Fachkraft ist. Dabei sollten die in einer Gruppe zusammenarbeitenden Fachkräfte die Kinder gemäß ihren Arbeitszeitanteilen „aufteilen“. Es wäre allerdings wünschenswert, dass die Kinder nicht nur von der zuständigen Fachkraft, sondern ergänzend gelegentlich auch von anderen Kolleginnen und

Kollegen beobachtet werden. So erhalten Sie Eindrücke von unterschiedlichen Personen, die einander ergänzen und helfen können, „blinde Flecken" zu vermeiden.

In der offenen Arbeit sollten den Kindern ebenfalls Bezugsbeobachterinnen zugeordnet werden, die dann die Gesamtverantwortung dafür haben, dass alle geplanten Beobachtungen durchgeführt, die Notizen gesammelt und ausgewertet bzw. das Portfolio gepflegt werden.

Beobachtungserfahrene Teams berichten, dass jede Fachkraft die Zuständigkeit für acht bis zehn Ziel- bzw. Kontaktkinder übernehmen kann. Dies ist ein Erfahrungswert, der aber auch davon abhängt, wie viele Beobachtungen Sie durchführen wollen, wie zeitaufwendig die Verfahren sind und wie gut Sie sich gegenseitig unterstützen.

Personelle Planung für die Beobachtungszeiten

Während Sie beobachten, muss sichergestellt sein, dass eine andere Person für die Sicherheit der Kinder und als ihre Ansprechpartnerin zur Verfügung steht. Natürlich kann und sollte eine Situation, die Ihre Aufmerksamkeit erfordert, auch kurz zwischendurch in Stichworten protokolliert werden, selbst wenn Sie mit den Kindern alleine sind. In der Regel werden Sie jedoch nach einem bestimmten Beobachtungsplan vorgehen, und das bedeutet, dass es Absprachen darüber geben muss, wer für die Kinder zuständig ist, während Sie beobachten. In Gruppen, in denen zwei oder sogar drei Kolleginnen und Kollegen zusammenarbeiten, ist dies kein Problem. Wenn klar ist, wer welche Kinder beobachtet, genügt eine kurze Verständigung untereinander („Ich frage gleich mal den Lukas, ob ich ihn heute beobachten darf, o.k.?").

Schwieriger wird es, wenn Sie alleine für die Betreuung Ihrer Gruppe verantwortlich sind. Dann müssen im Team Wege und Lösungen gefunden werden. Kann beobachtet werden, wenn eine Springerkraft zur Verfügung steht? In diesem Fall können Sie eventuell nicht ein Kind täglich beobachten, sondern an den Tagen, an denen Sie eine zusätzliche Kraft im Raum haben, mehrere Kinder nacheinander. Oder Sie weichen auf Situationen aus, in denen andere Kolleginnen und Kollegen die Beaufsichtigung mit übernehmen können, zum Beispiel beim Spiel im Freien. Eine andere Möglichkeit besteht darin, die Gruppen für eine gewisse Zeit am Tag zusammenzulegen oder einfach die Türen zu öffnen; so kann die eine Kollegin beobachten, während sich die andere um die Kinder kümmert. Allerdings schafft man durch diese Arrangements auch besondere Situationen, und es könnte sein, dass sich die Kinder davon in ihrem Verhalten beeinflussen lassen, was die Beobachtungsergebnisse wiederum verzerrt.

Wenn Sie der Meinung sind, es gäbe in Ihrer Einrichtung keinen Spielraum, um regelmäßige Beobachtungen und ihre Auswertung in die professionelle Arbeit zu integrieren, ist die systematische Suche nach versteckten zeitlichen Ressourcen mithilfe einer genauen Bedarfsanalyse zu empfehlen. Vielleicht beginnen Sie anlässlich Ihrer Beobachtungsvorhaben, einmal über flexible Arbeitszeitmodelle nachzudenken, um starke Schwankungen zwischen Phasen höchster und niedriger Arbeitsbelastung auszugleichen und bedarfsgerechte Lösungen zu finden.

Zeiten für Austausch und Reflexion im Team

Keine Kindertageseinrichtung, die den Bildungsauftrag, der an sie gerichtet ist, ernst nimmt, kann auf den regelmäßigen fachlichen Austausch im Fachkräfte-Team verzichten. Die gängige Praxis in vielen Einrichtungen sieht jedoch immer noch anders aus. Besprechungen werden überwiegend für die Klärung organisatorischer Fragen genutzt und sind oftmals schlecht vorbereitet und moderiert, was sich zum Beispiel in zähen, meist fruchtlosen Diskussionen um Nichtigkeiten niederschlägt.

Wenn eine Einrichtung Beobachtung und Dokumentation als Fachaufgabe regelmäßig wahrnehmen möchte, muss sie eine solche Besprechungspraxis verändern und ihren eigentlichen Sinn, der in der Reflexion und Weiterentwicklung der pädagogischen Arbeit liegt, wieder in den Vordergrund stellen. Anteile für Organisatorisches sollten von vornherein zeitlich begrenzt und deutlich von den inhaltlichen Diskussionen und Auswertungsgesprächen getrennt werden. Die Teamsitzungen können dann, je nachdem, an welchem Punkt sich die Einrichtung befindet und welche Schritte anstehen, zur Vorstellung und kritischen Sichtung von Instrumenten, zum Erfahrungsaustausch, zur kollegialen oder gemeinsamen Weiterbildung und natürlich zur Besprechung und Analyse von Beobachtungen und der darauf aufbauenden Planung von Bildungsangeboten genutzt werden.

Jede Einrichtung wird den Zeitabstand und die Dauer dieser Besprechungen in Abstimmung mit ihrem Bedarf, ihren Ansprüchen und Ressourcen selbst festlegen müssen. In größeren Einrichtungen wird es kaum möglich und auch nicht zweckdienlich sein, die Sitzungen immer im Gesamtteam abzuhalten; stattdessen sollten sich Unterteams zusammenfinden, die sinnvolle Arbeitseinheiten bilden und deren Mitglieder sich gegenseitig unterstützen und Feedback geben können.

Schriftliche Beobachtungsplanung

Es hat sich als günstig erwiesen, die Beobachtungsplanung schriftlich zu fixieren. So stellen Sie sicher, dass Beobachtungszeiten für alle Kinder der Gruppe bzw. alle anzuwendenden Verfahren berücksichtigt werden; ferner behalten Sie so den Überblick darüber, ob alle und wann einzelne Kinder im Fokus gestanden haben. In die schriftliche Beobachtungsplanung gehören auch die Termine für die fachliche Auseinandersetzung mit allen Themen rund ums Beobachten im Team sowie Zeiten für Elterngespräche.

Optimal ist es, wenn Sie zwei Arten von Planern anlegen: einen zeitlich nach Tagen und Wochen organisierten Überblicksplaner, in den eingetragen wird, an welchen Tagen welche Beobachtungstermine anstehen; sowie für jedes Kind einen individuellen Beobachtungsplan, der zum Portfolio bzw. den Beobachtungsnotizen geheftet wird und darüber informiert, wann welche Beobachtungen fällig waren und erfolgt sind. Als Überblicksplaner können Sie einen einfachen Terminkalender nutzen, der ausreichend Platz für tägliche Eintragungen bietet. Er sollte sichtbar aufgehängt bzw. an eine Stelle gelegt werden, sodass er jederzeit im Blick ist und seine Funktion als Terminwächter auch erfüllen kann.

Beispiel: Eintragungen im Überblicksplaner

Für: Max L.

Montag, 2. Mai	Dienstag, 3. Mai	Mittwoch, 4. Mai	Donnerstag, 5. Mai	Freitag. 6. Mai
Felix (3/1)	Felix (3/2)	Felix (3/3) +	Özlem (3/1)	Özlem (3/2)
Lia GS!		Auswertung		
	15.00 Elterngespräch Fam. Sukuz		17.00 Team: Grenzsteine	

In dieser Beispielwoche wird Felix das dritte Mal im Kindergartenjahr dreimal hintereinander jeweils circa fünf Minuten (mit dem Verfahren Bildungsthemen der Kinder aus dem *infans*-Konzept, siehe Kapitel 4.1.1) beobachtet. Am dritten Tag plant die pädagogische Fachkraft (nennen wir sie wie im Beispiel in Kapitel 1 wieder Anja) noch rund 15 Minuten zusätzlich für eine erste Interpretation des Beobachteten ein.

Für Özlem stehen am Donnerstag und Freitag der erste und zweite von den insgesamt geplanten drei Beobachtungstagen des dritten Durchgangs der Bildungsthemen der Kinder an (ebenfalls je 5 Minuten). Am Montag sollen die jährlichen Grenzsteine der Entwicklung für Lia erhoben werden, die am Freitag ihren vierten Geburtstag feiert. Am Dienstagnachmittag ist ein Gespräch mit den Eltern von Dimitri vorgesehen; Anja wird sich mit den Eltern das Portfolio des Jungen ansehen und darüber berichten, wie konzentriert und ausdauernd Dimitri im Kindergarten mit Legosteinen baut.

Und dann ist wie immer am Donnerstag die Teamsitzung. Diesmal geht es um die Auswertung der Grenzsteine der Entwicklung derjenigen Kinder, für die aus dem letzten Monat Erhebungen vorliegen. Außerdem sollen Erfahrungen mit dem Verfahren ausgetauscht werden.

Beispiel: Individueller Beobachtungsplan für ein Jahr/Stand März 2021 Portfolio-Dokumentation

Instrument/Verfahren/ Dokumentationsform	Erhebung geplant	Erhebung erfolgt/ durch wen	Auswertung/ Bemerkungen
Leuvener Engagiertheitsskaa	Oktober 2020	12. Oktober Rita	
	April 2021		
Themen der Kinder	Dezember 2020/1	–	Krankheit Max und Rita
	Januar 2020/1	12.1./Rita	
	Januar 2020/2	22.1./Rita	Mit Judith besprochen 23.1.
	Mai 2021/1	3.3./Judith	
	Mai 2021/2	18.3./Rita	Alles: 25.5. im Team
Soziogramm	September 2020	25.09./Rita	Teamsitzung 29.9.

Instrument/Verfahren/ Dokumentationsform	Erhebung geplant	Erhebung erfolgt/ durch wen	Auswertung/ Bemerkungen
	März 2021	10.3./Rita und Judith	
Entwicklungsgespräche	November 2020	26.11./Rita	Thema: Wie gut hat sich Max eingelebt, Soziogramm,

Zeitraum: September 2020 bis Juli 2021

Max ist im September neu in die Kita gekommen. Direkt nach der Eingewöhnungsphase erstellt die zuständige pädagogische Fachkraft Rita ein Kontaktsoziogramm (siehe Kapitel 4.5), um zu schauen, ob es vielleicht bestimmte Kinder gibt, an die sich Max anschließt. Im Oktober erfolgte eine Erhebung mit der Leuvener Engagiertheitsskala (siehe Kapitel 4.1.5), wie sie für alle Kinder zweimal jährlich durchgeführt wird.

Auch diese Einrichtung beobachtet die Bildungsthemen der Kinder, allerdings nur zweimal pro Kind und Kita-Jahr. Rita und Judith, die Zweitkraft, wechseln sich dabei ab. Die Termine für Max sind – wie für jedes Kind – vorgeplant, allerdings kommt es manchmal zu Änderungen wegen Krankheit bzw. Abwesenheit von Kindern oder pädagogischen Fachkräften. In die dritte Spalte des Planers wird deshalb eingetragen, wann und durch wen die Beobachtung tatsächlich erfolgte. Auch die ungefähren Termine für die Elterngespräche sind vermerkt. Im November, beim ersten Elterngespräch, ging es natürlich darum, wie gut sich Max eingelebt hat. Die vierte Spalte bietet Platz, um die Termine von Auswertungsgesprächen bzw. kurze inhaltliche Bemerkungen zu notieren.

Verfügbarkeit der Verfahren und technischen Hilfsmittel

Zu einer soliden Beobachtungsplanung gehört auch, dass die einzusetzenden Verfahren und etwaige technische Hilfsmittel verfügbar und einsatzbereit sind. Jede pädagogische Fachkraft sollte die Beobachtungsinstrumente, mit denen sie arbeitet, griffbereit in ihrem Gruppenraum oder an einem anderen gut zugänglichen Platz zur Verfügung haben. Dazu gehören nicht nur die Formblätter für die Dokumentation der Beobachtungen, die in ausreichender Kopien-Anzahl vorhanden sein müssen, sondern auch die begleitenden fachlichen Unterlagen (z.B. Kuno Bellers Entwicklungstabelle und die Leuvener Engagiertheitsskala). Sollen Fotos oder Filmaufnahmen zur Dokumentation und Analyse herangezogen werden, müssen Fotoapparat und Kamera an dafür vorgesehenen, möglichst zentralen bzw. strategisch günstigen Orten deponiert sein, damit auch spontane Aufnahmen möglich werden.

Erfolg und Spaß an der Arbeit mit diesen Dokumentationsformen werden sich eher einstellen, wenn die technischen Hilfsmittel von angemessener Qualität und vor allem ohne Zeitverluste einsetzbar sind. Das bedeutet, dass sich jeder dafür mitverantwortlich fühlen muss, dass noch genügend Platz auf den Speichermedien von Fotoapparaten oder Kameras ist, die Geräte aufgeladen und Ersatzmedien (Speicherkarten) vorrätig sind. Stimmen Sie im Team Verantwortlichkeiten ab und verabreden Sie Regeln für den Einsatz der technischen Geräte – unter anderem, weil hierbei auch der finanzielle Aufwand relativ hoch sein kann.

Absprachen mit Eltern und Kindern

Die aufmerksame Beobachtung von Kindern gehört zu den genuinen Aufgaben von pädagogischen Fachkräften und bedarf deshalb nicht der expliziten Zustimmung von Eltern bzw. sonstigen erziehungsberechtigten Personen. Etwas heikler sieht es dagegen schon mit schriftlichen Notizen aus, die personenbezogene Aussagen und Interpretationen enthalten, und mit systematischen Aufzeichnungen über den kindlichen Entwicklungsstand. Wenn Sie sich für ein Beobachtungsverfahren entschieden haben bzw. sich das Team auf ein Beobachtungsverfahren geeinigt hat, ist es deshalb unbedingt angeraten, die Eltern umfassend darüber zu informieren, was in der nächsten Zeit in der Kindertageseinrichtung passieren wird, und abzuklären, welche Erwartungen pädagogische Fachkräfte und Eltern mit der Beobachtung und Dokumentation der kindlichen Lern- und Bildungsprozesse verbinden.

In jedem Fall sollte das Einverständnis der Eltern eingeholt werden, sobald Aufzeichnungen schriftlich festgehalten werden. Häufig wird diese Einverständniserklärung bereits mit der Unterzeichnung des Betreuungsvertrags erledigt. Wenn Foto- und Filmaufnahmen geplant sind oder ein Portfolio angelegt werden soll, müssen die Eltern darum gebeten werden, ihr Einverständnis in schriftlicher Form niederzulegen.

Auch die Kinder sind darüber zu informieren, dass ihre Bezugsperson in der Einrichtung ihnen in nächster Zeit manchmal nicht unmittelbar zur Verfügung steht, weil sie beobachtet und aufschreibt, was sie tun. Und sicherlich sind die meisten Kinder zumindest am Anfang neugierig, was wohl über sie geschrieben wurde. Insofern sollten Sie sich auch Gedanken darüber machen, in welcher Weise Sie die Kinder einbeziehen, mit ihnen über Ihre Beobachtungen sprechen bzw. die Kinder selbst zu Wort kommen lassen und ihre eigene Sicht der Dinge einbeziehen möchten.

Die Aufzeichnungen gelten als Eigentum der Kinder bzw. Eltern; diese entscheiden auch darüber, was mit ihnen geschieht, wenn das Kind die Kita verlässt. Wenn Kindertageseinrichtung und Schule gut miteinander kooperieren, kann zum Beispiel die Weitergabe von Portfolios die Basis dafür sein, dass die Lehrkraft in der Schule individuelle Anknüpfungspunkte an die Bildungsbiografie der neuen Schüler und Schülerinnen findet. Da jedoch auch negative und sogar missbräuchliche Nutzungsmöglichkeiten nicht auszuschließen sind, haben Eltern hierbei die alleinige Entscheidungsbefugnis.

Praxiserfahrungen zeigen, dass die meisten Eltern ein starkes Interesse daran haben, von den pädagogischen Fachkräften konkrete Auskünfte über das Verhalten und die Aktivitäten ihres Kindes im Kita-Alltag sowie über seine Entwicklung zu erhalten, und deshalb systematischer Beobachtung und Dokumentation positiv gegenüberstehen. Im Gegenzug werden sie vielleicht angeregt, ebenfalls Typisches oder Überraschendes über ihr Kind zu berichten. Mit Beobachtungen, Fotografien oder Anekdoten aus dem Familienalltag können die Eltern zur dokumentierten Bildungsgeschichte ihres Kindes beitragen. Es geht also nicht nur um ein passives Einverstandensein, sondern um die Chance, mit Eltern und Kindern in einen spannenden und gegenseitig bereichernden Austausch zu treten.

3.3 Wege zum Ziel: Zwei Praxisbeispiele

Manche Einrichtungen können auf einen mehrjährigen Prozess zurückblicken, in dessen Verlauf sich ein nützliches Beobachtungsmanagement entwickelt hat, das auf einzelne Teams und auf die Bedürfnisse und Besonderheiten der in der Kita betreuten Kinder zugeschnitten ist. Im Folgenden sollen zwei solcher Einrichtungen exemplarisch vorgestellt werden. Die Beispiele zeigen, dass viele Wege zum Ziel führen und dass eine anspruchsvolle Praxis der Beobachtung und Dokumentation auch unter den aktuellen, nicht zufriedenstellenden Rahmenbedingungen gelingen kann.

Beobachtungspraxis in der Kita Südwind

Die Kita Südwind kann hinsichtlich Beobachtung und Dokumentation auf einen über 15-jährigen Erfahrungsschatz zurückgreifen. „Jetzt sind wir Profis, und Beobachten ist selbstverständlich geworden. Aber vieles musste sich erst einspielen", berichtet Frau Lemmert, die Leiterin. Angefangen haben die pädagogischen Fachkräfte mit Kuno Bellers Entwicklungstabelle und mit Filmufnahmen von den Kindern – übrigens auch von Interaktionen zwischen pädagogischen Fachkräften und Kindern als Grundlage für kollegiale Supervision und Feedback. Seit zwei Jahren versuchen sie sich darüber hinaus an der Dokumentation von Bildungs- und Lerngeschichten (siehe Kapitel 4.1.2). Die Lerngeschichten verknüpfen sie außerdem mit einer selbst entwickelten Checkliste, die sich am Bayerischen Bildungsplan orientiert, um zu überprüfen, welche der dort aufgeführten Entwicklungsbereiche und Basiskompetenzen sich in den Lerngeschichten der Kinder wiederspiegeln.

Diese Kombination ist für die pädagogischen Fachkräfte eine fachliche Herausforderung, weil sie beständig Querverbindungen zwischen beobachtetem Verhalten und dessen entwicklungspsychologischem Verständnis herstellen müssen. Deshalb ist demnächst eine mehrtägige Teamfortbildung zur kindlichen Entwicklung in den ersten sechs Lebensjahren geplant. Weiterbildung spielt in der Kita Südwind überhaupt eine wichtige Rolle. Jede pädagogische Fachkraft, die neu anfängt, durchläuft eine Fortbildung in der Handhabung von Kuno Bellers Entwicklungstabelle, und Frau Lemmert war mit ihrer Einrichtung am Projekt des Deutschen Jugendinstituts zur Entwicklung und Implementierung der Bildungs- und Lerngeschichten aktiv beteiligt.

Jede Fachkraft in der Kita Südwind ist für sechs „Bezugskinder" verantwortlich. Für jedes dieser Kinder erhebt sie zweimal im Jahr Kuno Bellers Entwicklungstabelle, die alleine und im Team ausgewertet wird. Anfangs haben die pädagogischen Fachkräfte nach den Vorgaben der Entwicklungstabelle dann konkrete, ans einzelne Kind gerichtete „Erfahrungsangebote" erstellt. Mit zunehmender Sicherheit entwickelten sie jedoch bereits durch die aufmerksame Beobachtung selbst Ideen und Ansatzpunkte für die pädagogische Planung für eine Gruppe von Kindern oder für einzelne Kinder. „Beobachtung und Bildungsangebote gehen fließend ineinander über", so die Erzieherin Rita.

Jedes Kind wird zusätzlich in circa zweimonatigem Abstand über eine ganze Woche hinweg täglich für zehn Minuten in unterschiedlichen Situationen beobachtet. Die Interpretation dieser Beobachtungen soll zu „Lerngeschichten" verdichtet werden. Dabei haben die pädagogischen Fachkräfte bemerkt, dass das entdeckte Thema der Kinder in den Lerngeschichten oft in dem Entwicklungsbereich liegt, der nach der „Beller-Tabelle" zu den Stärken des Kindes gehört. Durch Filmaufnahmen oder Fotografien werden die Lerngeschichten ergänzt bzw. illustriert. Das gelingt deshalb häufiger, weil Fotoapparat und Kamera für jeden zugänglich in einem zentralen Raum gelagert sind und spontan genutzt werden können. Dort steht auch ein Monitor, und nicht selten werden Filmaufnahmen gleich mit den beteiligten Kindern gemeinsam angesehen und rege kommentiert. Die Eltern haben vorher ihr schriftliches Einverständnis dazu gegeben, dass das Material für die fachliche Reflexion im Team genutzt werden kann.

Teamsitzungen finden wöchentlich statt, wobei abwechselnd organisatorische Angelegenheiten oder die fachliche Diskussion und Weiterentwicklung im Vordergrund stehen. Die zweiwöchentlichen fachlichen Sitzungen sind von 15.30 bis 19.30 Uhr angesetzt, und oft wird in Kleingruppen gearbeitet. In diesen Sitzungen werden regelmäßig Entwicklungstabellen vorgestellt und ausgewertet sowie die Lerngeschichten interpretiert. Dabei kommt es neben der Erarbeitung von auf den Beobachtungen aufbauenden Bildungsangeboten auch zu weiterführenden Diskussionen – zum Beispiel über konzeptionelle Grundlagen, über Fragen der Raumgestaltung und des pädagogischen Umgangs mit den Kindern.

Alle Beobachtungen werden, gemeinsam mit Fotos und ausgewählten Produkten der Kinder, in ein Portfolio integriert (siehe Kapitel 5). Oft bringen Eltern kurze Geschichten aus dem Familienalltag mit, die auch ins Portfolio eingehen. Alle sechs Wochen findet ein Elternnachmittag statt, der einerseits dem informellen Austausch dient, bei dem die Eltern aber auch über das Konzept und die Beobachtungspraxis informiert oder auf ihren Wunsch bestimmte Themen besprochen werden. Zusätzlich gibt es individuelle Elterngespräche, bei denen natürlich die Portfolios angesehen werden und die spezielle Lerngeschichte des Kindes thematisiert wird. Einmal im Jahr führt die Einrichtung eine Elternbefragung durch. Zur Beobachtung gibt es bisher ausschließlich positive Rückmeldungen.

Die Zeiten für die Auswertung der Entwicklungstabelle, die Teamsitzungen und die Elterngespräche werden bei der Dienstplangestaltung berücksichtigt; ansonsten laufen die Beobachtungen im Rahmen des Kita-Alltags mit. Immer wieder denken Team-Mitglieder darüber nach, wie Abläufe durch veränderte Organisation vereinfacht werden können. Damit Beobachtungen zeitnah notiert werden können, gibt es in jedem Raum einen PC. Gerade wird daran gearbeitet, auch die Auswertung der „Entwicklungstabelle" am Computer zu ermöglichen. Weil die Einrichtung ihr Konzept hin zur offenen Arbeit verändert und die Räume zu Funktionsräumen umgestaltet hat, fällt es leichter, Zeiten für die Beobachtung zu finden: „Eine Kollegin ist immer ansprechbar und kümmert sich, wenn ich beobachten will – umgekehrt gilt das natürlich auch." Dazu trägt auch das professionelle Selbstverständnis bei, das sich die Fachkräfte im Laufe der Jahre erarbeitet haben; es verbindet einen hohen fachlichen Anspruch mit der Bereitschaft zu gegenseitiger Unterstützung und kollegialem Feedback sowie mit einer fehlerfreundlichen Lernkultur.

Den größten Gewinn der Entscheidung, der Beobachtung von Kindern bzw. Situationen einen hohen Stellenwert im fachlichen Handeln einzuräumen, sieht Frau Lemmert im veränderten Selbstverständnis der pädagogischen Fachkräfte: „Die Perspektive des Kindes zu beachten und ernst zu nehmen, führt sehr bald zu einem Hinterfragen des eigenen Handelns. Man selbst agiert zurückhaltender, aber auch bewusster, und beginnt gleichzeitig, Räume und Material so zu arrangieren, dass es den Kindern ermöglicht wird, besser ihre Themen und Interessen zu verfolgen." Ein Zuwachs an Professionalität ist auch im Hinblick auf geschärfte Beobachtungsfähigkeiten und entwicklungspsychologisches Wissen zu erkennen. Dieser wird auch im Kontakt mit den Eltern deutlich und trägt zu einer wachsenden Anerkennung der Fachkräfte bei.

Beobachtungspraxis in der Kita Nordlicht

Die Kita Nordlicht integriert seit einigen Jahren regelmäßige Beobachtungen in ihre Alltagspraxis. Durch die Teilnahme an mehreren Projekten wurden die pädagogischen Fachkräfte intensiv in der Weiterentwicklung der Bildungsarbeit ihrer Einrichtung unterstützt. Zusätzlich hat die Leiterin, Frau Riemeister, anfangs drei- oder viermal im Jahr die zuständige Fachberatung ins Haus geholt, die vor allem den Teamprozess hin zu einem starken professionellen Selbstverständnis begleitet hat. In der Personalentwicklung liegt für Frau Riemeister der Schlussel zum Erfolg: „Ein Team ist eine Ansammlung von Individuen, die sich aber auf eine gemeinsame Sache verpflichten. Anzuerkennen, dass Menschen verschieden an Herausforderungen herangehen, ihnen die notwendige Unterstützung zukommen zu lassen, dann aber auch einfordern, dass alle mitmachen und ihre Fachaufgaben erfüllen – dazu braucht es Energie und Durchhaltevermögen, auch gegenseitiges Vertrauen."

Die Kita Nordlicht erschließt sich seit zwei Jahren die Arbeit nach dem *infans*-Bildungskonzept (siehe Kapitel 4.1.1). Bereits jetzt werden mehrere Beobachtungsverfahren genutzt. Regelmäßig werden die Bildungsthemen der Kinder im Tagesablauf beobachtet. Jeden Tag steht pro Fachkraft ein Kind fünf bis zehn Minuten im Zentrum der Aufmerksamkeit. Stift und Zettel sind deshalb zum ständigen Begleiter der pädagogischen Fachkräfte geworden. Ein Fotoapparat ist jederzeit verfügbar, um die Bildungsthemen der Kinder auch visuell veranschaulichen zu können.

Zweimal im Jahr wird das Verfahren der Bildungsbereiche/Zugangsformen für Kinder ab drei Jahren (siehe Kapitel 4.1.1) eingesetzt, um die Zugangsweisen zur Welt, die ein jedes Kind individuell aufweist, im Blick zu behalten und darauf aufbauend geeignete Bildungsangebote zu planen. Außerdem überprüfen die pädagogischen Fachkräfte mit den Grenzsteinen der Entwicklung (siehe Kapitel 4.6.1), ob Anhaltspunkte für Entwicklungsverzögerungen vorliegen. Für alle diese Beobachtungen gilt, dass eine pädagogische Fachkraft für acht oder neun Kinder zuständig ist; meist ist es diejenige, die bereits die Eingewöhnung hauptverantwortlich begleitet hat. Über diese regelmäßigen Beobachtungen hinaus erstellen die pädagogischen Fachkräfte bei Bedarf Soziogramme. So wurde kürzlich ein Spielesoziogramm (siehe Kapitel 4.5) angefertigt, um Aufschluss darüber zu erhalten, wie viele und welche Kinder sich vorzugsweise im Rollenspielbereich aufhalten.

In der Kita Nordlicht haben sich „Kleinteams“ aus drei bis fünf pädagogischen Fachkräften gebildet, die ihre Beobachtungen zeitlich absprechen und sich gegenseitig personell absichern. Das geht deshalb gut, weil die Einrichtung nach dem Prinzip der „offenen Arbeit“ organisiert ist. Im Kleinkindbereich, der aus pädagogischen Gründen nicht in die offene Arbeit einbezogen ist, gestaltet sich das regelmäßige Beobachten schwieriger. „Hier haben wir noch keine optimale Lösung gefunden. Bei Personalengpässen fallen Beobachtungen schon einmal aus, weil gerade die Kleinen immer eine Ansprechperson brauchen“, kritisiert Kindheitspädagogin Ira.

In den Kleinteams werden auch einmal wöchentlich die Beobachtungsergebnisse besprochen und Konsequenzen für die Bildungsarbeit diskutiert. Dafür stehen zwei Stunden zur Verfügung. Einmal monatlich trifft sich das gesamte Team zur Hauptteamberatung, um Fragen zu besprechen, die für alle wichtig sind, und um sich gegenseitig über die Arbeit in den Kleinteams zu informieren. Der Zeitaufwand für diese weitentwickelte Praxis der Beobachtung und Dokumentation ist hoch. Neben den im Alltag zu leistenden Beobachtungen, den zweistündigen Kleinteamberatungen und der einmonatigen Hauptteamberatung wollen die Portfolios, in die alle Beobachtungen integriert werden, gepflegt sein. Dafür veranschlagt das Team noch einmal ein bis zwei Stunden pro Fachkraft und Woche. Außerdem sind monatlich zwei bis drei Elterngespräche die Regel. Alles in allem beträgt der Zeitaufwand pro pädagogische Fachkraft für die Dokumentation, den fachlichen Austausch und die Gespräche mit den Eltern fünf bis sechs Stunden in der Woche. Die pädagogischen Fachkräfte leisten dies, obwohl die Kita in einem Bundesland liegt, das keine Vor- und Nachbereitungszeiten im Kita-Gesetz festgeschrieben hat. Versteckte zeitliche und personelle Ressourcen hat die Einrichtung mithilfe einer Fortbildung zur Dienstplangestaltung offengelegt. Dennoch geht es nicht ohne die persönliche Motivation und das hohe Engagement der Fachkräfte.

Den Ertrag ihrer Arbeit sehen die pädagogischen Fachkräfte auf mehreren Ebenen. „Wie wir unseren Bildungsauftrag umsetzen, prägt die Atmosphäre unseres Hauses. Wenn man reinkommt, sieht und spürt man, dass wir die Kinder ernst nehmen“, so Frau Riemeister. Es gibt viele Materialien aus der Erwachsenenwelt, Dinge, anhand derer sich Kinder mit mathematischen und naturwissenschaftlichen Fragen beschäftigen können, schriftsprachliche Symbole, überall Spuren der kreativen Tätigkeit der Kinder. „Diese verniedlichenden, angeblich kindgerechten Dekorationen wie Micky-Mäuse oder Osterhäschen passen nicht mehr zu unserer Arbeit.“

Die Reaktionen der Eltern bestätigen die Fachkräfte in ihrem professionellen Anspruch. Die Eltern merken, dass die pädagogischen Fachkräfte infolge der systematischen Beobachtungen auskunftsfähiger sind, was die Interessen, die Fähigkeiten und den Entwicklungsstand ihrer Kinder angeht, und honorieren dies, indem sie selbst offener werden. So tragen die Eltern zum Beispiel mit kleinen Geschichten und Fotos zum Portfolio bei, berichten, womit sich ihr Kind zu Hause besonders gerne beschäftigt, und sind auch eher bereit, Hinweise und Vorschläge der pädagogischen Fachkräfte zu überdenken.

3.4 Die häufigsten Beobachtungs-„Fallen“ und wie man sie umgeht

Erinnern Sie sich an die dritte Rechtfertigung, die von den pädagogischen Fachkräften im Eingangsbeispiel von Kapitel 3 vorgebracht wurde? Sie konnten mit dem, was sie – mehr oder weniger systematisch – notiert hatten, „nichts“ anfangen. Es erschien ihnen nicht treffend, zufällig, vielleicht banal; auf jeden Fall hatten die Fachkräfte Mühe, die Aufzeichnungen für ein tieferes Verständnis der kindlichen Handlungen und als Ausgangspunkt für Bildungsangebote zu nutzen. Die Schwierigkeiten der Fachkräfte können dabei sowohl auf der Seite des Wahrnehmungsprozesses als auch auf der Seite der Verschriftlichung des Beobachteten gelegen haben. In der sozialwissenschaftlichen Forschung und Literatur wird hierzu eine Vielzahl von Einfluss- und Fehlerquellen aufgeführt, die die Güte von Beobachtungen beeinträchtigen können (vgl. z.B. Greve & Wentura 1997).

Die anwendungsorientierte pädagogische Beobachtung in Kindertageseinrichtungen muss und kann nicht allen diesen wissenschaftlichen Ansprüchen genügen. Im Gegenteil sind manche Forderungen, die an wissenschaftliche Beobachtungen gestellt werden, für die pädagogische Praxis kontraproduktiv oder lassen sich gar nicht umsetzen. So gilt zum Beispiel bei bestimmten Beobachtungsansätzen, die zur Beantwortung einer Forschungsfrage eingesetzt werden, dass dem Beobachter die Hypothesen – also die Annahmen der Wissenschaftlerinnen und Wissenschaftler über gewisse Zusammenhänge – möglichst nicht bekannt sein sollen. In der Pädagogik wäre ein solches Vorgehen weder möglich noch sinnvoll. Umgekehrt hat sich herausgestellt, dass sich bei der Einführung einer Beobachtungspraxis in Kindertageseinrichtungen zum Teil weitere, für dieses Setting typische Schwierigkeiten ergeben können. Die folgenden Ausführungen gehen somit nicht auf alle möglichen Beobachtungsfehler und -hindernisse ein, sondern stellen die Faktoren heraus, die sich beim Beobachten in der Kita als besonders kritisch erwiesen haben. Dabei kommen sowohl Fragen zur Sprache, die sich auf Besonderheiten und Fehlerquellen unserer Wahrnehmungsleistungen allgemein beziehen, als auch problematische Aspekte der Dokumentation und generellen Beobachtungsplanung zu Wort.

Rollenkonflikte: Beobachterin oder Ansprechpartnerin?

Wenn Sie gezielt beobachten wollen, verlassen Sie automatisch die Rolle, die Sie die überwiegende Zeit des Tages in der Einrichtung innehaben und in der die Kinder und Ihre Kolleginnen und Kollegen Sie normalerweise wahrnehmen. Für die Dauer einer Beobachtung sollte Ihre Aufmerksamkeit vollständig auf das zu beobachtende Kind oder die einzuschätzende Situation gerichtet sein. Das heißt, dass Sie nicht gleichzeitig dafür zuständig sein können, wenn Sevec Hilfe beim Basteln braucht, Marie und Lene anfangen, sich heftig zu streiten, oder Dragan mit dem Roller stürzt.

Um diesem Dilemma zu begegnen und Beobachtungssituationen zu schaffen, die stressfrei und zielführend sind, sind mehrere Punkte zu klären. Zum einen sollten Ihre Aufgaben und Funktionen für die Zeit der Beobachtung möglichst umfassend von anderen übernommen werden. Das geht bei kleineren Beobachtungsvorhaben über informelle kollegiale Absprachen. Entscheidet sich das gesamte Team einer Einrichtung oder eine größere Einheit für die Einführung regelmäßiger Beobachtungsprozeduren, dann gehört dazu eine übergreifende systematische Zeitplanung mit festen Absprachen (siehe Kapitel 3.2). Zum anderen ist es wichtig, die unterschiedlichen Rollen auch für sich persönlich zu klären. Was gebe ich auf, wenn ich mich bewusst eine kurze Zeit aus dem Gruppengeschehen zurückziehe, und was gewinne ich dabei?

Manchen Kolleginnen und Kollegen fällt es schwer, die Verantwortung für „ihre" Kinder an andere abzugeben, oder sie werden beim Beobachten von dem unterschwelligen Gefühl begleitet, nur „herumzusitzen" und nicht wirklich zu arbeiten. Dann kann es sein, dass im Team noch eine Diskussion zur Konsensbildung über den Stellenwert von Beobachtung in der pädagogischen Arbeit ansteht (siehe Kapitel 2.2). Weiter werden natürlich die Kinder Ihr verändertes Verhalten bemerken und darauf reagieren. Stellen Sie also sicher, dass die Kinder wissen, was Sie tun, und vereinbaren Sie Umgangsweisen und Regeln für den Beobachtungszeitraum. Viele pädagogische Fachkräfte benutzen ein sichtbares Symbol wie einen farbigen Schal, einen Hut oder einen Ansteckbutton, um zu signalisieren, dass sie sich gerade in der Beobachterrolle befinden.

Vorschnelle Interpretation oder Vermischung von Beobachtung und Interpretation

Eigentlich könnte man meinen, es gäbe kaum etwas Einfacheres als zu beobachten. Schließlich tut es jeder von uns täglich, um im Alltag bestehen zu können. Unsere Sinnesorgane – allen voran unsere Augen und Ohren als die im menschlichen Sinnessystem vorherrschenden Informationsquellen – nehmen in jeder Minute unzählige Eindrücke auf, die vorselektiert werden, dann über Nervenbahnen an verschiedene Regionen im Gehirn weitergeleitet und dort mit früheren Erfahrungen und Eindrücken abgeglichen, bewertet und gespeichert werden. Auf der Grundlage dieser Prozesse wählen wir – oft auch unbewusst – zu den Sinneseindrücken passende Reaktionen aus und setzen diese in Handeln um. Jeder von uns verfügt dabei über einen individuellen Mix aus dem, was überhaupt wahrgenommen wird, wie diese Situation oder jenes Verhalten bewertet wird und welche Reaktion darauf vorzugsweise erfolgt.

Wahrnehmung, gefühlsmäßige Reaktion und Bewertung des Wahrgenommenen sind also eng miteinander verknüpft.

Stellen Sie sich vor, Sie beobachten, wie ein Vorschulkind eine enge, beidseitig zugeparkte Straße überqueren will. Es lugt hinter den parkenden Autos hervor, schaut nach rechts und links und läuft los; am anderen Ende muss es ein paar Meter zur Seite gehen, um überhaupt eine Lücke zwischen zwei Autos zu finden und auf den gegenüberliegenden Bürgersteig gelangen zu können. Beim Zuschauen stellt sich wahrscheinlich bei Ihnen eine Mischung aus Unbehagen, Angst, Erleichterung (als das Kind sicher auf der anderen Seite steht) und Ärger ein. Aber wie bewerten Sie die Situation? Vielleicht denken Sie: „Großstadtkinder sind heute viel kompetenter im Straßenverkehr als früher. Das hat es wirklich gut gemacht!“ Oder Sie sagen sich: „Was hat dieses Kind für unverantwortliche Eltern. Wenn der Schulweg so unsicher ist, müssen sie es eben von der Schule abholen!“ Vielleicht ärgern Sie sich auch darüber, dass „die Verwaltung“ keinen Zebrastreifen anlegt oder Parkverbote verhängt.

Diese Assoziationen und Gefühle sind häufig unbewusst und zunächst einmal willentlich auch nicht steuerbar. Im Alltag ist dieses Zusammenspiel sehr entlastend und funktional; wenn wir jedes Mal darüber nachdenken müssten, welche persönliche Bedeutung eine Situation für uns hat und welche mögliche Bedeutung sie darüber hinaus haben könnte, wären wir kaum noch handlungsfähig. Oft sind unsere Bewertungen stark durch vorhergegangene Erfahrungen und persönliche Hintergründe bestimmt. In der pädagogischen Arbeit kann dies problematisch sein, wenn ich nicht bereit bin, meine eigene Perspektive zu hinterfragen. Wer als Kind gelernt hat, dass Konflikte etwas Schlechtes sind und für einen Streit mit dem Geschwister häufig gescholten oder bestraft wurde, mag sehr empfindlich auf Konflikte in seiner Gruppe reagieren und neigt eventuell dazu, die streitenden Kinder im Verhalten und selbst in ihren Persönlichkeiten negativ zu beurteilen: als streitsüchtig, aggressiv oder verhaltensauffällig. Dann bleibt ihm jedoch der Blick für Wesentliches verstellt, zum Beispiel dafür, dass Konflikte immer auch Lernchancen bieten, dass Kinder meist ein durchaus breites Verhaltensrepertoire einsetzen und dass neben dem vordergründig sichtbaren Thema („Wer darf auf die Schaukel?“) meist noch andere wichtige Entwicklungsthemen verhandelt werden, wie etwa das moralische Thema der Gerechtigkeit: „Du bist schon ganz lange dran, jetzt will ich aber!“

Die Verknüpfung von Wahrnehmung, gefühlsmäßiger Reaktion und Bewertung lässt sich auch bei der pädagogisch eingesetzten Beobachtung nicht einfach lösen. Denken Sie an unser Eingangsbeispiel in Kapitel 1. Dort reagiert die Erzieherin Anja zunächst auch spontan und gefühlsmäßig auf die anscheinend aggressiven großen Jungen. Der wichtige Unterschied liegt darin, dass wir uns bei der pädagogischen Beobachtung dieser verschiedenen Komponenten bewusst werden und reflektiert damit umgehen sollten. Deshalb ist es sinnvoll, bei der Dokumentation von freien Beobachtungssituationen die folgenden Aspekte getrennt voneinander zu behandeln:

- **Wie stellt sich die Situation dar?** Was genau kann ich beobachten? Was tun, was sagen die Kinder? Welche Mimik und Körpersprache setzen sie ein? Weiß ich etwas über den Kontext, in dem das Beobachtete stattfindet?
- **Was macht diese Situation mit mir?** Welche spontanen Gefühle löst das Verhalten der Kinder in mir aus? Habe ich den Impuls, einzugreifen? Weshalb? Bin ich wach und interessiert, gelangweilt, innerlich berührt oder distanziert?

- **Welche Schlüsse ziehe ich?** Welche Erklärungen finde ich für das Beobachtete? Welche Motive, Bedürfnisse, Kompetenzen oder Schwierigkeiten unterstelle ich dem beobachteten Kind? Wird das Bild, das ich von diesem Kind habe, durch meine Beobachtungen bestätigt, erweitert, verändert? Sind auch andere Interpretationen denkbar, was denken zum Beispiel meine Kolleginnen und Kollegen darüber?

Gefahr des „vorherrschenden Eindrucks" – Erwartungseffekte

Mit der Gefahr des vorherrschenden Eindrucks ist die in vielen Versuchen nachgewiesene Tendenz von Beobachtenden gemeint, in ihren Beschreibungen und Urteilen möglichst konsistent, also widerspruchsfrei zu bleiben. Um dies zu erreichen, neigt man dazu, einzelne Urteile in Abhängigkeit von einem bestehenden Gesamteindruck oder einem besonders hervorstechenden Merkmal zu fällen. Ebenso fällt es uns leichter, frühere Beobachtungen oder Einschätzungen im Zweifelsfall eher zu bestätigen als zu widerlegen. Wir werden also dazu tendieren, vor allem solche Situationen wahrzunehmen, die unserem bisherigen Eindruck entsprechen („Melanie versucht nie, etwas alleine zu schaffen! Da kommt sie schon wieder und will Hilfe!"), und Verhaltensweisen so zu interpretieren, dass unser einmal gewonnenes Urteil sich verfestigt und eher nicht infrage gestellt wird.

Haben wir über ein Kind zum Beispiel die Meinung, es setze sich bei Streitereien meist auf aggressive Art und Weise durch, so neigen wir dazu, dies auch in zukünftigen Konfliktsituationen anzunehmen, und richten unsere Aufmerksamkeit genau auf diese Verhaltensweisen. Wir übersehen vielleicht, dass es neben den aggressiven Verhaltensweisen auch andere Strategien ausprobiert oder nehmen gar nicht wahr, dass es in anderen Situationen sozial kompetent seinen Standpunkt vertritt und Lösungen aushandelt.

Beobachtungsverfahren, die die Themen der Kinder zum Gegenstand haben, die ein breites Entwicklungsspektrum abdecken oder uns veranlassen, bestimmte Situationen genau zu analysieren, können solchen Fehlwahrnehmungen entgegenwirken und dazu beitragen, dass wir Kinder in ihrem Reichtum an Handlungsmöglichkeiten und Potenzialen entdecken. Auch die Analyse von dokumentierten Filmszenen (siehe Kapitel 5) eignet sich sehr gut, um einseitigen Wahrnehmungen entgegenzuwirken.

Tendenz, nur das wahrzunehmen, was man kennt

Wahrnehmung ist ein sehr komplexer Prozess. Einen „Trick", um diese Komplexität zu reduzieren, wendet unser Organismus automatisch an: Schon bei der Aufnahme der Sinnesreize wird ein Filter angelegt; nur bestimmte Reize passieren die Schwelle zur bewussten Wahrnehmung, andere werden von vornherein ausgeklammert. Im Supermarkt achte ich in erster Linie auf das Warenangebot der Produkte, die ich heute einkaufen möchte, und orientiere mich an der Länge der Warteschlange, wenn ich entscheide, ob ich zuerst an die Wurst- oder Käsetheke gehe. Weniger bewusst ist mir die zur Verfügung stehende Auswahl an Produkten, an denen ich kein Interesse habe, und auch das Aussehen der anderen Kunden ist von so nebensächlicher Bedeutung, dass ich mich nur in Ausnahmefällen später daran erinnern könnte. In den bewussten Bereich meiner Aufmerksamkeit gelangt also hauptsächlich das, was die Situation charakterisiert, worauf ich bewusst achte („Welcher Joghurt ist im Sonderangebot?“) und was ich als vorrangig empfinde („Wie voll ist es an der Wursttheke?“).

Für die Beobachtung von Kindern macht Gerd E. Schäfer (2005, S. 165f.), emeritierter Professor für Frühpädagogik in Köln, auf ein vergleichbares Phänomen aufmerksam. Er unterscheidet die gerichtete und die ungerichtete Beobachtung. Bei der gerichteten Beobachtung ziele ich auf Verhaltensweisen und -bereiche, die bereits bekannt sind, und schätze die Häufigkeit oder Ausprägung dieser Verhaltensweisen ein. Die Beobachtung richtet sich damit auf etwas, was man von Kindern weiß, zumindest aber zu wissen glaubt. Schäfer versteht viele der existierenden Einschätzskalen oder Fragebogen (z.B. das Verfahren sismik; die Grenzsteine der Entwicklung) als Hilfsmittel einer solchen gerichteten Beobachtung. Auch bei der freien Beobachtung unterliegen wir der Problematik, dass wir ohne entsprechende Wachsamkeit im Großen und Ganzen genau das – und nur das – wahrnehmen werden, was wir in dieser Situation erwarten und mit ihr verbinden.

Doch ist es manchmal gerade das Unerwartete und Überraschende, das uns bewegt, über die Kinder, ihr Verhalten, ihre Lern- und Bildungswege nachzudenken, und das uns zu neuen und erweiterten Einsichten bringt! Schäfer plädiert deshalb dafür, sich auch oder hauptsächlich in Beobachtung mit ungerichteter Aufmerksamkeit zu üben. Hier will der Beobachtende nichts Bestimmtes wissen; er ist bereit, sich mit den sinnlichen und emotionalen Möglichkeiten, die ihm zur Verfügung stehen, auf das einzulassen, was vom Kind aus gezeigt wird. Die Erzieherin Anja in unserem Eingangsbeispiel tut dies, als sie sich entscheidet, das Spiel der drei Jungen erst einmal aufmerksam zu notieren. Bei dieser Form der Beobachtung sieht sich die Erzieherin selbst als Lernende und Entdeckende, und das Kind in seiner Ganzheitlichkeit der Verhaltens- und Ausdrucksformen steht im Vordergrund.

Was heißt das nun für die Beobachtungspraxis in Kindertageseinrichtungen? Zunächst geht es wieder einmal darum, mit dem, was man beobachtet, und damit, wie man beobachtet, reflektiert umzugehen. Gelegentlich sollte gefragt werden: Welches Spektrum an Verhaltens- bzw. Entwicklungsbereichen erfassen wir mit den eingesetzten Verfahren oder Ansätzen? Welche Informationsquellen und welche Arten von Informationen lassen wir außen vor? Sehen wir in dieser Hinsicht Veränderungsbedarf? Weiter sollte sich jede pädagogische Fachkraft, die Beobachtungen durchführt, ab und an überprüfen: Mit welcher Haltung beobachte ich die Kinder? Bin ich offen und neugierig, finde ich meist spannend, was die Kinder tun und was sich dahinter verbergen könnte, oder ist das Beobachten eher eine Routine für mich, die ich schnell und organisiert „abhake“? Möchte ich hier etwas verändern?

Verzerrungen durch Überforderung der menschlichen Wahrnehmungskapazität

Unsere Wahrnehmungsfähigkeit ist begrenzt und störanfällig. So erhöht sich die Gefahr, dass wir uns nur unvollständig oder verzerrt an Beobachtetes erinnern können, wenn die Beobachtung nicht unmittelbar protokolliert, sondern nachträglich aufgezeichnet wird. Je länger die Verzögerung ist, desto mangelhafter können wir uns an Einzelheiten, die Reihenfolge von Ereignissen oder unsere gefühlsmäßigen Reaktionen erinnern, und desto höher ist die Wahrscheinlichkeit, dass andere Wahrnehmungen, Interpretationen, Hinzugedachtes etc. unsere Beschreibung beeinflussen werden.

Eine zweite Beschränkung liegt in der Aufnahmekapazität unseres Sinnessystems. Wir können nur begrenzte Informationsmengen aufnehmen und verarbeiten. Dabei bleiben diejenigen Ereignisse bzw. Reize besonders gut in Erinnerung, die entweder zu Beginn oder ganz am Ende der Beobachtungszeit auftreten. Es ist also sinnvoll, ein wenig zu experimentieren, um herauszufinden, welche Beobachtungsdauer am geeignetsten erscheint. Länger als 15 oder 20 Minuten braucht eine freie Beobachtung nicht anzudauern; in vielen Fällen ist es nützlicher, eine fünfminütige Beobachtung konzentriert und aufmerksam durchzuführen und detailliert zu dokumentieren, als eine halbe Stunde zu beobachten und eher oberflächlich zu protokollieren. Natürlich ist die Dauer einer Beobachtung auch immer von der Beobachtungsfrage, dem Verlauf des Geschehens und von der aktuellen Situation abhängig. Wenn ich ein Kleinkind dabei beobachte, wie es versucht, ein Puzzle zu legen, interessieren mich sicherlich gerade dessen Konzentrationsfähigkeit, Ausdauer und Kreativität bei der Suche nach dem „richtigen Dreh". Dann wäre es ungeschickt, die Beobachtung nach fünf Minuten abzubrechen, wenn die Situation für das Kind noch nicht abgeschlossen ist.

> Eine Grundregel des Beobachtens muss also lauten, das Geschehen parallel zur Beobachtung oder unmittelbar im Anschluss zu notieren!

Zu allgemeine oder zu technische Beschreibung des Beobachteten

Manche der in Kapitel 4 beschriebenen Verfahren sind so angelegt, dass freie Beobachtungen verschriftlicht werden müssen. Diese Beobachtungsnotizen bilden die Grundlage für die Interpretation, so auch in unserem Eingangsbeispiel zum Spiel zwischen Markus, Lukas und Simon. Andere Verfahren verlangen zwar „nur" eine Einschätzung des Beobachteten auf Stufen (z.B. die Leuvener Engagiertheitsskala) oder in Antwortkategorien (z.B. Kuno Bellers Entwicklungstabelle); oft ist es jedoch für das bessere Verständnis oder die spätere Rekapitulation sinnvoll, Situationen kurz in eigenen Worten wiederzugeben bzw. Beispielbeobachtungen anzuführen. Am Anfang kann es passieren, dass Ihre Aufzeichnungen entweder zu allgemein oder zu technisch geraten. Welche Konsequenzen die Qualität der Beschreibung für die Interpretation der Situation und die pädagogischen Schlussfolgerungen haben kann, soll das folgende Beispiel zeigen. Hier wurde ein und dieselbe fünfminütige Situation von zwei pädagogischen Fachkräften beobachtet und notiert:

Sabines Notizen: „Milo sitzt am Computer, in sich ruhend, sehr guter Umgang mit der Maus. Der Lärm scheint ihn nicht zu stören. Andere Kinder lässt er nicht mitmachen.“
Gabrieles Notizen: „Milo sitzt auf einem blauen Lehnstuhl vor dem Computer. Schaut auf den Bildschirm, hat rechte Hand an der Maus. Bewegt Maus kaum, drückt mit Zeigefinger auf Maustaste. Auf Bildschirm öffnet sich eine Kiste. Milo lächelt kurz, nimmt Hand von Maus, kratzt sich an der Nase. Hand wieder an der Maus. Bewegt Zunge ca. 1 cm aus dem Mund raus. Guckt kurz hoch, dann auf Maus, bewegt Maus ca. 3 cm nach links. Drückt Maustaste, auf Bildschirm kommt Figur ins Bild. Vero nähert sich Milo von links, Milo nimmt Zunge in Mund zurück, guckt Vero kurz an, behält Hand an Maus. Vero guckt auf Bildschirm, dann Milo an, Milo guckt zurück. Vero greift mit rechter Hand nach Maus. Milo bewegt Maus schnell nach rechts, ca. 20 cm. Beugt Oberkörper Richtung Computer, bis Vero Hand zurückzieht. Guckt Vero böse an, dann wieder auf Bildschirm. Presst Mund dabei zusammen. Vero sagt ‚Lass mich mal‘, fordernd. Milo schüttelt Kopf. Vero bleibt stehen, sieht Milo zu. Milo drückt Maustaste, neue Kiste öffnet sich auf Bildschirm. Milo dreht Kopf nach links, sagt ‚Guck mal!‘. Vero lacht, ahmt Geräusch aus dem Computer nach.“

Es ist deutlich, dass man mit der zweiten Beschreibung wesentlich mehr anfangen kann als mit der ersten. Sie liefert uns ein viel genaueres Bild des Geschehenen und enthält Anknüpfungspunkte für Interpretationen, welche Themen Milo hier eventuell gerade bearbeitet. Aufgrund der ersten Beschreibung würden wir Milo ein starkes Interesse am Computerspielen und auch Kompetenz im Umgang mit der Maus unterstellen, aber kein Interesse an sozialem Austausch. In der zweiten Beschreibung zeigt sich, dass Milo seine Erfahrungen am Computer durchaus mit Vero teilen möchte, aber nicht bereit ist, die Kontrolle über die Maus aufzugeben. Er behauptet sich gegenüber Veros Zudringlichkeit, signalisiert ihr aber auch, dass sie als Interaktionspartnerin willkommen ist. Die zweite Beschreibung enthält neben diesen wichtigen Informationen aber auch wenig nützliche Details. Wie häufig Milo die Zunge aus dem Mund gucken lässt, ist nicht wichtig. Wichtiger ist, dass dies ein Anzeichen für seine konzentrierte Aufmerksamkeit ist. Ob der Stuhl, auf dem Milo sitzt, blau oder gelb ist, tut ebenfalls nichts zur Sache.

Das Gefühl und das Geschick dafür, Situationen und Verhaltensweisen anschaulich, treffend und genau zu schildern, sind vor allem eine Frage der Übung. Als sehr sinnvoll hat es sich erwiesen, wenn man sich anfänglich zu zweit zusammentut, dieselbe Szene beobachtet, notiert und die Aufzeichnungen anschließend vergleicht. Dafür können auch Filmaufnahmen genutzt werden (siehe Kapitel 5).

Zum Umgang mit Unsicherheiten oder Wissenslücken

Mehrere der in Kapitel 4 vorgestellten Beobachtungsverfahren verlangen vom Beobachtenden Urteile über Verhaltensweisen oder Kompetenzen von Kindern. Kuno Bellers Entwicklungstabelle fragt zum Beispiel danach, ob das Kind einige Farben kennt oder in der Lage ist, ein Rahmenpuzzle mit bis zu 35 Teilen zusammenzusetzen (Entwicklungsbereich Kognition). Wollen Sie die Bildungsbereiche/Zugangsformen für Kinder ab drei Jahren aus dem *infans*-Bildungskonzept anwenden, so müssen Sie unter anderem auskunftsfähig darüber sein, ob ein Kind Strategien entwickelt und benutzt, wenn es Wettbewerbsspiele mit anderen Kindern spielt, oder ob es „feinmotorisch geschickt" ist.

Nicht immer kann man solche Fragen auf Anhieb beantworten. Die Gründe dafür können auf mehreren Ebenen liegen. Es kann sein, dass man bisher einfach noch nicht gezielt auf entsprechende Verhaltensweisen geachtet hat. Dann hat man zwar in der Regel eine ungefähre Vorstellung davon, ob die Frage für ein bestimmtes Kind mit Ja oder Nein zu beantworten ist, aber ganz sicher ist man sich nicht. Manchmal muss man sich auch überrascht eingestehen, bestimmte Verhaltensweisen übersehen, zumindest noch nie bewusst wahrgenommen zu haben. Besonders wenn man glaubt, „ungefähr" zu wissen, wo ein Kind steht, ist die Versuchung groß, aus Zeitgründen auf ein gezieltes Hinschauen zu verzichten. Mit einer solchen Herangehensweise verzichtet man auf pädagogische Möglichkeiten, die die systematische Beobachtung bietet; denn die Chance, etwas Neues über das Kind herauszufinden, etwas über seine Entwicklung, seine Kompetenzen und Interessen zu lernen und daran anknüpfend pädagogische Impulse zu setzen, bleibt letztlich ungenutzt. Ein ernsthafter Umgang mit Unsicherheiten in der Beurteilung ist deshalb eine wichtige Voraussetzung dafür, dass die Beobachtungsergebnisse auch gewinnbringend für die pädagogische Arbeit verwendet werden können.

Schwieriger gestaltet sich die Sache, wenn es nicht nur um eine rein zeitliche Investition geht. Die Beispielfragen aus dem Verfahren Bildungsbereiche/Zugangsformen (siehe Kapitel 4.1.1) für Kinder ab fünf Jahren lassen sich nur dann treffend beantworten, wenn man entwicklungspsychologisches Grundlagenwissen einsetzt. Um zu entscheiden, ob ein Kind „feinmotorisch geschickt" ist, muss ich eine Vorstellung davon haben, in welchem Alter welche Fertigkeiten wenigstens ungefähr erwartet werden können und welche Beobachtungen ich als Hinweise auf eine besonders ausgeprägte oder eine eher mäßige Geschicklichkeit werten kann. Nicht bei allen pädagogischen Fachkräften, die mit Beobachtungsverfahren beginnen, kann ein solches Grundlagenwissen vorausgesetzt werden, und jedem kann es passieren, dass sich in Bezug auf einzelne Bereiche Wissenslücken auftun. Entscheidend ist wieder, wie ich mit solchen Situationen umgehe. Sehe ich die Anwendung des Beobachtungsverfahrens auch als Gelegenheit, meine eigenen Fachkenntnisse kritisch zu reflektieren, dann können Wissenslücken ein Anlass sein, durch die Lektüre von Fachartikeln, die Inanspruchnahme von Fachberatung oder den Besuch einer Fortbildung selbst mehr zu lernen. Noch effektiver ist es, wenn sich ein Team offen über Fragen und Schwierigkeiten austauscht, um sich gegenseitig zu unterstützen und den gemeinsamen Informations- und Beratungsbedarf zu ermitteln. Allerdings ist dafür eine „fehlerfreundliche Lernkultur" nötig. Der Einsatz von Beobachtungsinstrumenten kann wiederum zur Entwicklung einer solchen Lernkultur beitragen.

Zu kurze Auseinandersetzung mit dem einzusetzenden Instrumentarium

Eine weitere Beobachtungs-„Falle" besteht darin, dass die Notwendigkeit, sich mit einem einzusetzenden Verfahren vertraut zu machen und sicher in seiner Handhabung zu werden, vernachlässigt wird oder der Zeitaufwand dafür unterschätzt wird. Dies kann vor allem dann passieren, wenn man ohne Rückhalt bzw. Absprachen in der Kita für sich alleine entscheidet, systematisch zu beobachten. Häufig muss in einem solchen Fall die persönliche Vorbereitung in der Freizeit erfolgen, weil im Team kein Konsens darüber hergestellt ist, dass Beobachtung und Dokumentation Teile der professionellen Tätigkeit darstellen.

Es ist aber auch zu beobachten, dass angesichts der aktuellen Entwicklungen in der Elementarpädagogik und der Forderungen in Qualitätshandbüchern und Bildungsplänen Beobachtungsverfahren unter hohem Zeitdruck eingeführt werden sollen. Auch dann besteht die Gefahr, dass nicht ausreichend Zeit vorgesehen wird, um sich zu informieren, geeignete Verfahren auszuwählen und vor allem, um sich die Handhabung anzueignen, die Anwendung erst einmal auszuprobieren und die ersten Erfahrungen offen zu diskutieren. In Kapitel 2.2 haben wir ein mehrschrittiges Vorgehen beschrieben, das einem möglicherweise kontraproduktiven Aktionismus entgegenwirken kann. Kommt es zu einem voreiligen und nicht genügend vorbereiteten Einsatz von Beobachtungsverfahren, kann dies im schlimmsten Fall mehr schaden als nützen.

Für die in diesem Buch beschriebenen Instrumente und Verfahren gilt, dass der Einsatz umso problemloser gelingt und der Nutzen sich eher zeigt, wenn eine ausreichend lange Phase der Aneignung und Erprobung vorgeschaltet ist. Dazu kann auch eine Fortbildung dienen, an der ein oder mehrere Teammitglieder teilnehmen, die dann als „Expertinnen und Experten" für die Weitergabe der Informationen an ihre Kolleginnen und Kollegen verantwortlich sind.

4. Verfahren zur systematischen Beobachtung und Dokumentation von Entwicklungs- und Bildungsprozessen

Es gibt eine Fülle von Verfahren, die dafür entwickelt wurden, Kinder systematisch zu beobachten, das heißt, regelmäßig und gezielt darauf zu achten, was Kinder tun, womit sie sich beschäftigen und wie sie in ihrer Entwicklung voranschreiten. Hier soll nur auf jene Verfahren eingegangen werden, die sich für eine Anwendung in der pädagogischen Praxis eignen und die von einem modernen Kindbild ausgehen. Alle im Folgenden beschriebenen Verfahren sehen das Kind als einen aktiven Gestalter seiner eigenen Entwicklung und berücksichtigen, dass es sein Wissen und seine Kenntnisse über die Welt durch die eigenen Handlungen und Erfahrungen gewinnt. In der Beschreibung werden jeweils verschiedene Gesichtspunkte berücksichtigt:

- Welche Erkenntnisse sollen aus der Beobachtung gewonnen werden?
- Wo liegt der Beobachtungsfokus?
- Wie kann die Beobachtung dokumentiert werden?
- Wie wird die Beobachtung ausgewertet?
- Wofür werden die gewonnenen Erkenntnisse aus der Beobachtung eingesetzt?
- Welche Voraussetzungen sind notwendig, um das Beobachtungsverfahren einzusetzen?
- Wo gibt es weitere Informationen und Anregungen zum Beobachtungsverfahren?

Welche Erkenntnisse sollen aus der Beobachtung gewonnen werden?

Beobachtungen von Kindern können aus unterschiedlichem Erkenntnisinteresse bzw. mit verschiedenen Forschungsfragen durchgeführt werden. Bevor Sie ein Beobachtungsverfahren auswählen, sollten Sie sich daher überlegen, was Sie gerne über die Kinder wissen möchten bzw. was Ihre spezielle Forschungsfrage ist. Zur Einordnung der Verfahren bezüglich des Erkenntnisinteresses von pädagogischen Fachkräften unterscheiden wir zwischen umfassenden beobachtungsbasierten Bildungskonzepten (siehe Kapitel 4.1), der Beobachtung zur Erfassung von Kompetenzen bzw. Entwicklungsständen oder -profilen (siehe Kapitel 4.2 bis 4.5; vgl. Leu 2006) und der Beobachtung zur Früherkennung von Entwicklungsrisiken (siehe Kapitel 4.6).

In beobachtungsbasierten Bildungskonzepten wird die systematische Beobachtung von kindlichen Aktivitätsmustern und Weltzugängen als zentrales Element und unverzichtbare Grundlage der pädagogischen Arbeit und der Gestaltung von Bildungsangeboten verstanden. Dabei interessieren insbesondere die Inhalte, mit denen sich Kinder auseinandersetzen, und die Art und Weise, wie sie dies tun (siehe Kapitel 4.1). Wenn Sie wissen möchten, was die Kinder Ihrer Gruppe besonders interessiert, was sie besonders spannend finden und womit sie sich besonders gerne beschäftigen, können Sie als Beobachtungsverfahren die Leuvener Engagiertheitsskala oder die Bildungsthemen der Kinder aus dem *infans*-Konzept der Frühpädagogik wählen. Die Handlungs- und Denkmöglichkeiten von Kindern und ihre Wege der Auseinandersetzung mit der Welt werden Ihnen durch den Ansatz des Wahrnehmenden Beobachtens und das Verfahren „Schemata – kindliche Verhaltensmuster“ im Kontext des Early Excellence Konzepts eröffnet. Welche Lernstrategien Kinder einsetzen und mit welcher

Motivation sie sich mit neuen Situationen und Anforderungen auseinandersetzen, erfahren Sie mithilfe des Verfahrens Bildungs- und Lerngeschichten. Alle diese Verfahren eint, dass sie von freien, eher kurzen Beobachtungen in pädagogischen Alltagssituationen ausgehen, die dokumentiert und so einer vertieften Analyse zugänglich gemacht werden.

Einige der vorgestellten Bildungskonzepte kombinieren diesen Zugang zu frühkindlichen Bildungsprozessen mit strukturierteren Verfahren, die sich mit der kindlichen Entwicklung bzw. den kindlichen Kompetenzen in verschiedenen Entwicklungs- bzw. Bildungsbereichen auseinandersetzen (siehe Kapitel 4.2). Zu diesem zweiten großen Typus von Verfahren gehören solche, die verschiedene Entwicklungsbereiche umfassen und so einen breiten Überblick über das aktuelle Kompetenzprofil eines Kindes geben können. Hierzu zählen Kuno Bellers Entwicklungstabelle, der Baum der Erkenntnis, die Entwicklungsschnecken sowie die Verfahren Mondey und Kompik. Für die Beschäftigung mit der sprachlichen Entwicklung haben sich in den vergangenen Jahren mehrere Verfahren etabliert. In diesem Buch werden die Materialien zur Sprachentwicklung bzw. Sprachstandserfassung des Staatsinstituts für Frühpädagogik – sismik, seldak, liseb und selsa – sowie das Verfahren BaSiK vorgestellt (siehe Kapitel 4.3).

Haben Sie den Wunsch, genauer auf die sozial-emotionale Entwicklung zu schauen, bietet sich das Verfahren perik an (siehe Kap. 4.4). Schließlich kommt die Anfertigung eines Soziogramms infrage, wenn Sie die Beziehungen und Spielpartnerpräferenzen der Kinder erfassen und sichtbar machen möchten (siehe Kapitel 4.5).

Auch wenn bei all diesen Verfahren Fragen zur Entwicklung der Kinder vorgegeben sind und Sie überwiegend nur ankreuzen können, ob ein Kind das dort beschriebene Verhalten zeigt oder nicht, sollten Sie den Beobachtungsaufwand nicht unterschätzen. Wahrscheinlich werden Sie einige oder auch mehrere Fragen nicht auf Anhieb beantworten können. Das macht den Umgang mit dem Verfahren zwar zeitaufwendiger, aber auch spannender. Sie müssen dann nämlich genau hinschauen und beobachten, ob ein Kind ein bestimmtes Verhalten zeigt oder nicht, ob es eine bestimmte Kompetenz besitzt oder nicht. Manchmal werden Sie dabei feststellen, dass das Kind gar keine Chance hat, bestimmte Verhaltensweisen zu zeigen, weil in Ihrer Einrichtung die Möglichkeiten dazu nicht gegeben sind. Wenn bei Ihnen im Gruppenraum zum Beispiel eine Musikanlage mit gutem Klang fehlt und mit den Kindern kaum getanzt und musiziert wird, werden Sie nur schwer beantworten können, ob ein Kind sich gerne und leicht im Einklang mit einfachen, wechselnden Rhythmen zur Musik bewegt. Zur Beantwortung dieser Frage müssen Sie also vielleicht nicht nur beobachten, sondern auch Ihre materielle Ausstattung oder Ihr pädagogisches Angebot verändern.

Für die Früherkennung von Entwicklungsrisiken und Verhaltensauffälligkeiten sollten Sie auf jeden Fall standardisierte Verfahren einsetzen, die Verzerrungen verhindern und die Vergleichbarkeit und Verlässlichkeit der Beobachtungen und Interpretationen verbessern (siehe Kapitel 4.6). Zu diesen Verfahren gehören die Grenzsteine der Entwicklung, der Beobachtungsbogen zur Erfassung von Entwicklungsrückständen und Verhaltensauffälligkeiten bei Kindergartenkindern (BEK) sowie die Entwicklungsbeobachtung und -dokumentation 3–48 und 48–72.

Wo liegt der Beobachtungsfokus?

Beobachtungsverfahren können auch nach dem Beobachtungsfokus ausgewählt werden. Im Prinzip können Sie mit allen vorgestellten Instrumenten etwas über einzelne Kinder in Ihrer Gruppe erfahren. Ist dies Ihr Interesse, sollten Sie allerdings berücksichtigen, dass alle Kinder Ihrer Gruppe das Recht haben, von Ihnen beobachtet und damit beachtet zu werden. Wenn Sie sich also mit Ihrer Beobachtung über die kindliche Entwicklung informieren wollen, sollten Sie das Beobachtungsverfahren auf alle Kinder anwenden.

Die gesamte Kindergruppe können Sie in den Blick nehmen, wenn Sie sich speziell auf die Beobachtung von Gruppenstrukturen konzentrieren. Kleinere Spielgruppen stehen häufig im Fokus der Beobachtung, wenn Sie sich mit den Bildungsthemen der Kinder, ihren Denkmöglichkeiten, ihren Lernstrategien oder ihrer Engagiertheit beschäftigen möchten.

Als Beobachtungsfokus können Sie jedoch auch die Rahmenbedingungen in Ihrer Einrichtung oder die Qualität der pädagogischen Angebote wählen. Vielleicht möchten Sie wissen, wie intensiv die Kinder die neu eingerichtete Bauecke nutzen oder womit sich die Kinder beschäftigen, wenn sie im Garten der Einrichtung spielen. In diesen Fällen beobachten Sie nicht bestimmte Kinder, sondern jene, die sich an bestimmten Orten in ihrer Einrichtung aufhalten.

Wie kann die Beobachtung dokumentiert werden?

Für die Dokumentation Ihrer Beobachtungen stehen Ihnen bei allen vorgestellten Verfahren Beobachtungs- oder Einschätzbogen zur Verfügung, die in der Regel von den Autorinnen und Autoren der jeweiligen Verfahren entwickelt wurden. Bei den Beobachtungsverfahren zur Entwicklung der Kinder müssen Sie diese Einschätzbogen auch benutzen, um vergleichbare und gesicherte Ergebnisse zu erhalten. Wenn es bei der Beobachtung um die inhaltlichen Themen, Interessen und Vorlieben der Kinder geht, sind die bereits vorhandenen Beobachtungsbogen hilfreich. Hier können Sie jedoch auch Ihren eigenen Beobachtungsbogen entwickeln, laufende Notizen oder Tagebuchaufzeichnungen zur Dokumentation Ihrer Beobachtung einsetzen oder die Beobachtung mithilfe von Filmen, Fotos oder Tonaufnahmen dokumentieren.

Wie wird die Beobachtung ausgewertet?

Mit der Beobachtung und Dokumentation haben Sie zwar häufig schon einiges an Erkenntnis gewonnen, damit ist es jedoch noch nicht getan. Beobachtungen müssen ausgewertet werden, um für den pädagogischen Alltag nutzbar gemacht werden zu können. Die Beobachtungsverfahren, die sich mit dem Entwicklungsstand der Kinder beschäftigen, sind so strukturiert, dass Sie sie in der Regel allein auswerten können. Manchmal ist es jedoch hilfreich, Kolleginnen und Kollegen oder Eltern zu fragen, ob ein Kind ein bestimmtes Verhalten, das Sie selbst nicht beobachten konnten, vielleicht in anderen Situationen in der Einrichtung oder zu Hause zeigt.

Bei der Auswertung von Beobachtungen, die sich inhaltlich mit den Themen und Interessen der Kinder beschäftigen, sind Sie auf die Zusammenarbeit mit Ihren Kolleginnen und Kollegen angewiesen. Hier werden Sie wahrscheinlich häufiger die Erfahrung machen, dass Sie Handlungen, die Sie beobachtet haben, nicht wirklich verstehen oder einordnen können. Gerade das Gespräch im Team wird Ihnen dabei helfen, Erkenntnisse über die Kinder zu gewinnen, auf die Sie allein nicht gekommen wären.

Wofür werden die aus der Beobachtung gewonnenen Erkenntnisse eingesetzt?

Grundsätzlich sollen die Erkenntnisse, die Sie aus Ihren Beobachtungen gewinnen, das Wohlbefinden der Ihnen anvertrauten Kinder sichern und ihrer Bildungs- und Entwicklungsförderung dienen. Um dies zu erreichen, werden Sie in aller Regel die räumlichen, materiellen oder zeitlichen Rahmenbedingungen in Ihrer Einrichtung verändern und Ihre pädagogischen Angebote überdenken müssen. Stellen Sie zum Beispiel bei einem Großteil der Kinder fest, dass deren motorische Kompetenzen nicht besonders ausgeprägt sind, dass sich also die Kinder der Einrichtung zu wenig bewegen, dann sollten Sie zunächst einmal prüfen, welche Bewegungsmöglichkeiten den Kindern überhaupt zur Verfügung stehen. Gibt es zum Beispiel schiefe Ebenen und Treppen in der Einrichtung? Haben die Kinder die Möglichkeit, ihren Gleichgewichtssinn durch Balancieren auf Mauern, Baumstämmen oder Balken zu schulen? Dürfen die Kinder im Gruppenraum auch mal auf Tische und Stühle steigen, um von ihnen herunterzuspringen und damit ihre Geschicklichkeit zu trainieren?

Ebenso verhält es sich, wenn Sie den Eindruck haben, die Kinder könnten sich auf nichts konzentrieren bzw. würden sich für nichts wirklich interessieren. Auch hier sollten Sie überprüfen, wie spannend, anregend und interessant die Erfahrungsmöglichkeiten sind, die Sie den Kindern bereitstellen. Vielleicht ist es für fünfjährige Jungen nicht besonders spannend, eine Blume mit einer Schere auszuschneiden, um die Feinmotorik zu schulen, und deshalb tun sie es nur halbherzig und unkonzentriert. Interessant dagegen mag es sein, mit dem Hammer einen Nagel einzuschlagen oder ein Brett zu zersägen. Auch dies unterstützt die Entwicklung der Feinmotorik. Ähnliches gilt für den Bereich der sozialen Entwicklung bzw. des Sozialverhaltens in der Gruppe. Kinder können sich nur insoweit sozial verhalten, wie ihnen selbst Freiheit und Verantwortung zugestanden werden. Auch hier können Sie überlegen:

- in welchem Umfang für die Kinder ein freier Zugang zu Räumen und Material besteht und wie frei die Kinder in der Auswahl ihrer Tätigkeiten sind,
- wie die Kinder an Entscheidungen in der Gruppe beteiligt werden und wie viel Verantwortung ihnen dabei zugestanden wird,
- wie flexibel Regeln in der Gruppe gehandhabt werden, ob sie sich verändern und wie individuell zugeschnitten sie sind.

Grundsätzlich gilt bei den aus der Beobachtung gewonnenen Erkenntnissen, dass sie nicht dazu dienen, die Kinder zu verändern, sondern vielmehr dazu, die räumlichen, materiellen und zeitlichen Rahmenbedingungen sowie die Qualität der pädagogischen Angebote so zu gestalten, dass sie entsprechend den Fähigkeiten der Kinder Erfahrungsmöglichkeiten und Herausforderungen anbieten.

Darüber hinaus sollten die aus den Beobachtungen gewonnenen Erkenntnisse auch für die Zusammenarbeit mit den Eltern genutzt werden. Häufig beklagen sich Eltern darüber, dass in der Einrichtung zu wenig gebastelt und gemalt wird und dass es zu wenig Produkte der Kinder gibt, die sie mit nach Hause nehmen können. Vielleicht kennen Sie dieses Problem auch. Versuchen Sie sich in einer solchen Situation einmal in die Lage der Eltern zu versetzen und gehen Sie davon aus, dass die Eltern im Prinzip nur das Beste für ihr Kind wollen. Wie geht es also den Eltern? Sie geben ihr Kind morgens in der Kita ab und sehen es erst am Nachmittag wieder. Sie wissen nicht, was ihr Kind während der Trennung getan hat, was es gelernt hat. Auf die Frage „Na, was habt ihr heute im Kindergarten Schönes gemacht?“ bekommen sie insbesondere von jüngeren Kindern häufig zur Antwort: „Gespielt.“ Nun wissen die Eltern im Prinzip auch nicht mehr. Durch Bastel- oder Malarbeiten glauben sie jedoch einen Eindruck davon zu bekommen, was ihr Kind den Tag über getan hat. Ob sich das Kind bei der Herstellung des Produkts gelangweilt und eher widerwillig etwas angefertigt hat, können die Eltern nicht wissen, und es erscheint ihnen zunächst auch zweitrangig.

Die Produkte, die die Kinder anfertigen, damit die Eltern etwas mit nach Hause nehmen können, stellen nur eine mögliche Dokumentationsform ihrer kreativen Arbeit dar. Als ein zusätzliches oder alternatives „Produkt“ könnten Sie den Eltern die Dokumentation Ihrer Beobachtungen mit nach Hause geben. Wenn Sie den Eltern zum Beispiel erzählen, dass ihr zweijähriger Sohn sich fast eine ganze Stunde damit beschäftigt hat, grüne, rote, gelbe und blaue Dinge in verschiedene Kästen zu sortieren, und dass er nebenbei die Farben gelernt hat, haben die Eltern vielleicht nicht mehr den Wunsch, dass ihr Kind die Farben auf ein dafür vorgesehenes Arbeitsblatt malt. Zusätzlich können Sie die Eltern in die pädagogische Arbeit einbeziehen, indem Sie sich daran interessiert zeigen, was das Kind zu Hause tut; dann können Sie die häuslichen Aktivitäten mit jenen in der Einrichtung vergleichen.

Welche Voraussetzungen sind notwendig, um das Verfahren einzusetzen?

Wenn Sie sich entscheiden, ein bestimmtes Beobachtungsverfahren in Ihrer Einrichtung einzusetzen, sollten Sie sich im Vorfeld das dazu nötige Material besorgen. Dazu gehören die entsprechenden Beobachtungs- und Einschätzbogen, aber auch Informationen über den Umgang mit dem Beobachtungsverfahren und dessen theoretischen Hintergrund. Bevor Sie beobachten, müssen Sie wissen, wie oft und wie lange mit diesem Verfahren beobachtet werden soll. Im Vorfeld der Beobachtung ist ein Austausch mit Ihren Kolleginnen und Kollegen wichtig; insbesondere geht es darum abzusprechen, wer Sie unterstützen kann, wenn Sie in Ihrer Gruppe beobachten. Auch die Zeit, die benötigt wird, um sich in das Verfahren einzuarbeiten, um zu zuverlässigen Ergebnissen zu gelangen, muss bedacht und eingeplant werden. Und schließlich ist für die Auswertung der Beobachtung, die fachliche Reflexion und die darauf aufbauenden pädagogischen Angebote der kollegiale Austausch sinnvoll, wenn nicht unverzichtbar. Erstrebenswert ist es, dass ein Team es sich zur Aufgabe macht, gemeinsam über Beobachtungen zu reflektieren und dies als selbstverständlichen Bestandteil in die fachliche Arbeit zu integrieren.

4.1 Beobachtungsbasierte Bildungskonzepte

4.1.1 Das *infans*-Konzept der Frühpädagogik

In den Jahren 1997 bis 2000 führte das Institut für angewandte Sozialisationsforschung (infans) unter der Leitung von Hans-Joachim Laewen und Beate Andres ein Bundesmodellprojekt zum Bildungsauftrag von Kindertageseinrichtungen durch. Aufbauend darauf erprobten 30 Kindertageseinrichtungen im Land Brandenburg und 38 Einrichtungen in Baden-Württemberg in den Jahren 2002 bis 2005 neue Formen des Bildungs- und Erziehungsauftrages in Kindertageseinrichtungen, woraus das *infans*-Konzept der Frühpädagogik entstand (vgl. Andres & Laewen 2011).

Um das Verständnis kindlicher Bildungsprozesse zu klären, nutzt das Konzept die im deutschsprachigen Raum mögliche Trennung der Begriffe „Bildung“ und „Erziehung“. Unter Bildung werden alle Aktivitäten verstanden, die das Kind zeigt, um etwas über die Welt und etwas über sich selbst in dieser Welt zu erfahren. Demgegenüber werden unter Erziehung jene Aktivitäten von Erwachsenen verstanden, die die Bildungsprozesse der Kinder ermöglichen, anregen und herausfordern. Als Antwort auf die Bildungsprozesse der Kinder ist Erziehung für die Gestaltung der Umwelt und für die Gestaltung der Interaktion zwischen Erwachsenem und Kind verantwortlich. In beiden Fällen geht es darum, dass den Kindern im Rahmen von Erziehung zum einen Themen zugemutet werden, die als gesellschaftlich und kulturell relevant erachtet werden. Auf der anderen Seite bedeutet Erziehung jedoch auch, sensibel wahrzunehmen, womit sich die Kinder von sich aus beschäftigen, was sie anregt und womit sie aktiv umgehen.

Das *infans*-Konzept der Frühpädagogik besteht insgesamt aus fünf Modulen. Die Arbeit mit dem Konzept beginnt im **ersten Modul** „Erziehungsziele und Handlungsziele formulieren und reflektieren“ damit, dass pädagogische Fachkräfte, Eltern und Träger gemeinsam Ziele für die Arbeit mit den Kindern entwickeln, die sowohl gesetzliche Vorgaben und Trägerkonzepte als auch die gesellschaftliche Diskussion zu den Themen Bildung und Erziehung einbeziehen. Im **zweiten Modul** „Kindverhalten beobachten und fachlich reflektieren“ werden verschiedene Beobachtungsverfahren und deren Auswertung vorgestellt. Das **dritte**

Modul „Themen zumuten und beantworten" befasst sich damit, wie man die aus den Beobachtungen gewonnenen Erkenntnisse in pädagogisches Handeln einfließen lassen kann. Um verschiedene Formen der Dokumentation der Arbeit in Kindertageseinrichtungen geht es im **vierten Modul** „Bildungs- und Erziehungsprozesse dokumentieren". Im **fünften Modul** „Bedingungen des Gelingens und Vernetzung nach außen" werden organisatorische Abläufe sowie das Zeit- und Qualitätsmanagement von Einrichtungen behandelt.

Ziel dieses Konzepts ist es, ein individuelles Curriculum (I.C.) für jedes Kind der Einrichtung zu entwickeln. Dabei spielen die Beobachtungen der Bildungsprozesse mithilfe der Beobachtungsverfahren „Bildungsthemen/Bildungsinteressen" und „Bildungsbereiche/Zugangsformen" eine entscheidende Rolle. Darüber hinaus werden bevorzugte Tätigkeiten und Interessen des Kindes dokumentiert, Bildungsgeschichten des Kindes aus der Familie gesammelt, ein Soziogramm der Beziehungen in der Kindergruppe erstellt (siehe Kapitel 4.5) sowie auf Freundschaften bzw. besonders intensive Beziehungen zwischen Kindern geachtet, um ein differenziertes, komplexes und facettenreiches Bild über die Entwicklungs- und Bildungsprozesse jedes Kindes zu erhalten. Um mögliche Risiken in den Entwicklungsverläufen von Kindern frühzeitig erkennen zu können, empfiehlt das *infans*-Konzept der Frühpädagogik die regelmäßige Erhebung der „Grenzsteine der Entwicklung" (siehe Kapitel 4.6.1).

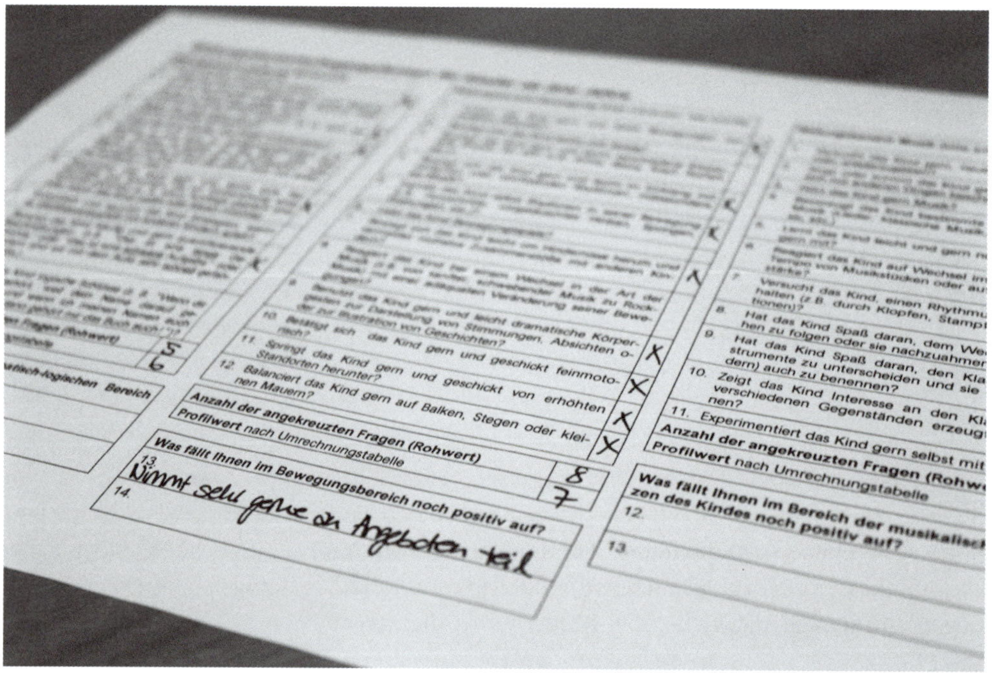

Welche Erkenntnisse sollen aus der Beobachtung gewonnen werden?

Ziel der Beobachtung zu den Bildungsthemen/Bildungsinteressen der Kinder ist es, zu verstehen, mit welchen Themen die Kinder umgehen, was sie besonders interessiert. In einem ersten Schritt sollen pädagogische Fachkräfte deshalb das beobachtete Geschehen möglichst genau beschreiben, ohne es zu interpretieren. Aufgeschrieben wird alles, was geschieht und was die beteiligten Kinder tun oder sagen. Nach der Beschreibung der Situation werden die pädagogischen Fachkräfte dazu angeregt, ihre eigenen Gefühle und spontanen Ideen, die ihnen zu ihrer Beobachtung einfallen, zu notieren. Die entsprechende Frage im Beobachtungsbogen lautet: „Was macht diese Situation mit mir?"

Im dritten Abschnitt des Beobachtungsbogens wird empfohlen, einen Perspektivenwechsel vorzunehmen, um eine Unterscheidung zwischen dem herbeizuführen, was die Kinder tun und sagen und welche Gefühle sie durch ihre Mimik und Gestik ausdrücken sowie dem, was bei der pädagogischen Fachkraft an Gefühlen wachgerufen wird. Die pädagogischen Fachkräfte werden aufgefordert, sich in die Lage der beobachteten Kinder zu versetzen und aufzuschreiben, welche Bedeutung die Situation für sie hätte, wenn sie das Kind wären. Damit soll bewusst eine unreflektierte Übertragung der eigenen Empfindungen auf die beobachteten Kinder erschwert werden. Insbesondere dieser Perspektivenwechsel erlaubt es, auch jene Verhaltensweisen und Handlungen von Kindern besser zu verstehen, die auf den ersten Blick für Erwachsene unverständlich sind, wenn nicht gar unangemessen und irritierend auf sie wirken. Kinder, die zum Beispiel beim Regelspiel schummeln, beschäftigen sich vielleicht mit den Themen Kooperation und Konkurrenz. Kleine Kinder, die anscheinend wahllos verschiedene Gegenstände zueinander legen, haben es sich unter Umständen zum Thema gemacht, zu sortieren und zu ordnen, auch wenn ihr Ordnungsempfinden dabei nicht immer dem der Erwachsenen entspricht. Im Anschluss an den Perspektivenwechsel wird der Grad der Engagiertheit des Zielkindes, gestützt auf die Leuvener Engagiertheitsskala (siehe Kapitel 4.1.5), anhand von elf Fragen bestimmt.

Um Stärken und Fähigkeiten eines Kindes in unterschiedlichen Bildungsbereichen zu erkennen und zu analysieren, werden von Beate Andres und Hans-Joachim Laewen (2011) die Bildungsbereiche/Zugangsformen für Kinder von drei und vier Jahren sowie die Bildungsbereiche/Zugangsformen für Kinder ab fünf Jahre vorgestellt, die auf Arbeiten des amerikanischen Psychologen Howard Gardner (2001) zurückgehen. Es wird davon ausgegangen, dass Kinder sich in unterschiedlicher Weise einen Zugang zur Welt verschaffen, wobei jede Art und Weise, die Kindern hilft, etwas zu lernen, ihre Berechtigung hat. Manche Kinder versuchen, insbesondere über die Sprache die Welt zu verstehen, indem sie über Erlebnisse berichten, gerne bei Geschichten zuhören und argumentieren, um ihre Wünsche und Interessen durchzusetzen. Andere Kinder nutzen dagegen vielleicht ihren Körper, um die Dinge, die sie umgeben, zu verstehen. Sie bewegen sich gerne nach Musik, stellen Geschichten durch Körperbewegungen dar und finden den Kontakt zu anderen Kindern über Bewegungsspiele. Die Einschätzung der Fähigkeiten und Vorlieben eines Kindes in den Bildungsbereichen und Zugangsformen gelingt leichter bei Kindern über drei Jahren, lässt sich mit Einschränkungen jedoch auch auf jüngere Kinder anwenden.

Um sich einen Überblick über die Fähigkeiten und besonderen Vorlieben von Kindern zu verschaffen, werden beim Verfahren der Bildungsbereiche/Zugangsformen zahlreiche Fragen gestellt, die die pädagogische Fachkraft als für das Kind zutreffend ankreuzen kann. Kritisch anzumerken ist, dass in vielen Fragen zwei Aspekte bezogen auf eine Zugangsform erfragt werden, zum Beispiel, ob sich das Kind „gerne und leicht" bewegt oder ob es sich „gerne und geschickt" feinmotorisch betätigt. Falls das Kind etwas „gerne," aber weder

„leicht" noch „geschickt" tut, ist unklar, ob diese Fragen als zutreffend angekreuzt werden sollen oder nicht.

Die Fähigkeiten und Vorlieben der Kinder werden verschiedenen Bildungsbereichen zugeordnet. Durch die Beantwortung der Fragen kann ein einfaches individuelles Profil bezogen auf die unterschiedlichen Zugänge von Kindern hergestellt werden, in dem nicht nur ihre sprachlichen und kognitiven Fähigkeiten Berücksichtigung finden. Für die Bildungsbereiche/Zugangsformen für Kinder von drei und vier Jahren sind für die Bildungsbereiche Sprache, Logik und Mathematik, Bewegung, Musik, soziale Bezüge, Mechanik und Konstruktion sowie Wissenschaft insgesamt 75 Fragen zu beantworten und in den Profilbogen einzutragen, was einen Zeitaufwand von vielleicht 30 Minuten bedeutet. Für die Bildungsbereiche/Zugangsformen für Kinder ab fünf Jahre gibt es 102 Fragen für acht Bildungsbereiche. Der Bereich soziale Bezüge wird hier durch den Bereich soziales Verständnis ersetzt, und der Bereich Bildende Kunst kommt hinzu.

Um sowohl für die jüngeren als auch für die älteren Kinder angemessen antworten zu können, wird die pädagogische Fachkraft häufig im Vorfeld zunächst beobachten müssen, denn im Alltag gehen manchmal besondere Vorlieben oder Fähigkeiten der Kinder unter. Könnten Sie zum Beispiel auf Anhieb für jedes Kind Ihrer Gruppe beantworten, ob es durch die Methode von Versuch und Irrtum etwas lernt (Bildungsbereich Mechanik und Konstruktion) oder gerne Materialien bzw. Ereignisse miteinander vergleicht und dabei Ähnlichkeiten und Unterschiede entdeckt (Bildungsbereich Wissenschaft)?

Wo liegt der Beobachtungsfokus?

Wenn Themen der Kinder erfasst werden sollen, kann der Beobachtungsfokus sowohl auf einzelnen Kindern liegen als auch auf einer Gruppe von Kindern, die miteinander spielen. Beobachtet werden kann im Prinzip alles, was die Kinder tun. Allerdings bietet es sich an, in Situationen zu beobachten, in denen die Kinder selbst auswählen, was und mit wem sie spielen wollen. In solchen Situationen wird besonders deutlich, was die Kinder zurzeit besonders interessiert und wofür sie sich von sich aus engagieren. Es wird vorgeschlagen, täglich fünf Minuten mit diesem Verfahren zu beobachten. Da es sich um eine relativ offene und komplexe Form der Beobachtung handelt, ist davon auszugehen, dass die Auswertung mindestens 20 Minuten in Anspruch nimmt.

Bei den Bildungsbereichen/Zugangsformen liegt der Beobachtungsfokus auf dem einzelnen Kind. Grundsätzlich sollte ein Profil der Zugangsformen für jedes Kind der Gruppe zweimal im Jahr erstellt werden. Besonders geeignet erscheint das Instrument für Kinder, von denen die pädagogische Fachkraft den Eindruck hat, sie würden sich für gar nichts interessieren, oder für Kinder, die eher negativ auffallen. Durch genaueres Hinschauen ist es möglich, auf Interessen, Vorlieben und Kompetenzen zu stoßen, die man bei oberflächlicher Betrachtung oder im Alltagsstress nicht unbedingt wahrnimmt.

Wie kann die Beobachtung dokumentiert werden?

Andres und Laewen (2011) schlagen vor, die Beobachtungen in einem sogenannten „Portfolio", einem Ordner, der für jedes Kind angelegt wird, zu sammeln (siehe Kapitel 5). In diesem Ordner befinden sich neben den Beobachtungsbogen zu den Bildungsthemen/Bildungsinteressen und den Bildungsbereichen/Zugangsformen auch Hinweise auf bevorzugte Tätigkeiten oder Beziehungen des Kindes, ein Soziogramm sowie anekdotische Geschichten, Fotos, Produkte der Kinder und Geschichten aus den Familien. Damit dient das Portfolio der systematischen Dokumentation der Bildungsgeschichte jedes einzelnen Kindes und bildet die Grundlage für die Entwicklung des individuellen Curriculums.

Wie wird die Beobachtung ausgewertet?

Im weiteren Vorgehen beim Beobachten der Bildungsthemen/Bildungsinteressen der Kinder geht es nach Andres und Laewen (2011) darum, die dokumentierten Beobachtungen einer fachlichen Reflexion zu unterziehen. In dieser Reflexion soll im Team der pädagogischen Fachkräfte darüber diskutiert werden, welche intuitiven und welche fachlich begründeten Schlüsse sich aus der Beobachtung ziehen lassen, welche Deutungen die Handlungen der Kinder zulassen und mit welchen Themen die Kinder umgehen. Eine solche fachliche Reflexion sollte auf der Grundlage aktueller Erkenntnisse aus der Entwicklungspsychologie, der Neurologie und der Pädagogik stattfinden. Des Weiteren wird im fachlichen Diskurs geklärt, welche Schlüsse für das pädagogische Handeln zu ziehen sind, welche weiteren Fragen sich aus der Beobachtung ergeben und worauf bei der nächsten Beobachtung besonders geachtet werden soll. Am Ende werden Zielvereinbarungen dazu getroffen, wer für die Umsetzung der nächsten Handlungsschritte verantwortlich ist, wer die Reaktion des Kindes auf zugemutete Themen dokumentiert und wann der nächste Austausch über die Bildungsprozesse des Kindes stattfinden soll.

Die Auswertung des Profils der Bildungsbereiche/Zugangsformen kann die pädagogische Fachkraft allein vornehmen. Sollten einzelne Fragen aus den verschiedenen Bildungsbereichen nicht beantwortet werden können, ist dies ein Hinweis darauf, genauer hinzuschauen bzw. sich zu fragen, ob die Kinder in der Kita die Möglichkeit haben, bestimmte Vorlieben und Interessen auch auszuleben.

Wofür werden die aus der Beobachtung gewonnenen Erkenntnisse eingesetzt?

Aufgabe der pädagogischen Fachkraft ist es, Kinder in ihren Bildungsbemühungen zu unterstützen und herauszufordern. Für jedes Kind soll deshalb auf der Grundlage genauer und vielfältiger Beobachtung ein individuelles Curriculum (I.C.) erstellt werden. Dafür ist es notwendig, die Bildungsthemen und die Interessen der einzelnen Kinder, ihre Kompetenzen und ihre besondere Art und Weise, die Welt zu verstehen, zu erkennen, denn von pädagogischen Angeboten, die an den Themen der Kinder vorbeigehen, ist kein Entwicklungsfortschritt zu erwarten. Das individuelle Curriculum wird von mehreren pädagogischen Fachkräften gemeinsam entwickelt und als Antwort der Erwachsenen auf die Themen des Kindes verstanden – sowohl im Hinblick auf das räumliche und materielle Angebot als auch bezüglich der sozialen Erfahrungen. Die Reaktion des Kindes auf die Angebote, die auf dem individuellen Curriculum basieren, gibt Aufschluss über deren Qualität und Angemessenheit und wird bei weiteren Angeboten berücksichtigt.

Daneben können die Beobachtungen auch für die Zusammenarbeit mit den Eltern genutzt werden. Eltern sind in der Regel sehr erfreut darüber, wenn sie im Gespräch mit der pädagogischen Fachkraft oder durch Bild- und Schriftdokumentationen einen Eindruck davon bekommen, womit sich ihr Kind während des Kita-Tages beschäftigt. Bei einer regelmäßigen Einschätzung der Bildungsbereiche/Zugangsformen besteht die Möglichkeit, die individuelle Lerngeschichte eines Kindes in unterschiedlichen Bereichen sehr strukturiert zu dokumentieren und die Dokumentation auch in Gesprächen mit Eltern zu nutzen. Eltern, die hören, was ihr Kind besonders gut kann, sind eher bereit, sich auch über die Schwächen ihres Kindes zu unterhalten und gemeinsam mit der pädagogischen Fachkraft Überlegungen anzustellen, wie man damit umgehen könnte.

Welche Voraussetzungen sind notwendig, um das Verfahren einzusetzen?

Da die Beobachtungen, Auswertungen und fachlichen Reflexionen im *infans*-Konzept der Frühpädagogik relativ zeitintensiv sind, ist eine klare Absprache im Team erforderlich. Während der Beobachtungen sollte die betreffende Fachkraft nicht in die Arbeit mit den Kindern einbezogen sein. Idealerweise kommen alle pädagogischen Fachkräfte eines Teams einmal wöchentlich zu einem fachlichen Austausch zusammen, bei dem über die Beobachtungen während der Woche diskutiert wird. Sowohl für die Dokumentation ihrer Beobachtungen als auch für den fachlichen Austausch benötigen die pädagogischen Fachkräfte Zeiten, in denen keine Kinder anwesend sind. Inwieweit dies in den organisatorischen Ablauf des Alltags Ihrer Kindertageseinrichtung eingebaut werden kann, sollten Sie vorab im Team klären.

Wo gibt es weitere Informationen und Anregungen zum Beobachtungsverfahren?

Eine detaillierte Beschreibung zur Arbeit mit dem *infans*-Konzept der Frühpädagogik einschließlich einer CD-Rom mit Vorlagen zu den Instrumenten und Hinweisen zur Umsetzung des Konzepts finden Sie in folgender Veröffentlichung:

Andres, Beate & Laewen, Hans-Joachim (2011): Das infans-Konzept der Frühpädagogik. Bildung und Erziehung in Kindertagesstätten. Weimar: verlag das netz.

4.1.2 Bildungs- und Lerngeschichten

Unter der Leitung von Hans Rudolf Leu führte das Deutsche Jugendinstitut das Projekt „Bildungs- und Lerngeschichten als Instrument zur Konkretisierung des Bildungsauftrags im Elementarbereich“ durch. Als Ergebnis dieses Projekts wurde im Jahr 2007 der Sammelband „Bildungs- und Lerngeschichten. Bildungsprozesse in früher Kindheit beobachten, dokumentieren und unterstützen“ (Leu et al. 2007) veröffentlicht. Im Anschluss erschienen auch Materialien über den Kita-Bereich hinaus zur Anwendung des Verfahrens im Hort (vgl. Kleeberger & Leu 2009), in der Kindertagespflege (vgl. Frankenstein et al. 2009), beim Übergang vom Kindergarten in die Grundschule (vgl. Kleeberger, Frankenstein & Leu 2009) sowie für Kinder mit besonderem Förderbedarf (vgl. Flämig, Musketa & Leu 2009b). In den Grundzügen ist die Arbeit mit dem Verfahren in allen Arbeitsbereichen gleich, auf besondere Aspekte der Umsetzung wird jedoch hingewiesen.

Das Verfahren der Bildungs- und Lerngeschichten basiert auf dem von Margret Carr (2001) in Neuseeland entwickelten Konzept der learning stories. Individuelle Lernprozesse der Kinder stehen im Mittelpunkt des Verfahrens. Durch die Beobachtung und Dokumentation kindlicher Bildungs- und Lerngeschichten sollen pädagogische Fachkräfte in die Lage versetzt werden, die Bildungs- und Lernwege der Kinder zu unterstützen und ihnen schrittweise die Partizipation am gesellschaftlichen Leben zu ermöglichen.

Zur Einarbeitung in das Verfahren werden **acht Module** angeboten, die sich als Beobachtungs- und Fortbildungsmaterialien verstehen. Jedes Modul beginnt mit einem theoretischen Input, dem didaktische Anregungen in Form von Übungen und Reflexionen folgen, um die Inhalte des Verfahrens mit den pädagogischen Fachkräften gemeinsam zu erarbeiten. Orientierungshilfen geben Hinweise, welche Inhalte im Rahmen der Übungen und Reflexionen zur Sprache kommen können bzw. welche Inhalte zusammen mit den pädagogischen Fachkräften erarbeitet werden sollen (vgl. Leu et al. 2007).

Welche Erkenntnisse sollen aus der Beobachtung gewonnen werden?

In dem von Margret Carr (2001) und ihren Mitarbeitern in Neuseeland entwickelten Konzept wird Lernen als ein Prozess des zunehmenden Beteiligtseins an sozialen Praktiken und Aktivitäten verstanden, der Verantwortung und Beharrlichkeit beinhaltet. Während ihrer Lernprozesse erwerben Kinder situationsbezogene Lernstrategien, und die Motivation, etwas zu lernen, steigt. Voraussetzung und Ergebnis der kindlichen Lernprozesse sind Lerndispositionen. In den Lerndispositionen kommen die Motivation und die Fähigkeit zum Ausdruck, sich mit neuen Situationen und Anforderungen auseinanderzusetzen.

> „Carr definiert Lerndispositionen als Fundus oder Repertoire an Lernstrategien und Motivation, mit dessen Hilfe ein lernender Mensch Lerngelegenheiten wahrnimmt, sie erkennt, auswählt, beantwortet oder herstellt und den er aufgrund seiner Lernbemühungen fortwährend erweitert" (Leu et al. 2007, S. 49).

Mit dem Verfahren der Bildungs- und Lerngeschichten soll ermittelt werden, welche der folgenden Lerndispositionen ein Kind in seinem Bildungs- und Lernprozess anwendet und wie dies genau zum Ausdruck kommt:

Interessiert sein: Das Kind zeigt Interesse, sich Dingen oder Personen aufmerksam zuzuwenden und sich mit ihnen auseinanderzusetzen. Auf diese Weise erwirbt es Kenntnisse und Fähigkeiten.

Engagiert sein: Das Kind ist bereit und in der Lage, sich auf etwas einzulassen und sich vertieft damit zu befassen. Dabei nimmt es wahr, dass dieses Thema Teil der eigenen Person ist.

Standhalten bei Herausforderungen und Schwierigkeiten: Das Kind zeigt die Fähigkeit, eine Tätigkeit auch bei Herausforderungen und Schwierigkeiten weiterzuführen. Es hat das Wissen und die Fähigkeiten, um Fragen zu formulieren und Strategien zur Problemlösung zu entwickeln. Darin eingeschlossen ist die Erfahrung, dass man aus Fehlern lernen kann und dass man selbst in der Lage ist, Schwierigkeiten zu bewältigen.

Sich ausdrücken und mitteilen: Das Kind kann sich anderen mitteilen, sich mit anderen austauschen und dabei Ideen, Gefühle, Wünsche und Interessen äußern. Es verwendet vielfältige Ausdrucksformen und nimmt sich selbst als jemanden wahr, der etwas Wichtiges mitzuteilen hat.

An einer Lerngemeinschaft mitwirken und Verantwortung übernehmen: Das Kind zeigt die Bereitschaft, Dinge auch von einem anderen Standpunkt aus zu sehen, und es entwickelt Vorstellungen von Gerechtigkeit, Recht und Unrecht. Es trifft Entscheidungen und ist in der Lage, Auskunft über sich oder etwas zu geben sowie Strategien oder Erklärungen im Austausch mit anderen zu entwickeln.

Die Grundlage für das Zeigen der Lerndispositionen liegt in der Befriedigung der elementaren Grundbedürfnisse. Um den Zusammenhang zwischen den Lerndispositionen und den Grundbedürfnissen darzustellen, nutzt Carr das sogenannte „Eisberg-Modell“:

> „Demnach sind die Lerndispositionen in dem sichtbaren Verhalten des Kindes direkt erkennbar; sie befinden sich ´über der Wasseroberfläche´. Deutlich gewichtiger, aber im Alltag nicht so leicht zu erkennen, sind hingegen die Bedingungen, die ´unterhalb der Wasseroberfläche´ als Fundamente der Eisberge liegen und nur anhand der Eisbergspitzen erahnt werden können“ (Flämig, Musketa & Leu 2009a, S. 29).

Die Befriedigung der Bedürfnisse nach Zugehörigkeit und Wohlbefinden sind die Fundamente, um interessiert und engagiert zu sein. Nur wenn die Möglichkeit zur Exploration besteht, kann ein Kind seine Fähigkeiten zeigen, bei Herausforderungen und Schwierigkeiten standzuhalten. Ausdrücken und mitteilen wird sich ein Kind nur, wenn es das Gefühl hat, von seinen Kommunikationspartnern gehört und verstanden zu werden. Die Fähigkeit, an einer Lerngemeinschaft mitzuwirken und Verantwortung zu übernehmen, kann nur dann sichtbar werden, wenn die grundsätzliche Möglichkeit zur Partizipation besteht, das heißt, wenn dem Kind Verantwortung zugetraut und übertragen wird (vgl. Flämig, Musketa & Leu 2009a).

Auf die Befriedigung der Grundbedürfnisse (Zugehörigkeit, Wohlbefinden, Exploration, Kommunikation, Partizipation) verstärkt zu achten ist insbesondere bei der Arbeit mit Kindern mit besonderem Förderbedarf wichtig, da diese sich häufig weniger zugehörig und seltener gleichberechtigt fühlen sowie manchmal ungewöhnliche (nicht sprachliche) Kommunikationsformen verwenden, die von ihren Mitmenschen nur schwer verstanden werden. Der Blick auf die Grundbedürfnisse macht hier unter Umständen deutlich, dass es weniger um Entwicklungsdefizite geht, wenn bestimmte Lerndispositionen nicht gezeigt werden, sondern vielmehr um defizitäre Entwicklungsbedingungen, an deren Verbesserung gearbeitet werden muss (vgl. Flämig, Musketa & Leu 2009b, S. 28ff.).

Wo liegt der Beobachtungsfokus?

Die alltäglichen Aktivitäten des Kindes stehen im Verfahren der Bildungs- und Lerngeschichten im Fokus der Beobachtung. Mithilfe dieses Verfahrens können daher alle Situationen beobachtet werden, in denen Kinder allein oder in einer Gruppe spielen und mit den Dingen der Welt umgehen. Dabei ist es von großer Bedeutung, dass Lerndispositionen nicht als Eigenschaft des Kindes, sondern als Ergebnis eines Zusammenwirkens von Kind und Umwelt gesehen werden. Die Entfaltung der Lerndispositionen setzt also immer eine Umwelt voraus,

- die es zulässt, dass Kinder sich für eine Sache interessieren,
- die ermöglicht, dass Kinder sich vertieft mit etwas beschäftigen können,
- in der den Kindern zugehört wird,
- die Lerngemeinschaften zulässt und fördert sowie
- die Schwierigkeiten oder Umwege als Teil des Lernprozesses sieht.

Damit stehen nicht nur das Kind, sondern ebenfalls das Verhalten der pädagogischen Fachkräfte und die Gestaltung der pädagogischen Umwelt in der Kita im Fokus der Beobachtung und Auswertung. Die Beobachtungen sollten regelmäßig und für jedes Kind durchgeführt und dokumentiert werden. Ein zeitlicher Rahmen für die Häufigkeit und Länge der Beobachtungen wird jedoch nicht benannt. Insbesondere bei der Anwendung des Verfahrens im Bereich der Kindertagespflege ist darauf zu achten, dass die Tagespflegeperson den Kindern auch während der Zeit der Beobachtung als Bezugs- und Ansprechperson zur Verfügung steht (vgl. Frankenstein et al. 2009, S. 27).

Wie kann die Beobachtung dokumentiert werden?

Für die Beschreibung und die Analyse der Beobachtungen anhand der Lerndispositionen, den kollegialen Austausch, die Beschreibung der Lerngeschichten und die Selbstreflexion des pädagogischen Verhaltens liegen Kopiervorlagen vor. Zum Verfassen einer Lerngeschichte werden darüber hinaus folgende Kriterien benannt und erläutert:

- Für Kinder verständliche Formulierungen wählen
- Zusammenfassende Wiedergabe von Beobachtungssituationen unter Nutzung wörtlicher Rede
- Bezug zu den Lerndispositionen durch genaue Beschreibungen
- Einschätzungen und Interpretationen des Interesses und des Lernprozesses des Kindes
- Anerkennung der Lernaktivitäten durch wertschätzende Nennung von Stärken und Fähigkeiten
- Berücksichtigung geplanter „nächster Schritte“

Auf die Dokumentation der Beobachtungen wird im Rahmen des Verfahrens der Bildungs- und Lerngeschichten großer Wert gelegt. In Modul 7 „Portfolio und Wanddokumentation“ (Leu et al. 2007, S. 139ff.) werden diese beiden Dokumentationsformen eingehend beschrieben, und ihre je unterschiedliche Funktion für die Kinder, die pädagogischen Fachkräfte, die Eltern und die Öffentlichkeit wird deutlich gemacht. Nach Meinung der Autorinnen und

Autoren bilden das Portfolio und die Wanddokumentation „die Grundlage des professionellen Werkzeugs der pädagogischen Fachkräfte, die eigene Arbeit zu reflektieren, zu planen und nach außen transparent zu machen“ (Leu et al. 2007, S. 141).

Wie wird die Beobachtung ausgewertet?

Die beobachteten Handlungsabläufe werden zunächst beschrieben, wobei so formuliert werden sollte, dass Personen, die die Situation nicht miterlebt haben, eine Vorstellung davon bekommen, was sich ereignet hat, was die Absichten des Kindes waren und wie es gehandelt hat. Auf eine Interpretation oder Bewertung der Handlungsabläufe wird im Rahmen der Beschreibung verzichtet.

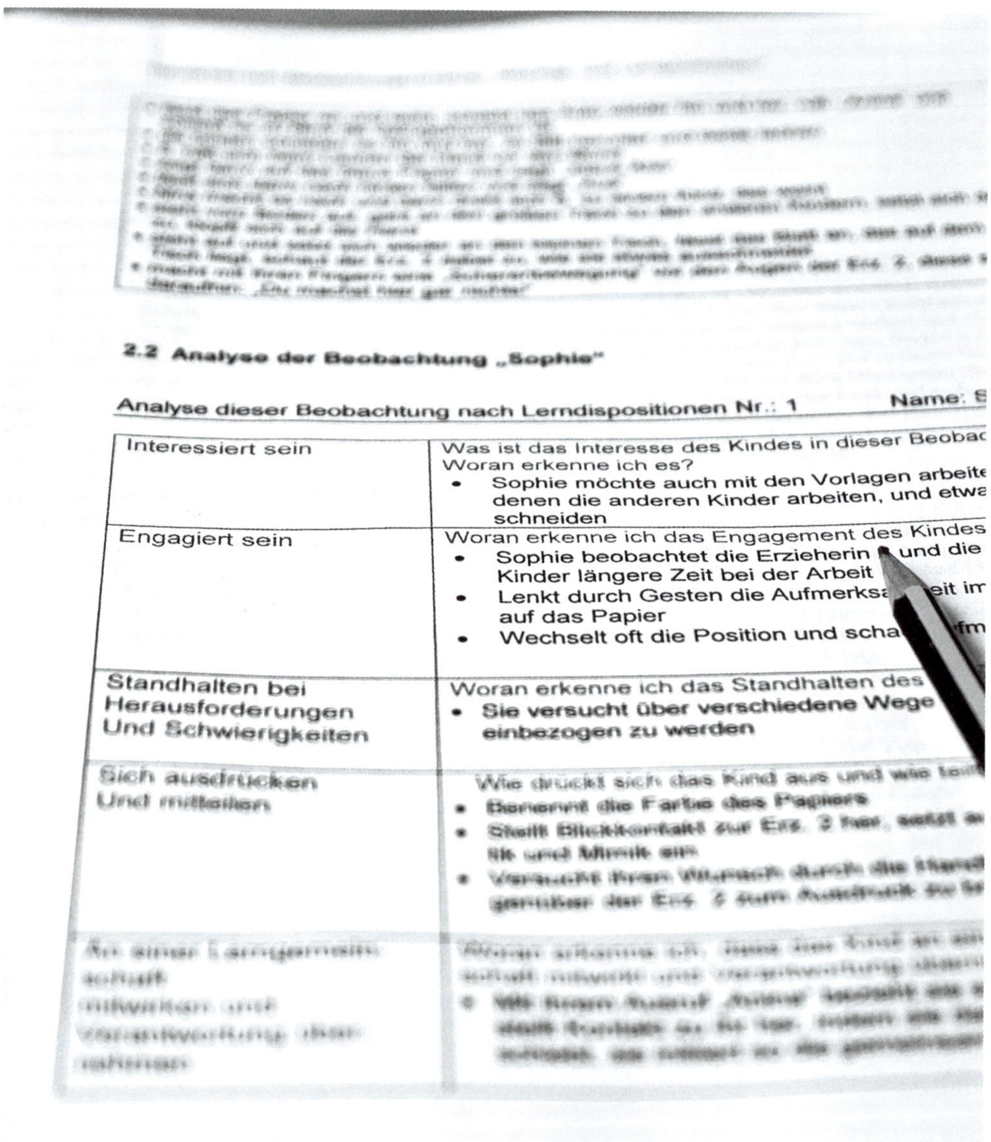

Die Analyse der Beobachtungen erfolgt entlang der fünf Lerndispositionen. Es wird beschrieben, woran man das Vorhandensein der Lerndispositionen im Einzelnen erkennen kann. Danach folgt die sogenannte Fokussierung der Beobachtung. Zusammenfassend sollen hier die wesentlichen Lernmöglichkeiten für das Kind bzw. für die Kinder in der beobachteten Situation benannt werden. „Dabei ist es zweckmäßig, sich an den Bildungsbereichen bzw. Lernfeldern zu orientieren, die in den curricularen Empfehlungen des jeweiligen Bundeslandes aufgezeigt werden" (Leu et al. 2007, S. 69f.).

Nachdem eine oder auch mehrere Beobachtungen auf diese Weise angefertigt und analysiert worden sind, erfolgt ein kollegialer Austausch, dessen Ziel es ist, die Wahrnehmung der beobachtenden Fachkraft mit den Wahrnehmungen und Einschätzungen der Kolleginnen und Kollegen abzugleichen, um so die Ebene der subjektiven Wahrnehmung zu überwinden. Im kollegialen Austausch werden außerdem Ideen für „nächste Schritte" entwickelt. Gemeinsam überlegen die pädagogischen Fachkräfte, welche zusätzlichen Anregungen sie dem Kind bieten können und wo es für das Kind Anknüpfungspunkte zu den Interessen anderer Kinder gibt. Darüber hinaus wird der kollegiale Austausch über die Beobachtungen auch für die teamübergreifende Formulierung von Erziehungszielen genutzt. „Indem die Fachkräfte in einen Dialog über ihre individuellen Einschätzungen und Interpretationen der Lern- und Entwicklungsprozesse des Kindes treten, werden auch eigene Erziehungsziele und alltägliche Handlungsmuster neu bewertet" (Leu et al. 2007, S. 103f.).

Da Tagespflegepersonen häufig allein arbeiten, wird hier ein Austausch mit den Eltern der Kinder und nach Möglichkeit auch mit anderen Tagespflegepersonen und der Fachberatung empfohlen (vgl. Frankenstein et al. 2009, S. 41ff.). Für die Arbeit am Übergang zur Grundschule bzw. im Hort bietet sich ein Austausch mit dem Lehrpersonal der Schule an. Die gemeinsame Arbeit mit den Bildungs- und Lerngeschichten eröffnet so den pädagogischen Fachkräften verschiedener Bildungseinrichtungen die Chance, eine „gemeinsame Sprache" zu finden (vgl. Kleeberger, Frankenstein & Leu 2009).

Zum Schluss erfolgt das Schreiben der Lerngeschichte, die direkt – etwa als eine Art Brief – an das Kind gerichtet ist. Eine Lerngeschichte kann sich sowohl auf eine einzelne Beobachtung beziehen als auch auf eine Reihe von Beobachtungen. „Lerngeschichten sind Geschichten, die vom Lernen eines Kindes während seiner Zeit in der Kindertageseinrichtung erzählen" (Leu et al. 2007, S. 74).

Wofür werden die aus der Beobachtung gewonnenen Erkenntnisse eingesetzt?

Orientiert an den Beobachtungen und Interpretationen der Lerndispositionen soll überlegt werden, wie es dem Kind ermöglicht werden kann, sein Repertoire an Lernstrategien zu erweitern. Die Autorinnen und Autoren empfehlen, sich dabei am entwicklungspsychologischen Konzept der „Zone der nächsten Entwicklung" nach Wygotski sowie an der darauf aufbauenden Tätigkeitstheorie Leontjews zu orientieren (vgl. Flämig, Musketa & Leu 2009a). Mit der „Zone der nächsten Entwicklung" werden Denkweisen und Problemlösestrategien bezeichnet, „über die Kinder noch nicht eigenständig verfügen, deren Erwerb aber entsprechend dem vorhersehbaren Entwicklungsverlauf kurz bevorsteht" (Leu et al. 2007, S. 99). Die Tätigkeitstheorie beschreibt eine Abfolge verschiedener „dominierender Tätigkeiten", die jeder Mensch durchläuft, um sich aktiv mit den Menschen, Orten und Dingen seiner Umgebung auseinanderzusetzen und dadurch zunehmend am gesellschaftlichen Leben teilhaben zu können (vgl. Flämig, Musketa & Leu 2009a). Es handelt sich dabei um

- die wahrnehmende Tätigkeit, bei welcher das Kind Reize in seiner Umgebung wahrnimmt und darauf reagiert,
- die manipulierende Tätigkeit, bei der das Kind seine Umwelt mit allen ihm zur Verfügung stehenden Mitteln erforscht,
- die gegenständliche Tätigkeit, bei der das Kind bewusst einen Plan verfolgt und dadurch Situationen in seiner Umwelt in seinem Sinne beeinflusst,

- die symbolische Tätigkeit, die dadurch gekennzeichnet ist, dass das Kind Menschen, Dinge und Situationen gedanklich repräsentieren kann, was ihm die Möglichkeit bietet, über Vergangenes und Zukünftiges nachzudenken, sich in andere Rollen hineinzuversetzen und mit anderen zu kooperieren,
- die Lerntätigkeit, die es dem Kind ermöglicht, sich gezielt weitere Kompetenzen anzueignen und gemeinsam mit anderen nach Regeln zu spielen sowie
- die produktive Tätigkeit (Arbeit).

Insgesamt bieten die „dominierenden Tätigkeiten" eine relativ grobe Einteilung von Entwicklungsschritten, sodass es für pädagogische Fachkräfte nicht einfach erscheint, mithilfe der „dominierenden Tätigkeiten" die „Zone der nächsten Entwicklung" zu identifizieren. Zudem bleibt unklar, warum die wahrnehmende Tätigkeit mit dem Lernprinzip des „klassischen Konditionierens" und die manipulierende Tätigkeit mit dem Lernprinzip des „operanten Konditionierens" gleichgesetzt werden, da in der klassischen Lerntheorie davon ausgegangen wird, dass das Verhalten eines Menschen fast beliebig durch Impulse aus der Umwelt beeinflussbar ist, was der Idee des sich selbst bildenden Kindes widerspricht.

Darüber hinaus wird der Fokus im Rahmen der Entwicklungsanregung sehr stark auf die Erwachsenen-Kind-Interaktion gelegt, da „das Kind mit kompetenteren Partnern interagieren muss, um sich entwickeln zu können" (Flämig, Musketa & Leu 2009a, S. 31). Die auf den Theorien von Piaget und Youniss zurückgehende Erkenntnis, dass es in bestimmten Bereichen vor allem die Aushandlungen mit Gleichen sind, die Entwicklung vorantreiben, bleibt hier völlig unberücksichtigt. Andere Kinder werden nur in Bezug auf das „Lernen am Modell" als entwicklungsanregend erwähnt. Damit erscheinen die entwicklungspsychologischen Hintergründe, die im Rahmen der Bildungs- und Lerngeschichten vorgestellt werden (vgl. Flämig, Musketa & Leu 2009a), relativ oberflächlich, zu kurz gegriffen und nicht an neueren entwicklungspsychologischen Erkenntnissen orientiert.

Um Kinder in ihren Bildungs- und Lernwegen zu unterstützen, folgt auf die Beobachtung und deren Analyse die Planung der „nächsten Schritte" (Modul 4). Dabei sollen die individuelle Motivation, das Wissen und Können des Kindes sowie das Lernumfeld (Räume, Material, Personen) berücksichtigt werden. Um kindliche Lernprozesse zu unterstützen und herauszufordern, wird dem aktiven Austausch zwischen der pädagogischen Fachkraft und dem Kind im Verfahren der Bildungs- und Lerngeschichten hohe Bedeutung beigemessen. Die grundsätzliche Haltung, die die pädagogische Fachkraft dabei dem Kind gegenüber einnehmen sollte, ist eine partnerschaftliche und dialogische. Grundsätzlich gilt, dass ein Austausch mit den Kindern über ihre Lernprozesse stattfinden soll. Dabei ist es wichtig, den individuellen Entwicklungsstand, die sprachlichen Fähigkeiten sowie die Vorlieben und Interessen des Kindes zu berücksichtigen. In Modul 5 „Austausch mit Kindern" (Leu et al. 2007, S. 109ff.) wird eine Reihe von Möglichkeiten angeboten, wie der Dialog mit den Kindern angeregt und unterstützt werden kann:

- Austausch mit den Kindern anhand von Beobachtungen und Lerngeschichten
- Aussagen der Kinder dokumentieren
- Austausch mit den Kindern anhand von Fotografien und Medien

- Austausch mit den Kindern anhand der Portfolios und Wanddokumentationen
- Das „Könnenheft“, mithilfe dessen den Kindern Gelegenheit gegeben wird, die Fachkräfte zu bitten, ihre gelungenen oder erstmaligen Aktivitäten aufzuschreiben
- Interviews mit Kindern
- Die Kinderkonferenz

Von besonderer Bedeutung ist der Austausch mit den Kindern für die Arbeit mit den Bildungs- und Lerngeschichten im Hort. Unabhängig von seinen schulischen Leistungen erhält das Kind dadurch eine wertschätzende Rückmeldung, die sich positiv auf sein Selbstbild sowie auf seine personalen, sozialen und lernmethodischen Kompetenzen auswirken kann (vgl. Kleeberger & Leu 2009).

Auch der Austausch mit den Eltern gehört zu den elementaren Bestandteilen des Verfahrens der Bildungs- und Lerngeschichten (Modul 6). Im Sinne einer Erziehungspartnerschaft sollen sich Eltern und pädagogische Fachkräfte über die Entwicklung, das Erleben und Verhalten des Kindes, über Erziehungsvorstellungen sowie über die Situation in der Familie und in der Kindertageseinrichtung austauschen. Ein solcher Austausch erfordert aufseiten der pädagogischen Fachkräfte, ähnlich wie im Gespräch mit den Kindern, eine dialogische Grundhaltung, bei der die Fachkraft deutlich ihr Interesse an einem Austausch über Ziele, Haltungen und Meinungen signalisiert und den Eltern mit einer offenen und wertschätzenden Haltung begegnet. Die Bildungs- und Lerngeschichten können auch im Rahmen von Entwicklungsgesprächen, die sich an den Stärken und Ressourcen der Kinder orientieren, genutzt werden. Eltern sollten darüber hinaus eingeladen werden, eigene Beiträge zum Lernen ihres Kindes zu verfassen. Die Autorinnen und Autoren gehen davon aus, dass der Austausch zwischen Eltern und pädagogischen Fachkräften auch für die Kinder eine anregende Wirkung haben kann. Die Kinder können an dem Modell der Erziehungspartnerschaft lernen, dass auch Auseinandersetzungen die Grundzüge kooperativen, partizipativen und demokratischen Handelns ausweisen können.

Die Beobachtungen dienen den pädagogischen Fachkräften darüber hinaus zur Reflexion der eigenen pädagogischen Arbeit. Mithilfe des Reflexionsbogens kann das eigene Verhalten reflektiert werden, indem bisher unbewusste Handlungsmuster wahrgenommen und neu bewertet werden. Folgende mögliche (fiktive) Fragen von Kindern kann sich die pädagogische Fachkraft mithilfe des Reflexionsbogens stellen:

- Kann ich dir vertrauen?
- Kennst du meine Interessen?
- Gibst du mir Gelegenheit und ermunterst mich, mich in etwas zu vertiefen?
- Lässt du mich meine Umwelt erkunden?
- Hörst und siehst du mir zu? Wie sprichst du mich an? Wie tauschst du dich mit mir aus?
- Auf welche Art und Weise unterstützt du meine Bemühungen, Teil der Gruppe zu sein? Nimmst du wahr, wie wir miteinander und voneinander lernen?

Welche Voraussetzungen sind notwendig, um das Verfahren einzusetzen?

Um das Verfahren der Bildungs- und Lerngeschichten anwenden zu können, müssen nach Meinung der Autorinnen und Autoren sowohl bestimmte strukturelle Rahmenbedingungen vorliegen als auch bestimmte pädagogische Haltungen und Kompetenzen gegeben sein. Strukturelle Rahmenbedingungen, die ausreichend „kindfreie Arbeitszeit" für die pädagogischen Fachkräfte vorsehen, werden für eine erfolgreiche und nachhaltige Umsetzung des Verfahrens als unverzichtbar angesehen. Darüber hinaus sollten alle pädagogischen Fachkräfte einer Kindertageseinrichtung Bereitschaft und Offenheit gegenüber dem Verfahren an den Tag legen, eine positive persönliche Grundeinstellung zu Bildung und Lernen haben und sich ein theoretisches Grundwissen über das Lernen in der frühen Kindheit aneignen.

> „Die Bereitschaft, sich in ein Kind hineinzuversetzen und mitzufühlen, was es empfindet, sich von seiner Explorationsfreude und seiner Wissbegierde anstecken zu lassen und gemeinsam mit ihm auf Entdeckungsreise zu gehen, ist eine wesentliche Grundvoraussetzung der Arbeit mit den Bildungs- und Lerngeschichten" (Leu et al. 2007, S. 32).

Anregungen, wie eine Kindertageseinrichtung die Bildungs- und Lerngeschichten in ihren Alltag integrieren kann, bietet Modul 8 „Die Umsetzung der Bildungs- und Lerngeschichten" (vgl. Leu et al. 2007, S. 159ff.). Modul 1 „Bildung und Lernen in der frühen Kindheit" führt in ein Verständnis kindlicher Lernprozesse ein, bei dem Lernen und Bildung als aktive Konstruktion des Kindes beschrieben werden (vgl. Leu et al. 2007, S. 35ff.).

Wo gibt es weitere Informationen und Anregungen zum Beobachtungsverfahren?

Die Beschreibung und theoretische Einordnung zum Verfahren der Bildungs- und Lerngeschichten sowie DVDs mit Filmbeispielen und eine CD-ROM mit Arbeitsmaterialien finden Sie in folgenden Veröffentlichungen:

- Leu, Hans Rudolf; Flämig, Katja; Frankenstein, Yvonne; Koch, Sandra; Pack, Irene; Schneider, Kornelia & Schweiger, Martina (2007): Bildungs- und Lerngeschichten. Bildungsprozesse in früher Kindheit beobachten, dokumentieren und unterstützen. Weimar, Berlin: verlag das netz.
- Flämig, Katja; Musketa, Benjamin & Leu, Hans Rudolf (2009): Bildungs- und Lerngeschichten – Entwicklungstheoretische Hintergründe. Weimar, Berlin: verlag das netz.
- Flämig, Katja; Musketa, Benjamin & Leu, Hans Rudolf (2009): Bildungs- und Lerngeschichten für Kinder mit besonderem Förderbedarf. Weimar, Berlin: verlag das netz.
- Frankenstein, Yvonne; Kleeberger, Fabian; Leu, Hans Rudolf & Wolf, Steffi (2009): Bildungs- und Lerngeschichten in der Kindertagespflege. Weimar, Berlin: verlag das netz.
- Kleeberger, Fabian & Leu, Hans Rudolf (2009): Bildungs- und Lerngeschichten im Hort. Weimar, Berlin: verlag das netz
- Kleeberger, Fabian; Frankenstein, Yvonne & Leu, Hans Rudolf (2009): Bildungs- und Lerngeschichten am Übergang vom Kindergarten in die Grundschule. Weimar, Berlin: verlag das netz.

Weniger formalisiert als das DJI-Team setzt sich Sibylle Haas mit den Neuseeländischen „learning stories“ auseinander, wobei sie von den gleichen Grundannahmen ausgeht wie Hans Rudolf Leu und seine Kolleginnen und Kollegen. Haas plädiert jedoch für eine lebendigere Arbeit mit den Lerngeschichten, „in denen Gefühle, Vermutungen, Überraschungen und achtsame Reaktionen im Alltag sowie eine forschende Haltung der Erzieherinnen und Erzieher eine Rolle spielen“ (Haas 2016, S. 7). Einen Einblick in die Ursprungsvariante des Verfahrens und Ideen zur Vermittlung der Arbeit mit Lerngeschichten finden Sie in folgenden Veröffentlichungen:

- Haas, Sibylle (2016): Das Lernen feiern. Lerngeschichten aus Neuseeland. Weimar: verlag das netz.
- Haas, Sibylle (Hrsg.) (2016): Begeisterung teilen. Lerngeschichten in die Praxis tragen. Weimar: verlag das netz.

4.1.3 Wahrnehmendes Beobachten

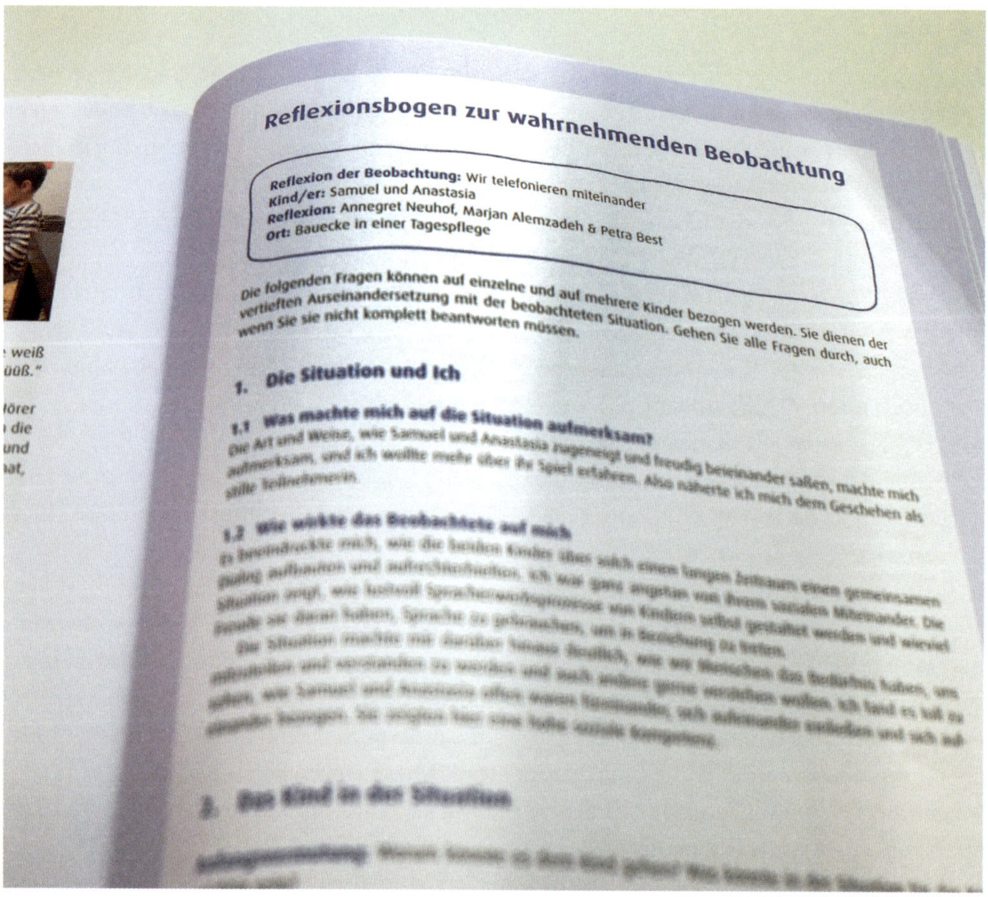

aus: Alemzadeh, Marjan (Hg.) (2021): Wahrnehmendes Beobachten in Krippe und Kindertagespflege. Partizipatorische Didaktik. Freiburg: Herder.

Unter der wissenschaftlichen Leitung von Gerd E. Schäfer (Universität zu Köln) und Rainer Strätz (Sozialpädagogisches Institut Nordrhein-Westfalen) wurden von der Arbeitsgruppe Professionalisierung frühkindlicher Bildung (2005) die Arbeitshilfen zur professionellen Bildungsarbeit in Kindertageseinrichtungen herausgegeben. Dies war der Ausgangspunkt eines Beobachtungsansatzes, der unter dem Namen „Wahrnehmendes Beobachten" einige Verbreitung gefunden hat. Gerd E. Schäfer entwickelte diesen Ansatz in den Folgejahren in Kooperation mit anderen Wissenschaftlerinnen und Wissenschaftlern kontinuierlich weiter. Zunächst lag ein besonderer Fokus auf der Beobachtung und Analyse von Selbstbildungspotenzialen, das heißt von Handlungs- und Denkmöglichkeiten, die ein Mensch im Verlauf seiner Biografie entwickelt, um sich in der Welt zu orientieren, um leben, handeln und denken zu können. Zur Einarbeitung in das Verfahren wird in der Veröffentlichung der Arbeitsgruppe Professionalisierung frühkindlicher Bildung (2005) eine Fülle von Beobachtungsprotokollen, Fotoserien und Filmbeispielen angeboten, die jeweils mit einer Beschreibung, der Analyse der Beobachtung, Folgerungen für die pädagogische Arbeit und verschiedenen Möglichkeiten der Dokumentation versehen sind.

Später vereinfachten Gerd E. Schäfer und Marian Alemzadeh (2012) die Herangehensweise der Auswertung von beobachteten Szenen, die sich nunmehr auf die Reflexion des eigenen pädagogischen Handelns und der verbalen Interaktion konzentriert. Gleichgeblieben ist die Erwartung, dass mit Wahrnehmender Beobachtung eine professionelle Haltung einhergeht bzw. weiter ausgebildet werden kann, bei der das Kind als ein neugieriger, selbsttätiger und kompetenter Mensch angesehen wird und es Ziel des pädagogischen Handelns ist, den Lebensraum Kita sinnvoll auf die Fragen der Kinder abzustimmen, ihn von Tag zu Tag zu gestalten und Raum für forschendes Nachdenken und Lernen zu öffnen.

Welche Erkenntnisse sollen aus der Beobachtung gewonnen werden?

Das Verfahren des Wahrnehmenden Beobachtens soll dazu dienen, sich den kindlichen Denkweisen und Vorstellungen zu nähern, die Absichten und Interessen der Kinder zu erfassen, zu verstehen, welche Gedanken sich Kinder bei dem machen, was sie tun, und so auf die Absichten und Tätigkeiten der Kinder fachlich antworten zu können. Nach Schäfer bringen Kinder von Geburt an Potenziale mit, um Bilder von der Wirklichkeit zu entwerfen, sich auf verschiedene Art und Weise mit der Welt auseinanderzusetzen und sich mit anderen zu verständigen. Schäfer (2005) bezeichnet diese als „Selbstbildungspotenziale".

Die Differenzierung von Wahrnehmungserfahrungen über die Fernsinne, die Körpersinne und die Gefühle: „Durch die Fernsinne nimmt das Kind die Wahrnehmungen außerhalb seines Körpers auf (…); mit den Körperwahrnehmungen spürt es sowohl die Wirkung, die die umgebende Welt auf seinen Körper hat, als auch z.B. seine eigenen Bewegungen über die Muskulatur; durch die Gefühle gestaltet das Kind einerseits die Beziehungen zu Personen und Dingen, andererseits verarbeitet es mit seinen Gefühlen seine Wahrnehmungserfahrungen" (Arbeitsgruppe Professionalisierung frühkindlicher Bildung 2005, S. 22).

Die innere Verarbeitung der sinnlichen Wahrnehmungen durch das Kind in Form von Vorstellungsbildern: „In der inneren Verarbeitung verknüpft das Kind das, was es wahrnimmt, mit dem, was es schon kennt. Dabei verarbeitet es seine neuen Erfahrungen zu inneren Vorstellungsbildern. Diese inneren Bilder werden im Gehirn mit den Erfahrungen verglichen, die das Kind bereits gemacht hat" (ebd., S. 24). Die inneren Vorstellungsbilder erlauben es dem Kind, Eigenkonstruktionen der Wirklichkeit zu entwickeln, und sie dienen als Grundlage sowohl für sprachliches als auch für naturwissenschaftlich-mathematisches Denken sowie als Basis von Vorstellungen und Fantasien.

Die sozialen Beziehungen und die Beziehungen zur sachlichen Umwelt: „Die Welt zu verstehen, bedeutet für das Kind, Beziehungen zu Personen und Dingen seiner Umwelt einzugehen. Dabei entscheidet die Qualität der Beziehung mit darüber, welche Erfahrungen ein Kind machen kann. Positive Beziehungen ermöglichen es dem Kind, sich der Umwelt zuzuwenden und Erfahrungen in ihr und mit ihr zu machen. Die sozialen Beziehungen gestaltet das Kind im Spiel und in der Kommunikation mit Erwachsenen und anderen Kindern" (ebd., S. 26).

Der Umgang mit Komplexität und das Lernen in Sinnzusammenhängen: „Das Zusammenspiel der unterschiedlichen Sinnesebenen ... ist ein wesentliches Merkmal für die Fähigkeit, mit Komplexität umzugehen. Um ihre Selbstbildungsprozesse sinnvoll weitertreiben zu können, benötigen Kinder eine hinreichend komplexe Umwelt, wie sie sich in vielen Alltagssituationen darstellt. Alltagserfahrungen sprechen vielfach gleichzeitig sinnliche, motorische, soziale, kognitive und emotionale Potenziale an" (ebd., S. 27). Bei der Suche nach Sinnzusammenhängen setzt sich das Kind mit seiner sachlichen und sozialen Umwelt auseinander. Das Tun des Kindes zeichnet sich dadurch aus, dass es ausfindig machen muss, welchen Sinn die Dinge in den Alltagszusammenhängen für es haben.

Das forschende Lernen: „Kinder bilden im forschenden Lernen aus ihren Erfahrungen neue Vorstellungen und Hypothesen. Sie machen sich Gedanken über mögliche Zusammenhänge und überprüfen diese. Durch das Überprüfen ihrer Hypothesen verändern sie ihre Erkenntnisse und Fragestellungen und gewinnen auf diese Weise neue Erfahrungen" (ebd., S. 29)

Wo liegt der Beobachtungsfokus?

Wahrnehmendes Beobachten richtet sich auf die Tätigkeiten einzelner Kinder, das Geschehen in einer überschaubaren Kindergruppe und/oder auf Interaktionen zwischen Kindern und Erwachsenen. Es hat sich bewährt, den Fokus auf einzelne Situationen zu lenken, zum Beispiel auf selbst gewählte Aktivitäten der Kinder, alltägliche Routinen wie das Essen oder Anziehen oder auf Situationen, die unsere Aufmerksamkeit erregen oder in denen man selbst in das Geschehen involviert ist.

Innerhalb dieser Situationen können wiederum Schwerpunkte gesetzt werden, zum Beispiel auf die Erfahrungen, die Kinder machen, und die Fähigkeiten, die sie einsetzen; die sichtbar werdenden individuellen Handlungsweisen, Ideen und Möglichkeiten; die Art und Qualität der Beziehungen zur sozialen und sachlichen Umwelt oder auf das, was das Beobachtete in einem selbst auslöst. In früheren Versionen der Wahrnehmenden Beobachtung standen die beschriebenen Selbstbildungspotenziale im Zentrum der Aufmerksamkeit. Es wird empfohlen, das Verfahren des Wahrnehmenden Beobachtens täglich zu nutzen, es quasi zur Selbstverständlichkeit werden zu lassen, um sich den Bildungsprozessen der Kinder anzunähern (ebd.).

Wie kann die Beobachtung dokumentiert werden?

Schriftlich festgehalten werden vor allem diejenigen Beobachtungen, die es ermöglichen, ein Kind mit seinen Fähigkeiten und Interessen tiefgehender kennenzulernen, individuelle und kollektive Bildungsprozesse wahrzunehmen und über das eigene pädagogische Handeln nachzudenken. Die Beobachtung wird zunächst in persönlichen Notizen, Bild- oder Tondokumenten festgehalten. Dabei werden Eckdaten wie das Datum, der Zeitraum und Ort der Beobachtung sowie der Name und das Alter des Kindes/der Kinder notiert.

Zeitnah wird die Beobachtung dann aus der Perspektive der pädagogischen Fachkraft als Geschichte aufgeschrieben. Die Ausgangslage wird dargelegt, und die Beobachtungen und dazugehörigen Wahrnehmungen sollen so detailliert und anschaulich wie möglich beschrieben werden. Mögliche Leitfragen hierfür wären: Wie gehen die Kinder ihren Tätigkeiten nach? Was bringen sie dabei zum Ausdruck? Welche Körperhaltung, Gestik und Mimik werden sichtbar?

Im Buch „Wahrnehmendes Beobachten. Beobachtung und Dokumentation am Beispiel der Lernwerkstatt Natur“ (Schäfer & Alemzadeh 2012) sind teils ausführliche Beispiele eines Beobachtungsprozesses dargestellt. Es enthält weiterhin eine zusammenfassende Orientierungshilfe, die auch online kostenfrei abrufbar ist (www.wahrnehmendes-beobachten.de/orientierungshilfe/).

Wie wird die Beobachtung ausgewertet?

Auf der Basis der Verschriftlichung und möglicher Ton- oder Filmaufnahmen werden die beobachteten Situationen unter verschiedenen Perspektiven reflektiert:

- **Die Situation und ich:** Was hat mich auf die Situation aufmerksam gemacht? Wie wirkte das Beobachtete auf mich?
- **Das Kind in der Situation:** Welche Wahrnehmungen macht das Kind? Welches Können/welche Vorerfahrungen werden erkennbar? Werden sie erweitert? Welche Bilder, Geschichten, Erkenntnisse oder Theorien entwickelt das Kind in der Situation? Wie stark lässt es sich auf seine Tätigkeit ein? Woran werden Aufmerksamkeit und Engagement erkennbar? Auf welche Weise nimmt das Kind Beziehungen zu anderen Kindern, zu Erwachsenen oder zu Dingen auf? Welche Materialien oder Werkzeuge benutzt es wozu? Wir wirken sich die räumlichen und zeitlichen Bedingungen auf das Kind aus? Fehlt dem Kind dabei etwas?

Hier soll eine Anfangsvermutung geäußert werden, worum es dem Kind gehen könnte und was ihm in der Situation wichtig ist. Am Schluss der Auswertung gibt man der Beobachtung einen Titel und formuliert eine Endvermutung, verbunden mit der Frage, ob sich die anfänglichen Vermutungen verändert bzw. ausdifferenziert haben. Ein Auswertungsbogen zur Reflexion des eigenen nonverbalen und verbalen Verhaltens steht ebenfalls zur Verfügung. Exemplarisch hierfür seien die folgenden Fragen genannt:

- Erkannten Sie, worum es in der Situation ging?
- Konnten Sie die Kinder in ihrem Vorhaben unterstützen? Wenn ja, wie?
- Hätten die Kinder einen Impuls in Form einer Frage, eines Materials oder Ihrer Unterstützung gebraucht, um ihrer Tätigkeit vertieft nachgehen zu können?
- Haben Sie vielleicht vorschnell eingegriffen und den Kindern Lösungswege vorweggenommen?
- Was hat das Beobachtete bei Ihnen ausgelöst? Inwiefern hängt dies mit Ihrer eigenen Biografie zusammen?
- Haben Sie das Tun der Kinder verbal begleitet? War es bzw. wäre es in dieser Situation stimmig gewesen, es zu tun?
- Haben Sie die Kinder durch Fragen zum Weiterdenken angeregt? Wenn ja, empfinden Sie es im Nachhinein als passend, dass Sie sich in dieser Situation mit Fragen eingebracht haben?
- Haben Sie die Kinder durch offene Fragen angeregt, von ihrem Vorhaben zu erzählen? Oder haben Sie eher geschlossene Fragen gestellt, die ausschließlich mit Ja oder Nein beantwortet werden konnten?
- Wie sehen Ihre nächsten Schritte aus? Welche Vorbereitungen könnten Sie treffen? Wie könnten Sie den Prozess der Kinder durch Ihre eigene Beteiligung oder durch Zurückhaltung voranbringen?

Um die notwendig subjektive Wahrnehmung der beobachtenden pädagogischen Fachkraft durch mehrere Perspektiven zu relativieren, empfiehlt es sich, eine Reflexion der Beobachtung im Team vorzunehmen.

Wofür werden die aus der Beobachtung gewonnenen Erkenntnisse eingesetzt?

Grundsätzlich soll das Wahrnehmende Beobachten der pädagogischen Fachkraft helfen, ihre professionellen Bemühungen noch besser auf die Kinder abzustimmen. Die Autorinnen und Autoren bezeichnen das Wahrnehmende Beobachten als „Herzstück einer Pädagogik, die auf die Tätigkeiten und Interessen des Kindes achtet“ (Schäfer & Alemzadeh 2012, S. 53). Dies gelingt allerdings umso besser, je stärker sich die über das Wahrnehmende Beobachten erworbene professionelle Haltung festigt. Insofern enthalten die gewonnenen Erkenntnisse immer auch eine reflexive Komponente der kritischen Einordnung des eigenen Handelns und Erlebens.

Wahrnehmendes Beobachten soll ermöglichen, das Handeln der Kinder differenziert wahrzunehmen und zu erweitern, denn nur das, was die pädagogische Fachkraft vom Kind wahrnimmt, kann sie auch adäquat pädagogisch unterstützen. Wenn sich ein Verständnis dafür entwickelt, was die Kinder interessiert, wie sie an ein Thema herangehen und welche Lernstrategien sie einsetzen, können solche Bildungsprozesse durch Raumgestaltung, geeignetes Material oder inhaltliche Anregungen herausgefordert werden. Neben den pädagogischen Fachkräften sind auch die Kinder, die Eltern und Grundschullehrkräfte Zielgruppen, die von der Arbeit nach dem Wahrnehmenden Beobachten profitieren können. Die Kinder erfahren durch die Beobachtung und Dokumentation, dass das, was sie tun, wichtig genommen wird. Die Eltern bekommen Informationen über die Fähigkeiten, Interessen und Entwicklungsschritte ihres Kindes sowie Anregungen, wie sie selbst die Entwicklungsschritte ihres Kindes wahrnehmen und seine Entwicklung unterstützen können. Lehrerinnen und Lehrer können auf der Basis der in der Kindertageseinrichtung erstellten Bildungsdokumentation die Persönlichkeit und Entwicklungsgeschichte jedes Kindes kennenlernen und darauf aufbauen.

Welche Voraussetzungen sind notwendig, um das Verfahren einzusetzen?

Wichtige Voraussetzung für das Wahrnehmende Beobachten ist die intensive Auseinandersetzung mit dem theoretischen Hintergrund und der Bedeutung und Zielsetzung der Beobachtungs- und Reflexionsfragen im Team. Da es sich nicht um ein isoliert einsetzbares Verfahren, sondern um ein Gesamtkonzept handelt, wird die Auseinandersetzung mit dem Wahrnehmenden Beobachten auch zu fachlichen Diskussionen und Aussprachen über grundlegende pädagogische Fragen anregen und unter Umständen zu Veränderungen der Konzeption und in der pädagogischen Arbeit führen. Unabhängig hiervon sind jedoch auch organisatorische Fragen zu klären. Es wird daher empfohlen, im Team folgende Fragen zu klären und entsprechende verbindliche Regelungen zu treffen:

- Wie kann jeder Kollegin/jedem Kollegen regelmäßig Zeit für Beobachtungen eingeräumt werden, in der sie/er keine anderen pädagogischen Aufgaben zu erledigen hat?
- Wie kann jeder Kollegin/jedem Kollegen regelmäßig Zeit für die Auswertung von Beobachtungen gegeben werden?
- Mit welchen Verfahrensweisen wird sichergestellt, dass alle Kinder beobachtet werden?
- Mit welchen Verfahrensweisen wird sichergestellt, dass zu allen Tageszeiten Beobachtungen durchgeführt werden?
- Mit welchen Verfahrensweisen wird sichergestellt, dass an allen Orten Beobachtungen durchgeführt werden?
- Wann haben die Kolleginnen und Kollegen die Möglichkeit, kollegiale Beratung zu ihren Beobachtungen/Auswertungen in Anspruch zu nehmen?
- Wie kann jeder Kollegin/jedem Kollegen regelmäßig Zeit für die Arbeit an den Bildungsdokumentationen gegeben werden?

Wo gibt es weitere Informationen und Anregungen zum Beobachtungsverfahren?

Die Beschreibung und theoretische Einordnung zum Wahrnehmenden Beobachten mit zahlreichen Illustrationen, Beispielsituationen und Formblättern finden sie in folgender Veröffentlichung:

Schäfer, Gerd E. & Alemzadeh, Marjan (2012): Wahrnehmendes Beobachten. Beobachtung und Dokumentation am Beispiel der Lernwerkstatt Natur. Berlin, Weimar: verlag das netz.

Auf der Internetseite www.wahrnehmendes-beobachten.de sind weiterführende Informationen über Wahrnehmendes Beobachten und dessen Entstehungs- und Anwendungskontexte sowie einige Materialien zusammengestellt.

Eine ausführliche theoretische Einordnung der Selbstbildungspotenziale findet sich in folgender Veröffentlichung:

Schäfer, Gerd E. (Hrsg.) (2005): Bildung beginnt mit der Geburt. Förderung von Bildungsprozessen in den ersten sechs Lebensjahren. Weinheim, Basel: Beltz.

Folgende Veröffentlichung, in der die Wahrnehmende Beobachtung erstmalig ausführlich beschrieben ist, ist vergriffen und nur noch antiquarisch zu erwerben:
Arbeitsgruppe Professionalisierung frühkindlicher Bildung (Hrsg.) (2005): Beobachtung und Dokumentation in der Praxis. Arbeitshilfen zur professionellen Bildungsarbeit in Kindertageseinrichtungen nach der Bildungsvereinbarung NRW. München, Kronach: Carl Link.

4.1.4 Early-Excellence-Ansatz

Der Early-Excellence-Ansatz stammt ursprünglich aus Großbritannien, wo im Rahmen eines politischen Ausbauprogramms Kindertageseinrichtungen in sozialen Brennpunktgebieten errichtet wurden, die sich mit ihren Angeboten nicht nur an die Kinder richten, sondern zum Anlaufpunkt und einer Unterstützungsstruktur für Familien werden sollten. Erstmals in Deutschland wurde in enger Kooperation mit dem im englischen Corby aufgebauten Pen Green Centre for Under Fives and their Families der Early-Excellence-Ansatz im Berliner „Kinder- und Familienzentrum Schillerstraße“ des Pestalozzi-Fröbel-Hauses eingeführt (vgl. Hebenstreit-Müller & Kühnel 2004). In Deutschland wurde der Ansatz weniger sozialpolitisch und stärker pädagogisch ausformuliert und in Anknüpfung an und Auseinandersetzung mit eigenen pädagogischen Traditionen weiterentwickelt. Mittlerweile arbeiten alle Einrichtungen des Pestalozzi-Fröbel-Hauses sowie eine größere Anzahl von Einrichtungen in Stuttgart und Hannover nach dem Early-Excellence-Ansatz.

Early Excellence bietet **praktische Antworten auf drei Fragen,** die in der pädagogischen Arbeit eine zentrale Rolle spielen:

1. Wie kann eine hohe Qualität der Bildung, Erziehung und Betreuung in Kindertagesstätten, Ganztagsbetreuungen und in anderen pädagogischen Einrichtungen gewährleistet werden?
2. Wie können Eltern in die Bildungsprozesse ihrer Kinder einbezogen werden?
3. Welchen Beitrag kann eine pädagogische Einrichtung wie zum Beispiel eine Kita für den Aufbau einer familienfreundlichen Infrastruktur im Sozialraum leisten? (vgl. Early Excellence – Zentrum für Kinder und ihre Familien e.V., www.early-excellence.de/content.php?nav_id=13)

Anders als der Name „Early Excellence“ es suggeriert, richtet sich der Ansatz nicht an besonders ehrgeizige Eltern oder an hochbegabte Kinder. Grundgedanke des Ansatzes ist es vielmehr, dass jedes Kind exzellent ist, das heißt über Potenziale, also Stärken und Kompetenzen, verfügt, die es zu entdecken und zu fördern gilt. Auch in Deutschland hat in den Einrichtungen, die nach dem Early-Excellence-Ansatz arbeiten, die partnerschaftliche und gleichberechtigte Zusammenarbeit zwischen Eltern und pädagogischen Fachkräften, aber auch die Beratung und Unterstützung von Familien einen hohen Stellenwert.

Als Ausgangspunkt für die pädagogische Arbeit mit Kindern werden offene Beobachtungen durchgeführt, die, in Anlehnung an Jean Piagets Theorie der geistigen Entwicklung, zur Identifizierung kognitiver Muster dienen, der sogenannten Schemata, mit denen ein Kind beim Aufbau seines Wissens operiert. Neben der Identifikation der Schemata werden bei der Beobachtung auch die Engagiertheit der Kinder und ihr Wohlbefinden eingeschätzt (siehe Kapitel 4.1.5). Um die Bildungsthemen der Kinder zu identifizieren, wird in den Einrichtungen des Pestalozzi-Fröbel-Hauses auf die Bildungsbereiche des Berliner Bildungsprogramms zurückgegriffen. Darüber hinaus orientiert sich der Early-Excellence-Ansatz sowohl an anerkannten pädagogischen Handlungskonzepten (z.B. Montessori, Reggio-Pädagogik) als auch an entwicklungspsychologischen Erkenntnissen, wie Wygotskis Zone der proximalen Entwicklung und der Bindungstheorie.

Welche Erkenntnisse sollen aus der Beobachtung gewonnen werden?

Mit dem Beobachtungsverfahren der Schemata sollen Erkenntnisse darüber gewonnen werden, welche Denk- bzw. Verhaltensmuster ein Kind nutzt, um sich ein Bild von der Welt zu machen und zu begreifen, wie sie funktioniert. Zum Verständnis des Wortes „Schemata" schlägt Rauh (2004) Begriffe wie „Denkwerkzeuge" oder „Erkenntniswerkzeuge" vor, mit denen das Kind aktiv versucht, sich die gegenständliche und soziale Welt anzueignen. Bei den Schemata handelt es sich also nicht um die Inhalte, mit denen sich die Kinder auseinandersetzen, sondern um die Art und Weise ihrer Auseinandersetzung, um ihre Zugangsformen bzw. ihre Selbstbildungspotenziale.

Jüngere Kinder nähern sich den Inhalten nicht über das abstrakte Nachdenken an, sondern über die konkrete Handlung. Um zum Beispiel zu begreifen, was ein Zwischenraum ist, wirft ein zweijähriges Mädchen Steinchen zwischen den Stäben eines Zaunes hindurch (vgl. Rauh 2004, S. 23). Das Schema wäre hier das Werfen, und das inhaltliche Thema liegt im Verständnis dessen, was „zwischen" bzw. „Zwischenraum" bedeutet. Möglicherweise verwendet das Mädchen das ihm zur Verfügung stehende Schema des Werfens auch, um sich mit Begriffen wie „unten", „fallen" oder „Abstand" auseinanderzusetzen. Im Verlauf der Entwicklung werden die Denkwerkzeuge der Kinder zunehmend komplexer und symbolischer. Um etwa zu begreifen, wie lange die vier Tage bis zum Geburtstag wohl dauern, stellen sich Kinder die Nächte vor, die sie noch schlafen müssen, und symbolisieren diese mit ihren Fingern. Das inhaltliche Thema wäre hier das Verständnis von Zeit und Dauer, das Schema, das Anwendung findet, ist das Abzählen der vorgestellten Nächte.

In Pen Green geht man davon aus, insgesamt 36 solcher **Denkwerkzeuge oder „Schemata"** entdeckt zu haben, mit denen Kinder beim Aufbau ihres Wissens operieren. Donata Elschenbroich (2001) beschreibt diejenigen, die am häufigsten beobachtet wurden. Dabei handelt es sich um:

- **die Linie (trajectory),** die vom Kind gemalt, im Spiel hergestellt (wenn es z.B. Gegenstände vom Hochstuhl fallen lässt) oder beobachtet wird (wenn das Kind zuschaut, wie Wasser aus dem Hahn fließt)
- **das Einwickeln (enveloping),** wenn das Kind Gegenstände verpackt oder sich selbst im Schlafsack versteckt

- **die Kreise (rotation),** wenn sich Kinder intensiv für den Ventilator oder die Waschmaschine interessieren
- **das Transportieren (transporting),** bei dem das Kind Möbelstücke verrückt oder einen Busfahrer spielt, der andere Kinder von einem Ort zum anderen bringt
- **das Verbinden (connecting),** bei dem das Kind sich für Verschlüsse jeglicher Art interessiert oder Erwachsene an einen Baum fesselt

Kritisch ist anzumerken, dass die benannten Schemata sehr handlungsnah sind und das abstraktere und symbolischere Denken älterer Kinder kaum berücksichtigen.

Wo liegt der Beobachtungsfokus?

Der Beobachtungsfokus liegt auf dem einzelnen Kind, das von allen pädagogischen Fachkräften einer Abteilung an zwei Tagen in der Woche beobachtet werden soll. Für die Beobachtungen wählt jede Fachkraft eine Situation aus, in der das Kind nach eigener Wahl aktiv ist. Die Beobachtungsdauer beträgt je Fachkraft zehn Minuten pro Tag und Kind (vgl. Hebenstreit-Müller & Kühnel 2004).

Wie kann die Beobachtung dokumentiert werden?

Die beobachteten Situationen werden von jeder pädagogischen Fachkraft wertfrei beschrieben und schriftlich auf dem dafür vorgesehenen Beobachtungsbogen dokumentiert. Der Beobachtungsbogen bietet auch die Möglichkeit, das emotionale Wohlbefinden des Kindes und seine Engagiertheit einzuschätzen sowie den Fokus der Beobachtung mit Blick auf die Bildungsbereiche zu benennen.

Wie wird die Beobachtung ausgewertet?

Ausgewertet wird die Beobachtung in wöchentlich stattfindenden Teamsitzungen. Die Beobachtungen werden referiert, und das Team analysiert die Schemata, Themen, Spielpartner und Bildungsbereiche des jeweiligen Kindes. Gemeinsam entwickeln die pädagogischen Fachkräfte dann Ideen, Vorstellungen und konkrete Angebote.

Wofür werden die Erkenntnisse aus der Beobachtung eingesetzt?

Aufbauend auf der Identifizierung des jeweiligen Denkwerkzeuges werden dem Kind in der Kita Materialien und Aktivitäten vorgeschlagen, die es in der Anwendung seines aktuellen Schemas unterstützen und so seine Erkenntnismöglichkeiten im kreativen, kognitiven, sozialen, motorischen und sprachlichen Bereich erweitern können. „Das Interesse und selbstständige Tun des Kindes gilt es zu unterstützen. Durch entsprechende ´Zumutungen´ im Sinne von Erweiterung des Wissens über diese Welt werden die Kinder unterstützt" (Hebenstreit-Müller & Kühnel 2004, S. 70).

In die Entwicklung der pädagogischen Angebote werden die Eltern als gleichberechtigte Partner direkt mit einbezogen. Ebenso wie die pädagogischen Fachkräfte, die Kinder in der Kindertageseinrichtung beobachten, tun die Eltern dies im häuslichen Umfeld. Eltern werden gebeten, Tagebuch über die Handlungen ihres Kindes zu führen oder Filmaufnahmen herzustellen. In der Regel einmal wöchentlich treffen sich Eltern und pädagogische Fachkräfte, um sich über ihre jeweiligen Beobachtungen auszutauschen und sie im Hinblick auf die von den Kindern benötigte Entwicklungsunterstützung zu diskutieren. Damit ist eine Lernschleife installiert, die auch als „Pen Green Loop“ bezeichnet wird (vgl. Whalley & Dennison 2008). Wie diese Lernschleife praktisch aussehen kann, wie im Pen Green Centre aus der Identifikation eines Schemas ein pädagogisches Angebot entsteht, soll folgendes Beispiel illustrieren:

Die Eltern von Marvin beschreiben ihren Sohn folgendermaßen: Marvin ist sehr neugierig. Er liebt Kameras und nimmt ständig Dinge auseinander. Er nimmt häufig die Autoschlüssel seiner Mutter mit in den Kindergarten. Die Beobachtung im Kindergarten ergibt Folgendes: Marvin ist sehr interessiert, wenn Erwachsene Filmaufnahmen machen. Er zeigt ein ganzes Bündel an Schemata, insbesondere das des Transportierens. Daraus resultieren folgende pädagogische Angebote und Förderungsbereiche: Marvin bekommt eine Wegwerfkamera, mit der er zu Hause fotografieren kann. Die Fotos zeigt er den Erwachsenen und den anderen Kindern in der Kita. Außerdem wird er zu Hause und im Kindergarten häufiger gebeten mitzuhelfen, wenn etwas transportiert werden soll, zum Beispiel Unterlagen in das Büro der Leiterin gebracht oder Bastelmaterialien aus dem Keller geholt werden müssen. Im Kindergarten „schreiben“ die Kinder Briefe, die nach Hause geschickt werden. Die pädagogischen Fachkräfte sprechen mit den Kindern über den Weg, den die Briefe nehmen, und malen dazu ein großes gemeinsames Bild. Das alles ermöglicht Marvin, mithilfe seines Denkwerkzeuges, nämlich dem Transportieren von Gegenständen,

- sich mit Begriffen wie „von hier nach dort“ oder „von Zuhause in den Kindergarten“ auseinanderzusetzen (kognitive Entwicklung),
- Kontakte zu knüpfen (soziale Entwicklung),
- über seine Erfahrungen zu sprechen (Sprachentwicklung),
- Fotos zu zählen (Mathematik),
- Technik zu benutzen und sich über das Ergebnis bewusst zu sein (Wissen und Verständnis über die Welt),
- Zusammenhänge zu begreifen (Umgebungsbewusstsein),
- geeignete Werkzeuge mit zunehmender Geschicklichkeit zu benutzen (physikalische Entwicklung),
- Mittel zu gebrauchen, die es ermöglichen, Ideen auszudrücken (kreative Entwicklung).

Welche Voraussetzungen sind notwendig, um das Beobachtungsverfahren einzusetzen?

Um kindliche Schemata zu identifizieren, auszuwerten und darauf aufbauend pädagogische Angebote zu entwickeln, bedarf es zunächst einer Teamfortbildung, die in die Leuvener Engagiertheitsskala (siehe Kapitel 4.1.5), die bekannten Schemata der Kinder und die Bildungsbereiche einführt (vgl. Hebenstreit-Müller & Kühnel 2004). Darüber hinaus müssen

Zeiten und entsprechende räumliche Gelegenheiten festgelegt werden, die die Diskussion zwischen den erwachsenen Bezugspersonen in einem angemessenen Rahmen ermöglichen. Nach Rauh (2004, S. 23) ist es zudem hilfreich, wenn die pädagogischen Fachkräfte bei ihrer Schemata-Beobachtung eine gute „Theorie als Leitfaden (z.B. Piaget)“ nutzen können. Ist das nicht gegeben, dann besteht die Gefahr, dass Schemata benannt und abgearbeitet werden, ohne zu verstehen, dass sich dahinter Denkwerkzeuge verbergen, die es zu differenzieren gilt, um die Erkenntnismöglichkeiten der Kinder zu erweitern und ihnen letztlich auch einen Zugang zum abstrakten und symbolischen Denken zu eröffnen.

Wo gibt es weitere Informationen und Anregungen zum Beobachtungsverfahren?

Informationen zu den theoretischen Grundlagen des Early-Excellence-Ansatzes sowie zur Schemata-Beobachtung, Beispiele für die praktische Anwendung sowie zwei Vorlagen für Beobachtungsbogen finden sie in folgenden Veröffentlichungen:

- Hebenstreit-Müller, Sabine & Kühnel, Barbara (Hrsg.) (2004): Kinderbeobachtung in Kitas. Erfahrungen und Methoden im ersten Early Excellence Centre in Berlin: Dohrmann.
- Hebenstreit-Müller, Sabine & Lepenies, Annette (Hrsg.) (2007): Early Excellence: Der positive Blick auf Kinder, Eltern und Erzieherinnen. Neue Studien zu einem Erfolgsmodell. Berlin: Dohrmann.
- Hebenstreit-Müller, Sabine (2013): Beobachten lernen – das Early Excellence-Konzept. Berlin: Dohrmann.
- Whalley, Margy/Pen Green Centre Team (2008): Eltern als Experten ihrer Kinder. Das „Early Excellence“-Modell in Kinder- und Familienzentren. Berlin: Dohrmann.

4.1.5 Die Leuvener Engagiertheitsskala

Die Leuvener Engagiertheitsskala wurde an der Universität Leuven in Belgien entwickelt, um individuelle Interessen und Lernprozesse von Kindern ressourcenorientiert zu erfassen (vgl. Laevers 2009). Wohlbefinden und Engagiertheit werden dabei als Qualitätsmerkmale verstanden, die für eine Vielzahl von Situationen, in allen Altersstufen und in allen Bildungsinstitutionen anwendbar sind. Während es für das Merkmal der Engagiertheit umfangreiches Informations- und Trainingsmaterial in deutscher Sprache für den Bereich der frühkindlichen Bildung gibt, gilt dies für das Merkmal des Wohlbefindens und für den Bereich Schule und Unterricht leider kaum. Lediglich im Rahmen eines Projekts an zwei Berliner Grundschulen wurde die Arbeit mit der Leuvener Engagiertheitsskala „auch im Kerngeschäft von Schule – dem Unterricht“ (Hebenstreit-Müller 2016, S. 7) erprobt.

Mit dem Qualitätsmerkmal **Wohlbefinden** wird die Aufmerksamkeit der Beobachtung insbesondere auf das emotionale Erleben gelenkt. Kinder, deren Wohlbefinden hoch ist, fühlen sich „wie ein Fisch im Wasser“. Sie genießen das, was sie tun, machen einen entspannten, energischen, selbstsicheren Eindruck und sind im Kontakt mit ihrer Umwelt. Wohlbefinden, das auf einem guten Gruppenklima und einer positiven Beziehung zur pädagogischen Fachkraft beruht, regt die kognitive Entwicklung an und führt in der Schule zu besseren Leistungen.

Das Qualitätsmerkmal **Engagiertheit** fokussiert auf das kognitive Erleben von Kindern. Ob ein Kind bei einer bestimmten Tätigkeit engagiert ist oder nicht, lässt sich an einer Reihe von Signalen festmachen. Engagiertheit ist daran zu erkennen, dass ein Kind „ganz bei der Sache ist". Ist dies der Fall, zeigt das Kind Konzentration und Ausdauer bei seiner Tätigkeit. Sein Gesichtsausdruck und seine Körperhaltung können durchaus angespannt sein, es beißt sich zum Beispiel auf die Zunge. Das Kind ist sehr genau in dem, was es tut, es macht nichts nebenbei oder schlampig. Mit seinem Produkt wirkt das Kind sehr zufrieden, wenn es selbst bestimmt hat, dass es fertig ist.

Bei unterschiedlichen Aktivitäten kann ein Kind ein mehr oder weniger großes Ausmaß an Engagiertheit zeigt. Dieses Ausmaß wird während der Beobachtung auf einer fünfstufigen Skala bewertet:

- Stufe 1: keine Aktivität
- Stufe 2: häufig unterbrochene Aktivität
- Stufe 3: mehr oder weniger andauernde Aktivität
- Stufe 4: Aktivität mit intensiven Momenten
- Stufe 5: anhaltend intensive Aktivität

Beispielhaft werden im Folgenden die niedrigste und die höchste Stufe der Engagiertheit kurz dargestellt:

Skala-Stufe 1: keine Aktivität

Diese Stufe kennzeichnet Phasen, in denen Kinder „nicht-aktiv" sind. Dies wird sehr deutlich, wenn sie in die Luft starren, teilnahmslos und abwesend in einer Ecke sitzen, anscheinend mit „nichts" beschäftigt sind. Aber hier ist Vorsicht geboten: Ein Kind, das (nur) scheinbar „nichts tut", kann sehr wohl innerlich konzentriert sein! Die Beobachtung anhand der Signale von Engagiertheit kann darüber meistens Aufschluss geben. Stufe 1 schließt auch Momente ein, in denen Kinder anscheinend aktiv sind, in Wirklichkeit sind sie aber abwesend. Ihre Handlungen bestehen zum Beispiel aus dem stereotypen Wiederholen von sehr einfachen Bewegungen. Die Kinder führen ihre Aktivitäten auch nicht wirklich bewusst aus.

Skala-Stufe 5: anhaltend intensive Aktivität

Diese Stufe ist Aktivitäten vorbehalten, die von größtmöglicher Engagiertheit begleitet werden. Das Kind ist deutlich vertieft in seine Aktivität, gefesselt von dem, was es tut. Seine Augen sind nahezu ununterbrochen auf die Handlungen oder das Material gerichtet. Reize der Umgebung erreichen es nicht oder kaum. Die Aktivitäten werden gerne ausgeführt. Die erforderliche geistige Anstrengung geschieht auf eine natürliche, selbstverständliche Art und Weise, nicht so sehr durch Willenskraft. Es wird beim Kind auch eine gewisse Spannung deutlich, die aber sachbezogen und nicht mit negativer gefühlsmäßiger Anspannung zu verwechseln ist. Für eine Bewertung mit Stufe 5 müssen vor allem „Konzentration", „Energie", „Ausdauer" und „Komplexität" deutlich wahrnehmbar sein.

Auszug aus: Laevers, Ferre (Hrsg.) (2007): Die Leuvener Engagiertheits-Skala für Kinder LES-K. Deutsche Fassung der Leuven Involvement Scale for Young Children, S. 14f.

Zur Einschätzung von Wohlbefinden und Engagiertheit des Kindes in einer Situation reicht eine Beobachtungszeit von fünf bis zehn Minuten aus. Um jedoch einen Gesamteindruck von Wohlbefinden und Engagiertheit eines Kindes zu erhalten, sollten Beobachtung und Einschätzung in mehreren Situationen erfolgen und in einem halbjährlichen Abstand wiederholt werden.

Welche Erkenntnisse sollen aus der Beobachtung gewonnen werden?

Bezüglich des Wohlbefindens stützt sich die Leuvener Engagiertheitsskala auf die Bedürfnispyramide nach Maslow. Wohlbefinden stellt sich dann ein, wenn die Grundbedürfnisse (Essen, Trinken, Schlafen), die Bedürfnisse nach Sicherheit sowie die Bedürfnisse nach Sozialkontakten, Anerkennung und Selbstentfaltung erfüllt sind. Hinsichtlich der Engagiertheit basiert die Leuvener Engagiertheitsskala aus entwicklungspsychologischer Sicht auf Wygotskis Theorie der „nächstfolgenden Entwicklung". Diese besagt, dass Kinder insbesondere bei jenen Aktivitäten etwas lernen, bei denen sie etwas noch nicht ganz verstehen bzw. etwas noch nicht so richtig können. Wenn Kinder sich solchen Herausforderungen stellen dürfen, dann engagieren sie sich auch. Als Ergebnis dieser Engagiertheit geschieht Entwicklung. Engagiertheit tritt dagegen nicht ein, wenn Kinder Anforderungen als viel zu hoch empfinden oder wenn sie sich ganz und gar unterfordert fühlen. Ebenso wenig kann man von Engagiertheit sprechen, wenn ein Kind nur deshalb aktiv ist, um sein Ansehen, zum Beispiel durch ein gutes Zeugnis, zu steigern oder um die Anerkennung der Lehrkraft zu erhalten. In solchen Situationen lernen die Kinder nichts oder nur sehr wenig.

Um die Engagiertheit eines Kindes einschätzen zu können, sind deshalb das jeweilige Alter bzw. der Entwicklungsstand des Kindes sowie seine Motivation zu berücksichtigen. Bei jeder Einschätzung einer kindlichen Aktivität muss sich die pädagogische Fachkraft fragen: „Ist diese Tätigkeit für dieses Alter oder für dieses Kind wirklich eine Herausforderung?" Bewertet wird also der Prozess der Aktivität und nicht das Ergebnis. Ein zweijähriges Kind, das versucht, mit einer Schere einen Kreis auszuschneiden, kann dabei äußerst engagiert sein, auch wenn das Ergebnis zum Schluss kaum einem Kreis ähnelt. Demgegenüber kann ein fünfjähriges Kind, das den Kreis in kürzester Zeit perfekt ausschneidet, dies mit einem Minimum an Engagiertheit tun. Für das engagierte jüngere Kind stellt die Tätigkeit eine Herausforderung dar, und es lernt etwas dabei. Für das kaum engagierte ältere Kind handelt es sich um eine Routinetätigkeit, die ihm keinen Entwicklungsfortschritt bringt. Engagiert können die Kinder im Übrigen auch dann sein, wenn sie sich streiten. Im engagierten Streit mag der Entwicklungsfortschritt darin liegen, mit gleichaltrigen Spielpartnern eine Einigung zu erzielen oder Strategien zu entwickeln, die eigenen Interessen durchzusetzen.

In der Annahme, dass alle Kinder etwas lernen wollen und sich dann engagieren, wenn sie in ihrem Lernen herausgefordert werden, sagt die Einschätzung der Engagiertheit der Kinder in erster Linie etwas über die Qualität der pädagogischen Arbeit aus – sowohl im Hinblick auf räumliche und materielle Rahmenbedingungen als auch im Hinblick auf pädagogische Angebote durch die Fachkraft. Wenn sich ein Kind zum Beispiel bei einem pädagogischen Angebot nicht konzentriert bzw. nicht bei der Sache ist, dann ist dieses Angebot für dieses Kind zu schwierig, zu einfach oder zu langweilig, als dass es sich engagieren könnte. Trifft das pädagogische Angebot hingegen genau die Interessen des Kindes und stellt es für das Kind eine Herausforderung dar, dann wird es sich auch dafür engagieren. Darüber hinaus gibt die Engagiertheit der Kinder auch Hinweise auf die Qualität der Interaktion zwischen dem Kind und der pädagogischen Fachkraft – sowohl in der Kindertageseinrichtung als auch in der Grundschule. Höhere Engagiertheit zeigen Kinder dann, wenn sie einer pädagogischen Fachkraft oder Lehrkraft begegnen, die empathisch und responsiv ist, angemessen auf die Signale der Kinder reagiert und weiß, wie und womit sie einzelne Kinder im positiven Sinne herausfordert.

Wo liegt der Beobachtungsfokus?

Eingeschätzt werden können mit der Leuvener Engagiertheitsskala sowohl das Wohlbefinden und die Engagiertheit eines einzelnen Kindes als auch das Wohlbefinden und die Engagiertheit einer ganzen Gruppe von Kindern. Zudem ist es möglich, Wohlbefinden und Engagiertheit in Bezug auf bestimmte Aktivitäten und Situationen, im Hinblick auf pädagogische Angebote oder in Bezug auf die Qualität des Schulunterrichts einzuschätzen. Es kann zum Beispiel gefragt werden, wie engagiert die einzelnen Kinder sind, wenn ein Bastelangebot gemacht wird, wenn sie in der Bauecke spielen, wenn sie im Garten der Kindertageseinrichtung toben oder wie engagiert Kinder während einer bestimmten Unterrichtseinheit oder bei einer Arbeitsaufgabe sind. Weiterhin kann die Engagiertheit von Kindern in bestimmten Entwicklungsbereichen eingeschätzt werden. Engagiert sich ein Kind zum Beispiel besonders, wenn etwas vorgelesen wird, wenn es klettern und rennen kann oder wenn es ein Bild malt? Ist die Engagiertheit des Kindes besonders beim Lesen und Schreiben hoch oder eher, wenn es gemeinsam mit seinen Klassenkameradinnen und -kameraden auf einer Exkursion Kaulquappen fangen und untersuchen kann?

Wie kann die Beobachtung dokumentiert werden?

Für die Dokumentation der Engagiertheit werden verschiedene Beobachtungsbogen angeboten – je nachdem, ob einzelne Kinder, die ganze Gruppe, verschiedene Aktivitäten oder pädagogische Angebote eingeschätzt werden sollen. Es ist jedoch auch möglich, je nach Beobachtungsschwerpunkt einen eigenen Beobachtungsbogen zu erstellen.

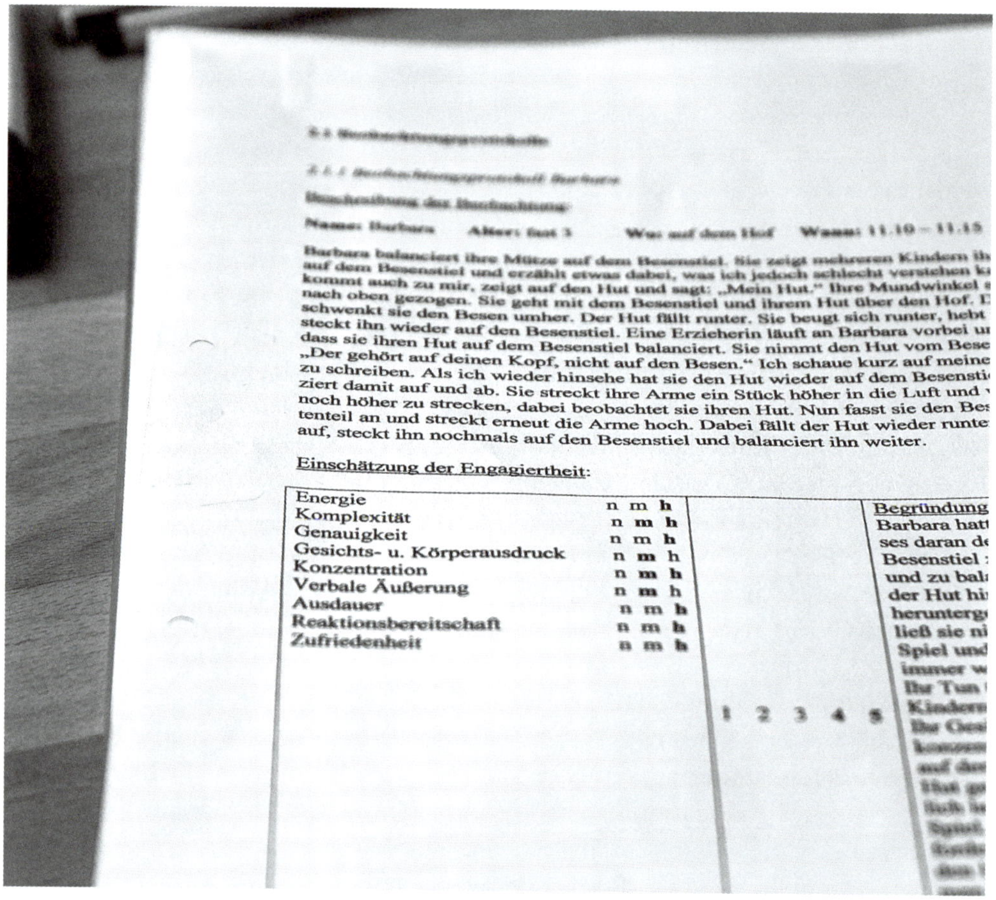

Wie wird die Beobachtung ausgewertet?

Bei der Einschätzung der Engagiertheit steht die Frage im Mittelpunkt, wie gut die Kindertageseinrichtung oder die Grundschule die Entwicklung der Kinder unterstützt und herausfordert. Bei Kindern, die sich wenig engagieren, muss die Frage nach der Qualität der pädagogischen Arbeit bzw. des Unterrichts gestellt werden. Wenn die Kinder einer Gruppe zum Beispiel immer nur laut durch den Gruppenraum toben, sollten sich die pädagogischen Fachkräfte fragen, welches Anregungspotenzial der Raum bietet. Gibt es Spielzeug, das die Kinder wirklich interessiert? Haben sie Ecken, in die sie sich zurückziehen können, um ungestört miteinander zu spielen? Stimmt die Zusammensetzung der Gruppe, das heißt, können die Kinder etwas miteinander anfangen?

Gleiches gilt für pädagogische Angebote oder Projekte, die die pädagogische Fachkraft anbietet. Wenn sich die Kinder nicht dafür engagieren, müssen zum Beispiel folgende Fragen gestellt werden: Fordert das Angebot die Entwicklung der Kinder heraus? Trifft es die Interessen der Kinder? Können die Kinder eigene Ideen einfließen lassen? Um Wohlbefinden und Engagiertheit im Unterricht aufrechtzuerhalten oder zu erhöhen sollten sich Lehrkräfte folgende Fragen stellen: Was erfahren die Kinder in dieser Stunde? Was machen sie daraus? Wie fühlen sie sich dabei? Wo kann ich Raum geben, damit sie initiativ werden können?

Wofür werden die aus der Beobachtung gewonnenen Erkenntnisse eingesetzt?

Die mit der Leuvener Engagiertheitsskala gewonnenen Erkenntnisse dienen in der Kindertageseinrichtung in erster Linie dazu, räumliche, materielle und zeitliche Rahmenbedingungen so zu gestalten, dass die Kinder sich mit Ausdauer und Konzentration einer selbst gewählten Aufgabe widmen können. Pädagogische Herausforderungen können überdacht werden, damit sie genau dort ansetzen und entwicklungsfördernd wirken, wo sich das Kind engagiert. In der Grundschule soll zum einen darauf hingearbeitet werden, dass sich das Kind mit seinen Bedürfnissen und Interessen ernst genommen fühlt, was unter anderem damit erreicht werden soll, dass den Kindern die Beobachtungsergebnisse in Feedbackgesprächen zurückgespiegelt werden. Zum anderen geht es aber auch in der Grundschule um die Entwicklung von Angeboten, durch die Kinder individuell gefördert und unterstützt werden. Insgesamt sollte sowohl in der Kindertageseinrichtung als auch in der Grundschule die Frage gestellt werden, welche Bedingungen ein Kind benötigt, um sich intensiver zu engagieren.

Welche Voraussetzungen sind notwendig, um das Verfahren einzusetzen?

Um sich mit dem Konzept der Engagiertheit vertraut zu machen, bietet es sich an, das dazugehörige Material (Handbuch und Videobeispiele) anzuschaffen und gemeinsam mit Kolleginnen und Kollegen zu erarbeiten. Die Beobachtung und Bewertung der kindlichen Engagiertheit können dann in jeder Situation im Tagesverlauf oder im Unterricht erfasst werden. Dabei reicht eine Beobachtungszeit von fünf bis zehn Minuten pro Kind bereits aus, um erste Erkenntnisse zu gewinnen.

Da die beobachtende Fachkraft in der Kindertageseinrichtung in dieser Zeit den Kindern nicht zur Verfügung stehen kann, ist es ebenso wie bei anderen Verfahren wichtig, sich mit einer Kollegin oder einem Kollegen abzusprechen und während der Beobachtungszeit mindestens zu zweit in der Kindergruppe zu sein. Auch bei der Auswertung ist Teamarbeit hilfreich. Das gilt sowohl für die Kindertageseinrichtung als auch für die Grundschule. Manche Ideen zur Verbesserung der Rahmenbedingungen und zur Gestaltung attraktiver pädagogischer Angebote, für die sich die Kinder engagieren können, entstehen erst, wenn man sich mit anderen darüber austauscht. Durch die Arbeit mit der Leuvener Engagiertheitsskala finden pädagogische Fachkräfte zudem eine gemeinsame Sprache, die eine Kooperation, auch zwischen verschiedenen Professionen in der Grundschule, erheblich erleichtert.

Wo gibt es weitere Informationen und Anregungen zum Beobachtungsverfahren?

Umfangreiches Trainings- und Informationsmaterial zur Leuvener Engagiertheitsskala, ein Video mit einer Fülle von Beispielszenen und ein Arbeitsbuch, das verschiedene Einsatzmöglichkeiten der Beobachtungsbogen erläutert und Anregungen für die pädagogische Umsetzung der Ergebnisse liefert, sind erhältlich im Eigenverlag „Erfahrung und Lernen" unter klm.schloemer@t-online.de:

Laevers, Ferre (Hrsg.) (2009): Beobachtung und Begleitung von Kindern. Arbeitsbuch zur Leuvener Engagiertheits-Skala. Verlag Erfahrung und Lernen.

Ideen zur Arbeit mit der Leuvener Engagiertheitskala in der Grundschule, sowohl im Ganztag als auch im Unterricht, finden Sie in folgenden Veröffentlichungen:

- Hebenstreit-Müller, Sabine (Hrsg.) (2016): Beobachten und Talente entdecken – Die Bedeutung von Wohlbefinden und Engagiertheit in der pädagogischen Arbeit mit Kindern in der Grundschule. Berlin: Dohrmann.
- Müller, Sabine (Hrsg.) (2014): Engagiertheit und Wohlbefinden. Übungsszenen aus Kita und Grundschule. DVD. Berlin: Dohrmann.

4.2 Beobachtung von Kompetenzen in mehreren Entwicklungs-/Bildungsbereichen

4.2.1 Kuno Bellers Entwicklungstabelle 0–9

Die Entwicklungstabelle des 2010 verstorbenen Entwicklungspsychologen E. Kuno Beller wurde in ihrer ersten Fassung bereits in den 1980er Jahren in Deutschland verwendet, war allerdings bis zum Jahr 2000 nur als „graue Literatur" zugänglich, die in Hochschulseminaren und Weiterbildungen genutzt und von Interessierten als Kopie weitergegeben und ausgetauscht wurde. Später erfolgten kleinere Überarbeitungen und Erweiterungen, bis im Jahr 2016 die zehnte komplett überarbeitete und erweiterte Auflage erschien (vgl. Beller 2016). Während die Ursprungsfassung für die Beobachtung und Entwicklungseinschätzung von Kindern im Alter von null bis vier, später bis sechs Jahren ausgelegt war, ist die aktuelle Fassung nochmals erweitert worden und umfasst nunmehr die Altersspanne von null bis neun Jahren. Sinnvoll einsetzbar ist die Entwicklungstabelle jedoch nur für Kinder bis etwa sieben Jahre.

Das Verfahren beinhaltet eine Reihe von Fragen zum Verhalten des Kindes, die als Indikatoren für den Entwicklungsstand in verschiedenen Entwicklungsbereichen gelten. Die Auswahl der Fragen und ihre Zuordnung zu den einzelnen Entwicklungsbereichen und -phasen erfolgte laut Simone Beller, der Herausgeberin der aktuellen Auflage der Entwicklungstabelle, auf der Basis intensiver Recherchen von Fachliteratur aus den Bereichen Entwicklungspsychologie, Medizin, Soziologie und ähnlichen Disziplinen, in denen Meilensteine der Entwicklung berichtet werden, die circa 70 bis 90 Prozent aller Kinder in einem bestimmten Alter zeigen (vgl. Beller 2016, S. 9). Kritisch anzumerken ist, dass unklar bleibt, welche Quellen bzw. welche Fachliteratur genau herangezogen wurden.

Aus den Antworten auf die Fragen wird ein individueller Entwicklungsquotient für ein Kind berechnet. Für die Notierung und Berechnung stehen Formblätter zur Verfügung. Die Anwendung der Entwicklungstabelle ist relativ zeitaufwendig. Jedes Kind, das eingeschätzt werden soll, sollte im Vorfeld circa zwei Wochen lang aufmerksam im pädagogischen Alltag beobachtet werden; treten im Verlauf der Einschätzung Fragen auf, die man nicht beantworten kann, muss wiederum gezielt nach den erfragten Verhaltensweisen geschaut werden. Das Bearbeiten der Tabelle selbst beansprucht circa zwei bis drei Stunden. Im Gegenzug erhält man mit der Entwicklungstabelle ein sehr genaues und aussagekräftiges Bild über die Kompetenzen eines Kindes, aber auch über die Anregungen, Freiräume und Aktivitätsmöglichkeiten, die das pädagogische Umfeld bietet. Die Beobachtungsergebnisse eignen sich sehr gut als Ausgangspunkt für individuelle pädagogische Angebote zur Entwicklungsförderung, die in den Alltag integriert werden können.

Welche Erkenntnisse sollen aus der Beobachtung gewonnen werden?

Die Entwicklungstabelle dient dazu, den individuellen Entwicklungsstand eines Kindes in **acht verschiedenen Entwicklungsbereichen** einzuschätzen. Die Entwicklungsbereiche sind Körperpflege, Umgebungsbewusstsein, sozial-emotionale Entwicklung, Spieltätigkeit, Sprache & Literacy, Kognition sowie Grob- und Feinmotorik. Aus dem Entwicklungsstand in den einzelnen Bereichen ergibt sich **für jedes Kind ein Entwicklungsprofil,** das seine individuellen Stärken und Schwächen im Sinne einer mehr oder weniger fortgeschrittenen Entwicklung ausweist. Dabei ist es normal, wenn sich ein Kind in den verschiedenen Bereichen unterschiedlich schnell entwickelt, also zum Beispiel in seiner feinmotorischen Kompetenz weiter ist als im Bereich des Umgebungsbewusstseins.
Die Ergebnisse sollen der pädagogischen Fachkraft helfen, das beobachtete Kind besser zu verstehen, seine Individualität wahrzunehmen und ihm gezielte, auf sein individuelles Entwicklungsprofil zugeschnittene pädagogische Anregungen geben zu können. Deshalb werden die Ergebnisse auch nicht mit durchschnittlichen Altersnormen verglichen. Es geht vielmehr um eine aufmerksame, interessierte Wahrnehmung des einzelnen Kindes. Nach Simone Beller führt dies zu einem wechselseitigen Prozess, bei dem sich pädagogische Fachkraft und Kind „... (noch) näher kommen, an Bedeutung gewinnen und in dem Vertrauen in sich selbst und den anderen gestärkt [werden] ...“ (Beller 2016, S. 13). Dies sei „... eine optimale Voraussetzung für Bildungsprozesse und die Entwicklung von Lernfreude“ (Beller & Beller 2003, S. 55).

Wo liegt der Beobachtungsfokus?

Mit der Entwicklungstabelle werden immer einzelne Kinder eingeschätzt. Die Entwicklungstabelle kann zu jedem Zeitpunkt in der kindlichen Entwicklung eingesetzt werden. Je älter ein Kind wird, desto wahrscheinlicher ist es jedoch, dass fast alle Fragen positiv beantwortet werden können, was wiederum die Aussagekraft der Ergebnisse schmälert; das maximale Potenzial dieser Kinder kann möglicherweise nicht mehr abgebildet werden. Für Kinder bis zu sieben Jahren ist die Erstellung eines vollständigen Profils in der Regel möglich. Wegen der relativ aufwendigen Art und Weise der Anwendung ist die Entwicklungstabelle besonders geeignet, um ausgewählte Kinder zu beobachten, bei denen man sich unsicher bezüglich ihres Entwicklungsverlaufs ist oder zu deren Verhalten man keinen Zugang findet. Es ist also nicht notwendig, alle Kinder einer Gruppe zu beobachten. Im Vordergrund steht immer das individuelle Muster von Entwicklungsstärken und -schwächen des einzelnen Kindes und nicht der Vergleich mit anderen Kindern oder Entwicklungsnormen.

Es ist wichtig, dass alle acht Entwicklungsbereiche beurteilt werden, damit die Ergebnisse sinnvoll pädagogisch umgesetzt werden können. Auswertungsbasis sind die Beobachtungen der Fachkraft im pädagogischen Alltag. Diese sollte in den zwei Wochen vor der Bearbeitung der Entwicklungstabelle häufiger und genauer auf das Verhalten des Kindes achten, damit möglichst viele Fragen beantwortet werden können.

Verhalten, das Kinder zeigen, ist immer von mehreren Faktoren abhängig, nämlich von der persönlichen Motivation, den Gelegenheiten zu lernen und Erfahrungen zu sammeln sowie den individuellen Fähigkeiten. Kinder können also durchaus zu etwas fähig sein und es trotzdem in einer konkreten Umwelt oder Situation nicht zeigen.

In der Entwicklungstabelle wird nicht gefragt, ob das Kind etwas kann, sondern ob es etwas tut.

Wenn eine Frage mit „Kind tut es nicht" beantwortet wird, sollte sich auch immer die Überlegung anschließen, ob das Kind wirklich Gelegenheit hatte, die Verhaltensweise zu zeigen. Fragen, die die pädagogische Fachkraft nicht beantworten kann, sind Anlass für erneute Beobachtungen, die in eine zweite Erhebung einfließen, die circa zwei Wochen nach der Ersterhebung stattfinden soll. Arbeitet die Einrichtung teiloffen oder offen, ist es möglich, dass man selbst über einige Verhaltensweisen des Kindes, zum Beispiel beim Musizieren, nicht so genau Bescheid weiß. Hier können sich die Beobachtungen mehrerer Kolleginnen und Kollegen ergänzen.

Kuno Bellers Entwicklungstabelle 0–9: Feinmotorik

Phase 3

1. Greift Griffe an Möbelstücken. Beispiel → Greift Griffe an Möbelstücken und drückt, schiebt oder zieht daran.
2. Hebt verschiedene Gegenstände auf oder hoch und stellt sie wieder hin. Beispiel → Hebt verschiedene Dinge in unterschiedlicher Form, Material und Gewicht an; versucht, sie hochzuheben und auch wieder hinzustellen.
3. Greift kleine Dinge mit dem Zangengriff. Beispiel → Hebt mit gebeugtem Daumen und Zeigefinger Rosinen oder Krümel vom Fußboden oder Tisch auf und erkundet sie.
4. Blättert im Pappbilderbuch. Beispiel → Widmet sich konzentriert dem Umblättern, nimmt eventuell mal zwei Seiten zugleich; versucht, wieder zurückzublättern; schließt das Buch, versucht, es wieder zu öffnen.
5. Führt verschiedene Tätigkeiten mit einem Finger aus. Beispiel → Drückt Knöpfe; bohrt in einem Brötchen; kratzt Dreck vom Boden; schmiert mit einem Finger in einer Flüssigkeit oder in Brei herum; bohrt in den Augen einer Puppe etc.

Phase 4

1. Schiebt Dinge zu einem Haufen zusammen und zerstreut diesen wieder. Beispiel → Scharrt Gegenstände mit Unterarmen und Händen zusammen, häuft an, verteilt diese wieder über die Fläche, wiederholt dies gerne.
2. Hämmert mit einem Gegenstand oder der Hand. Beispiel → Schlägt Holzstecker ins Steckbrett; schlägt mit der Hand auf einen Gegenstand, der in einer Öffnung steckt; versucht, etwas hinein- oder durchzuhauen; hämmert mit einem Spielhammer.
3. Hält einen Stift im Pfötchen- oder Faustgriff und kritzelt damit. Beispiel → Hält einen dicken Stift im Faustgriff und malt über die Blattgrenzen hinaus mit kreisenden, pendelnden Bewegungen in alle Richtungen.
4. Öffnet Dosen und Schachteln mit Deckel. Beispiel → Verschiedene Dosen, Brotdosen, Schachteln mit verschiedenen einfachen Verschlüssen.
5. Setzt beide Hände koordiniert im Zusammenspiel ein. Beispiel → Hält und dreht mit einer Hand, während die andere versucht, den Deckel zu öffnen etc.
6. Interessiert sich für kleine Öffnungen, Ritzen, Löcher. Beispiel → Erkundet diese mit dem Finger und versucht, Dinge hineinzustecken, eine Ritze zu füllen oder auch Papier, Keks, Banane hineinzudrücken.

Auszug aus: Beller, Simone (Hrsg.) (2016): Kuno Bellers Entwicklungstabelle 0–9. 10., komplett überarbeitete und erweiterte Auflage. Forschung und Fortbildung in der Kleinkindpädagogik.

Wie kann die Beobachtung dokumentiert werden?

Für die Dokumentation der Beobachtungen wird das Erhebungsprotokoll verwendet, in das genau eingetragen wird, welche der erfragten Verhaltensweisen das Kind zeigt, teilweise zeigt oder (noch) nicht zeigt. Mithilfe eines mitgelieferten Formblattes lässt sich aus den Ergebnissen ein Entwicklungsprofil erstellen, das grafisch veranschaulicht, in welchen Bereichen das Kind seine individuellen Stärken und Schwachpunkte hat.

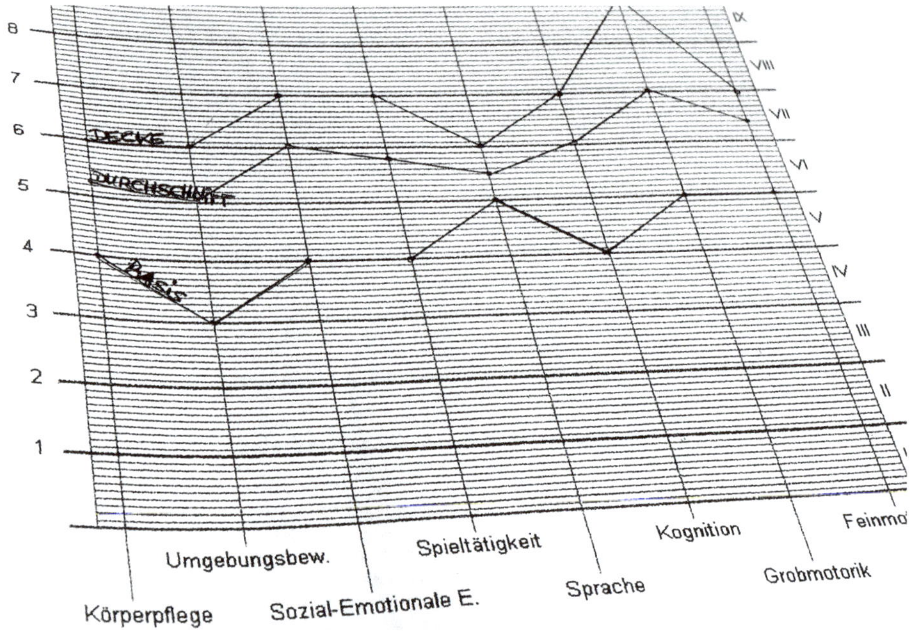

Wie wird die Beobachtung ausgewertet?

In jedem der acht Entwicklungsbereiche gibt es eine Reihe von konkreten Fragen („Items"), die beobachtbare kindliche Verhaltensweisen bzw. Fähigkeiten beschreiben, wie sie im pädagogischen Alltag einer Kindertagesstätte oder in der Kindertagespflege auftreten. Die Items sind nach aufsteigendem Schwierigkeitsgrad in insgesamt 18 Phasen unterteilt. Die ersten vier Phasen umfassen grob das erste Lebensjahr; danach deckt bis zum Ende des sechsten Lebensjahres jede weitere Phase circa ein halbes Jahr ab. Mit Beginn des siebten Lebensjahres (Phase 15) entspricht jede folgende Phase einer Spanne von zwölf Monaten des chronologischen Alters. Die pädagogische Fachkraft schätzt für jedes Item ein, ob das betreffende Kind diese Verhaltensweise zeigt, ob es sie teilweise zeigt oder (noch) nicht. Es ist günstig, wenn dies in einer Interaktionssituation geschieht, die Fachkraft also von einer Kollegin, einem Kollegen oder der Leitung befragt wird, denn so muss jede Frage bewusst beantwortet und gegebenenfalls anhand von Beispielen konkretisiert werden.

Man beginnt bei der Einschätzung mit der Phase, die genau eine Phase unter derjenigen liegt, die dem Lebensalter des Kindes entspricht, und endet, sobald alle Items einer Phase mit „Kind tut es nicht" beantwortet wurden. Jedes Item, das mit „Kind tut es" beantwortet wurde, erhält in der Auswertung einen Punkt, jedes Item, das mit „Kind tut es teilweise" beantwortet wurde, einen halben Punkt. Aus der Summe der Punkte aller Phasen wird der Gesamtwert für jeden Entwicklungsbereich berechnet. Die Bereiche, in denen ein Kind die höchsten Werte erzielt, gelten als seine individuellen Stärken, die Bereiche, in denen es die niedrigsten Werte erreicht, als seine relativen Schwächen.

Möchte man einen orientierenden Überblick über die Entwicklung aller Kinder der Gruppe erhalten, ohne für jedes ein solches Entwicklungsprofil anzufertigen, sind die Plakate geeignet, die begleitend zur Entwicklungstabelle erhältlich sind und einzelne Fragen aus allen Entwicklungsbereichen beinhalten. Es gibt drei Plakatsätze; der erste bezieht sich auf die Entwicklung vom 1. bis 4. Lebensjahr, der zweite auf das 3. bis 7. und der dritte auf das 5. bis 10. Lebensjahr.

Wofür werden die aus der Beobachtung gewonnenen Erkenntnisse eingesetzt?

Aus der Beobachtung eines Kindes erwächst bereits eine genauere Kenntnis seiner aktuellen Interessen und Entwicklungsthemen. Die regelmäßige Anwendung der Entwicklungstabelle führt deshalb dazu, dass man „seine" Kinder besser kennen und verstehen lernt. Das Entwicklungsprofil dient ferner als Grundlage für die Planung und Durchführung von pädagogischen Angeboten, sogenannten Erfahrungsangeboten. Dabei ist es ein wichtiges Motivationsprinzip, den am wenigsten entwickelten Bereich mit dem am weitesten entwickelten Bereich zu verknüpfen. Durch die Kombination der beiden Bereiche kann das Kind Motivation und Zuversicht aus dem Bereich schöpfen, in dem es Kompetenz, Erfolg und Lust erfahren hat, und auf den Bereich übertragen, in dem es bislang relativ wenig Erfolgserlebnisse hatte. So regen die Erfahrungsangebote nicht nur die Ausbildung einzelner, bisher noch nicht erworbener Kompetenzen an, sondern erhöhen die Lernmotivation im Allgemeinen und auch in den Bereichen, in denen das Kind Lerngelegenheiten bisher eher vermieden hat (vgl. Beller 2016, S. 17).

Konkrete Anregungen und Anknüpfungspunkte bieten die Items der Tabelle, da sie Verhaltensweisen und Situationen im Setting der Kita- oder Krippengruppe oder auch der Kindertagespflege beschreiben. Erfahrungsangebote sollten nur Verhaltensweisen einbeziehen, die das Kind kompetent beherrscht, um ihm ein Gefühl der Sicherheit zu geben und das Vertrauen in die pädagogische Fachkraft zu stärken. Neben dieser spezifischen Einsatzmöglichkeit sind die Ergebnisse der Entwicklungstabelle aber auch eine gute Basis, um im Team über einzelne Kinder oder generell über die Gestaltung pädagogischer Situationen zu sprechen.

Welche Voraussetzungen sind notwendig, um das Verfahren einzusetzen?

Sie benötigen zunächst einmal die Entwicklungstabelle selbst sowie die beiliegenden Kopiervorlagen für Erhebungsprotokolle und Entwicklungsprofile. Leider stehen auch in der neuen Fassung diese Formulare nicht digital zur Verfügung, und auch auf die Programmierung einer Auswertungshilfe wurde verzichtet. Jede pädagogische Fachkraft, die mit der Entwicklungstabelle arbeitet, sollte ein eigenes Exemplar zur Verfügung haben.

Je regelmäßiger Sie die Entwicklungstabelle einsetzen möchten, desto wichtiger ist es, für eine gemeinsame Planung und klare Absprachen im Team zu sorgen. Die notwendigen Informationen über das Verhalten des Kindes können dann im Alltag – nicht nebenbei, aber doch ohne eine besondere Beobachtungssituation herzustellen – gewonnen werden. Für die Bearbeitung der Tabelle und die Entwicklung von Erfahrungsangeboten müssen dagegen Zeitkontingente außerhalb der unmittelbaren pädagogischen Arbeit eingeplant werden. Soll die Entwicklungstabelle als regelmäßiges Beobachtungsverfahren in der gesamten Einrichtung eingesetzt werden, empfiehlt sich auf jeden Fall der Besuch einer entsprechenden Fortbildung.

Wo gibt es weitere Informationen und Anregungen zum Beobachtungsverfahren?

Die Entwicklungstabelle mit Kopiervorlage für Erhebungsprotokolle und Entwicklungsprofile sowie die großformatigen Entwicklungstabellen (auf Plakaten) sind über die Herausgeberin zu beziehen, die auch Fortbildungen zur Entwicklungstabelle und ihren entwicklungspsychologischen Grundlagen anbietet:

Dr. Simone Beller, Forschung und Fortbildung in der Kleinkindpädagogik, Derfflinger Str. 20, 10785 Berlin, Telefon: 030 / 264 1662: E-Mail: s.beller@beller-kkp.de; Information und Bestellung: www.beller-kkp.de.

4.2.2 Der Baum der Erkenntnis

Beim Baum der Erkenntnis handelt es sich um ein Beobachtungs- und Dokumentationsverfahren, mit dem die Entwicklung und das individuelle Lernen von Kindern und Jugendlichen vom ersten bis zum sechzehnten Lebensjahr verfolgt werden kann. Entwickelt wurde der Baum der Erkenntnis in Halmstadt/Schweden – und zwar in Anlehnung an die schwedischen Lehrpläne für die Vorschule und die Grundschule, die in Schweden die Klassen eins bis neun umfasst. Aus dem Schwedischen ins Deutsche übersetzt und veröffentlicht wurde der Baum der Erkenntnis von Bremer Pädagogen und Psychologen unterschiedlicher Bildungseinrichtungen (Berger & Berger 2004).

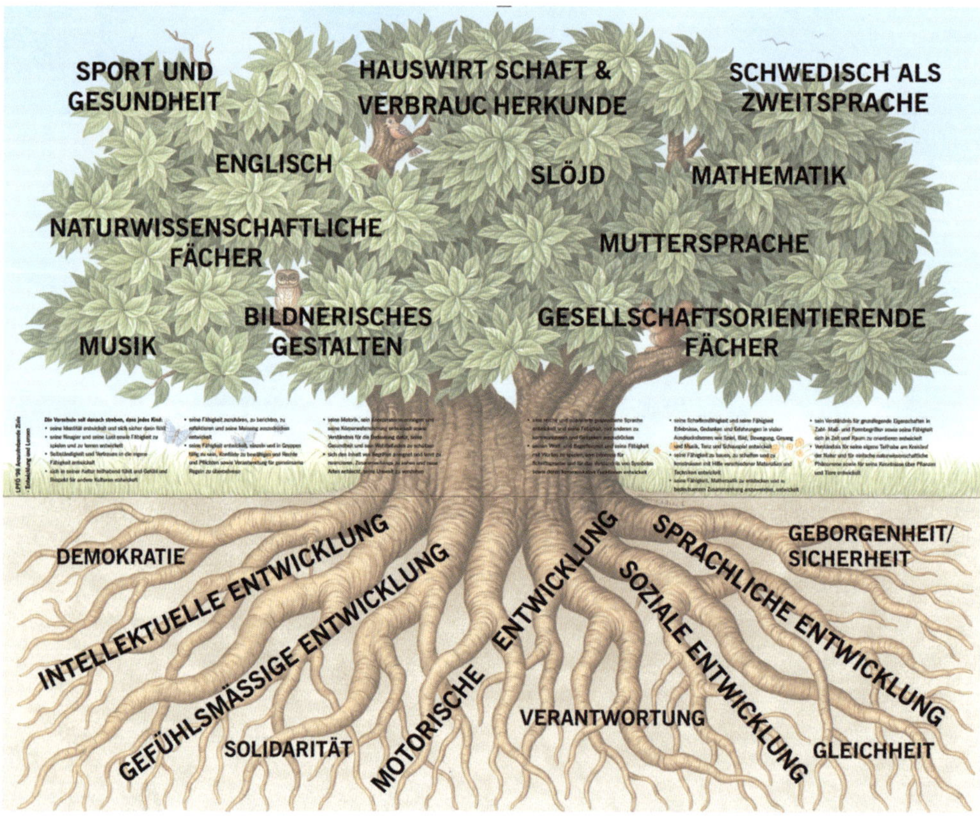

aus: Stein, Christiane & Resing, Michael (www.baumderErkenntnis.de) (Hrsg.) (2021): Baum der Erkenntnis. 10. Auflage. Nürnberg.

Im Buch zum Beobachtungs- und Dokumentationsverfahren ist tatsächlich auf allen Seiten ein Baum mit Krone, Stamm und Wurzelwerk abgebildet. In der Baumkrone werden die Fächer der Grundschule (z.B. Sport und Gesundheit, Englisch, Biologie, Muttersprache, Gemeinschaftskunde) sowie die Ziele aufgeführt, die in diesen Fächern erreicht werden sollen. Im Stamm finden sich die anzustrebenden Ziele für die Entwicklung und das Lernen in der Vorschule, also bis zum Eintritt in die erste Klasse, wie sie im schwedischen Lehrplan für die Vorschule festgelegt wurden. In den Wurzeln werden Kompetenzen dargestellt, deren Erlangen bei Kindern während ihrer Vorschulzeit angeregt werden soll. Für den Kindertagesstättenbereich in Deutschland sind deshalb gerade diese Wurzeln des Baums der Erkenntnis besonders interessant.

Die Wurzeln bestehen aus **fünf Wurzelsystemen,** die fünf verschiedene Entwicklungsbereiche darstellen:

- die intellektuelle Entwicklung,
- die gefühlsmäßige Entwicklung,
- die motorische Entwicklung,
- die soziale Entwicklung
- und die sprachliche Entwicklung.

Jeder Entwicklungsbereich wird genau abgegrenzt; es wird beschrieben, wie übergreifende gesellschaftliche Ziele in den Entwicklungsbereichen zum Ausdruck kommen. Gesellschaftliche Ziele sind dabei Demokratie, Gleichheit, Solidarität, Geborgenheit/Sicherheit und Verantwortung. Sprachliche Entwicklung heißt danach zum Bespiel, ein Werkzeug für Kommunikation, Begriffsbildung und Denken auszubilden. Im Sinne des gesellschaftlichen Ziels der Verantwortung soll das Kind die Fähigkeit erwerben, mit seinem Sprachgebrauch und seiner Wortwahl umzugehen und Konsequenzen daraus zu tragen. Gefühlsmäßige Entwicklung bedeutet, seine Gefühle zu erkennen, damit umzugehen und sie ausdrücken zu können. Im Sinne des gesellschaftlichen Ziels der Demokratie soll das Kind die Fähigkeit erwerben, andere Ansichten anzuhören und zu respektieren und seine eigene Meinung zu äußern. Ausgehend von der kindlichen Entwicklung sind also Werte und Normen benannt, die von Erwachsenen als gesellschaftlich relevant eingeschätzt werden.

Für jeden der **fünf Entwicklungsbereiche** wird unter Berücksichtigung der im schwedischen Lehrplan für die Vorschule beschriebenen Ziele eine Vielzahl konkreter Kompetenzen benannt, die das Kind während der Zeit in der Kindertageseinrichtung erwerben kann. Bei der sprachlichen Entwicklung sind dies zum Beispiel Kompetenzen wie „sprachlich im Spiel mit anderen Kindern kommunizieren", „über nicht Anwesendes sprechen", „kurzen Geschichten zuhören", „seinen Namen schreiben". Für die gefühlsmäßige Entwicklung werden unter anderem Kompetenzen benannt wie „Vertrauen in die eigenen Fähigkeiten spüren", „ein beginnendes Gruppengefühl entwickeln" etc.

Die verschiedenen Kompetenzen, die ein Kind in den fünf Entwicklungsbereichen gewinnen kann, sollen im Baum der Erkenntnis durch Beobachtung ermittelt werden. Um wirklich alle Kompetenzen berücksichtigen zu können, muss regelmäßig beobachtet werden, und die Beobachtungen müssen regelmäßig im Team reflektiert werden. Die zeitliche

Dauer der Beobachtung kann dabei von Kind zu Kind sehr unterschiedlich sein. Gerade bei eher ruhigen, schüchternen oder unauffälligen Kindern werden Sie genauer hinschauen müssen, damit Sie Beispiele dafür finden, ob das Kind die angegebenen Kompetenzen zeigt. Ähnliches gilt wahrscheinlich auch für Kinder, denen Sie subjektiv zunächst eher wenige Kompetenzen zutrauen.

Welche Erkenntnisse sollen aus der Beobachtung gewonnen werden?

Im Wurzelbereich des Baums der Erkenntnis kann durch das Markieren der Kompetenzen mit einem Textmarker veranschaulicht werden, welche Entwicklungsschritte ein Kind schon gegangen ist, welche Fähigkeiten es in den einzelnen Entwicklungsbereichen bereits erworben hat und welche besonderen Interessen und Vorlieben es hat. Zum anderen kann mithilfe dieses Beobachtungs- und Dokumentationsverfahrens auch die eigene pädagogische Arbeit reflektiert werden.

Wo liegt der Beobachtungsfokus?

Wie bei den anderen Beobachtungsverfahren, in denen die Entwicklung im Vordergrund steht, liegt auch beim Baum der Erkenntnis der Beobachtungsfokus auf dem einzelnen Kind. Für jedes Kind einer Gruppe sollte in der Kindertageseinrichtung ein eigener individueller Baum der Erkenntnis erstellt und nach Möglichkeit in der Grundschule weitergeführt werden. Dabei ist es wichtig, alle Entwicklungsbereiche zu beobachten und zu dokumentieren, da die Kompetenzen eines Kindes sich in unterschiedlichen Bereichen zeigen können und die verschiedenen Entwicklungsbereiche gerade in der frühen Kindheit zusammenspielen und nicht unabhängig voneinander betrachtet werden können.

Wie kann die Beobachtung dokumentiert werden?

Die Broschüre, in der der Baum der Erkenntnis abgedruckt ist, dient selbst als Dokumentationsbogen. Das bedeutet, dass für jedes Kind der Gruppe eine solche Broschüre vorhanden sein muss. Am Ende der Kita-Zeit sollte sie dem Kind und seinen Eltern übergeben werden, damit die Möglichkeit besteht, die Aufzeichnungen auch in der Grundschule weiterzuführen.

Wie wird die Beobachtung ausgewertet?

Die einzelnen Kompetenzen, die im Baum der Erkenntnis benannt sind, sind nicht dazu gedacht, von der pädagogischen Fachkraft schnell und einfach abgehakt zu werden. Es wird ausdrücklich darauf hingewiesen, dass jede Fachkraft möglicherweise einen anderen Blick auf das Kind hat und es deshalb notwendig ist, im Team zu diskutieren, wie die einzelnen pädagogischen Fachkräfte das jeweilige Kind erleben. Um den tatsächlichen Kompetenzen des Kindes möglichst nahezukommen, bietet es sich an, ähnlich wie in Kuno Bellers Entwicklungstabelle, Beispiele aus dem Alltag des Kindes zu finden, an denen man bestimmte Fähigkeiten festmachen kann.

Wofür werden die aus der Beobachtung gewonnenen Erkenntnisse eingesetzt?

Der Baum der Erkenntnis macht zum einen aufmerksam auf die individuellen Stärken und den Entwicklungsstand jedes einzelnen Kindes. Zum anderen kann er Eltern dazu ermuntern, sich aktiv an der Dokumentation der entwicklungsabhängigen Fähigkeiten ihres Kindes zu beteiligen. Darüber hinaus dient er jedoch auch dazu, die eigene pädagogische Arbeit dahingehend zu reflektieren, ob sie in ausreichendem Maße auf die Bedürfnisse, Interessen und Möglichkeiten des einzelnen Kindes abgestimmt ist. Bei Kompetenzen, die das Kind noch nicht erworben hat, sollte sich jede pädagogische Fachkraft die Frage stellen: „Wie sollen wir arbeiten, um gerade diese Kompetenz bei diesem Kind hier und jetzt zu entwickeln?" (Berger & Berger 2004).

Welche Voraussetzungen sind notwendig, um das Verfahren einzusetzen?

Um mit dem Baum der Erkenntnis die Entwicklung kindlicher Kompetenzen zu beobachten und zu dokumentieren, sollte das als Broschüre erschienene Material verwendet werden. Dazu muss für jedes Kind der Gruppe eine solche Broschüre und damit ein ganz persönlicher Baum der Erkenntnis angelegt werden. Zudem wird dafür gesorgt, dass genügend Zeit vorhanden ist, um jedes Kind der Gruppe mithilfe dieses Verfahrens zu beobachten. Ferner sollte sichergestellt werden, dass im Team genügend Bereitschaft und Zeit zur Verfügung stehen, um über die Beobachtungen zu diskutieren.

Wo gibt es weitere Informationen und Anregungen zum Beobachtungsverfahren?

Der deutschsprachige Baum der Erkenntnis und Hinweise zum Umgang mit diesem Beobachtungs- und Dokumentationsverfahren sind in Buchform erschienen. Die informative Webseite www.baumdererkenntnis.de fungiert nicht nur als Bestellportal für das Beobachtungsverfahren, sondern bietet auch einen Einblick in die Geschichte des Verfahrens sowie einen Leitfaden für die Arbeit mit dem Baum der Erkenntnis als Dokumentationsbuch für das Kind und weitere auf das Verfahren bezogene Fachtexte. Das Weiterbildungsangebot des Verfasserteams Marianne und Lasse Berger und weiterer Mitarbeiterinnen und Mitarbeiter ist ebenfalls dort einsehbar. Außerdem enthält eine im Internet abrufbare Tagungsdokumentation der Gewerkschaft ver.di eine mehrseitige Anleitung, wie die Arbeit mit dem Verfahren aufgebaut werden kann:

- Berger, Marianne & Berger, Lasse (2004): Der Baum der Erkenntnis – Kunskapen Träd. Ein schwedischer Lehrplan für Kinder und Jugendliche von 1–16 Jahren (Bestellung über: www.baumdererkenntnis.de).
- Macht Knäckebrot schwedische Kinder klüger? Der Baum der Erkenntnis. Umsetzung des schwedischen Bildungsplanes für Kindertagesstätten und Schulen, Dokumentation von Fachtagungen mit Göran Frisk (Halmstadt, Südschweden), herausgegeben von ver.di Vereinte Dienstleistungsgewerkschaft Fachbereich Gesundheit, Soziale Dienste, Wohlfahrt, Kirchen Fachbereich Gemeinden, Fachgruppe Sozial-, Kinder- und Jugendhilfe (abrufbar unter: http://docplayer.org/6866345-Macht-knaeckebrot-schwedische-kinder-klueger.html).

4.2.3 Die Entwicklungsschnecken

Bei der Entwicklungsschnecke für Kinder unter drei (vgl. Schlaaf-Kirschner 2014a), der Entwicklungsschnecke für Kinder von drei bis sechs Jahren (vgl. Schlaaf-Kirschner 2014b), der Vorschulschnecke (vgl. Schlaaf-Kirschner 2016) und der Sprachschnecke (vgl. Schlaaf-Kirschner & Fege-Scholz 2017) handelt es sich um vier verschiedene Beobachtungsbogen, in denen Verhaltens- und Entwicklungsmerkmale in unterschiedlichen Bildungsbereichen bzw. Kompetenzen nach einer Reihe von Beobachtungskriterien abgefragt und visualisiert werden.

Bevor wir Ihnen einen Überblick über die Entwicklungsschnecken geben, sei gesagt, dass wir diesen Verfahren eher kritisch gegenüberstehen. Zum einen bleibt völlig unklar, auf welcher Grundlage diese Verfahren entstanden sind. Für die Entwicklungsschnecke für Kinder unter drei und für Kinder von drei bis sechs Jahren erfährt man lediglich, dass die Beobachtungsbogen aus „unterschiedlichen Theorien (Pädagogik, Psychologie, Soziologie) und vielen praktischen Erfahrungen im Rahmen des Kindergartenalltags entwickelt" (Schlaaf-Kirschner 2014b, S. 6) wurden. Bezüglich der Vorschulschnecke und der Sprachschnecke wurde „das Beobachtungsverfahren in Zusammenarbeit mit Kolleginnen aus der Praxis entwickelt" (Schlaaf-Kirschner & Fege-Scholz 2017, S. 4). Insgesamt wird nicht erläutert, warum welche Bildungs- bzw. Kompetenzbereiche ausgewählt wurden und auf welcher Basis bzw. auf welchen entwicklungspsychologischen Erkenntnissen die Abfolge der Beobachtungskriterien erfolgt.

Weiterhin spricht die Autorin zwar deutlich davon, dass Entwicklung individuell unterschiedlich verlaufen kann und dass sich, insbesondere bei der Vorschulschnecke, die Fähigkeiten und Kompetenzen der Kinder nicht entsprechend der Reihenfolge der im Verfahren benannten Beobachtungskriterien entwickeln müssen. Andererseits ist immer wieder davon die Rede, dass sich zum Beispiel die Sprache des Kindes „nicht entsprechend seinem Alter entwickelt" (Schlaaf-Kirschner 2014a, S. 78) hat, dass das Hörvermögen eines Kindes „normal entwickelt ist" (Schlaaf-Kirschner 2014b, S. 65) oder dass ein Kind über „ein gutes Sprachverständnis" (Schlaaf-Kirschner & Fege-Scholz 2017, S. 51) verfügt. Zudem weisen alle Schnecken darauf hin, dass den Eltern aufgezeigt werden soll „wo das Kind Unterstützungsbedarf zeigt, was es, seinem Alter entsprechend noch lernen sollte" (Schlaaf-Kirschner 2014a, S. 73; 2014b, S. 74; 2016, S. 78; Schlaaf-Kirschner & Fege-Scholz 2017, S. 61). Diese, wenn auch eher selten verwendeten normativen Aussagen suggerieren, man könne mithilfe der Entwicklungsschnecken feststellen, ob ein Kind altersgemäß entwickelt ist. Das Verfahren gibt jedoch keinen Hinweis darauf, welche Entwicklung in welchem Alter zu erwarten wäre, sodass diagnostische bzw. normative Aussagen keinesfalls möglich sind.

Welche Erkenntnisse sollen aus der Beobachtung gewonnen werden?

Mit den Entwicklungsschnecken für Kinder unter drei und für Kinder von drei bis sechs Jahren sollen Stärken und Unterstützungsbedarfe in unterschiedlichen sogenannten „Bildungsbereichen" identifiziert werden. Bei der Entwicklungsschnecke für Kinder unter drei sind das die Bereiche „Hören, Sehen, Verstehen", „Sprechen", „Bewegung, Geschicklichkeit", „Körperkontrolle“, „Emotionalität, Soziales Miteinander“ und „Denken“. Bei der Entwicklungsschnecke für Kinder von drei bis sechs Jahren werden folgende Bereiche abgefragt: „Spielen“, „Sprechen, Hören, Sehen“, „Denken“, „Bewegung“, Lebenspraxis“ und „Soziales Miteinander, Emotionalität“. Die Vorschulschnecke fragt nach „Sensorischen Kompetenzen“, „Sozialen und emotionalen Kompetenzen“, „Kognitiven Kompetenzen“, „Alltagskompetenzen“, „Motorischen Kompetenzen“ sowie „Sprachlichen Kompetenzen“. In der Sprachschnecke werden Fähigkeiten von Kinder zwischen einem und sechs Jahren in den Bereichen „Sprachverständnis“, „Wortschatz/Wortbedeutung“, „Lautproduktion/Lautwahrnehmung“, „Wortbildung/Satzbau“, „Betonung“, „Verbale/nonverbale Kommunikation“ und „Literacy“ erfragt.

Zwischen Kindern, die Deutsch als Muttersprache erwerben, und Kindern, die Deutsch als Zweitsprache erlernen, wird jedoch kein Unterschied gemacht. Die Verfahren sollen pädagogische Fachkräfte dabei unterstützen, die individuellen Stärken und Unterstützungsbedarfe von Kindern zu erkennen, pädagogische Handlungsstrategien zu entwickeln, damit aus den sogenannten Unterstützungsbedarfen Stärken werden, Entwicklungsberichte zu formulieren sowie Elterngespräche und Fallbesprechungen im Team zu führen.

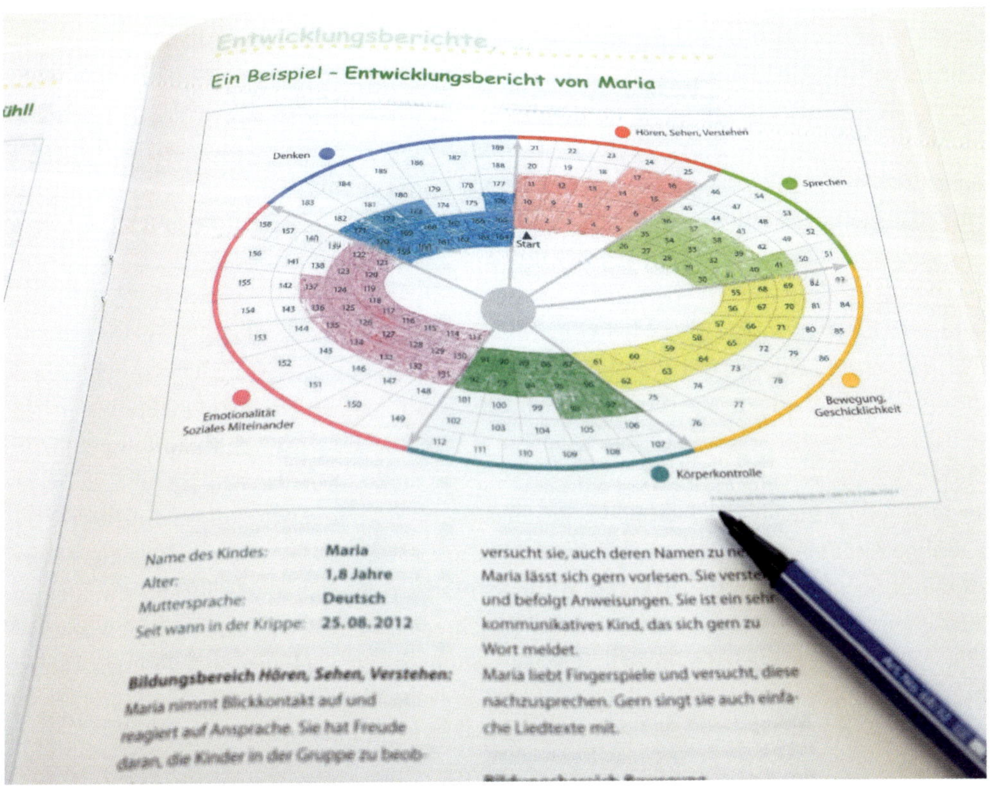

Wo liegt der Beobachtungsfokus?

Mit den Entwicklungsschnecken wird der Beobachtungsfokus auf das einzelne Kind gelegt. Für jedes Kind einer Gruppe wird in der Kindertageseinrichtung eine eigene Schnecke ausgefüllt. Für Kinder unter drei Jahren soll der Bogen drei Monate nach Eintritt des Kindes in die Kita ausgefüllt und dann halbjährlich ergänzt werden. Bei den drei- bis sechsjährigen Kindern wird empfohlen, den Bogen ein halbes Jahr nach Eintritt des Kindes in den Kindergarten einzusetzen und dann jährlich zu ergänzen. Die Vorschulschnecke soll erstmals bei Kindern im Alter von viereinhalb Jahren zum Einsatz kommen und dann halbjährlich fortgeführt werden. Die Sprachschnecke wurde für Kinder zwischen einem und sechs Jahren entwickelt. Kurz nach Eintritt des Kindes in die Krippe soll der Bogen das erste Mal eingesetzt und dann halbjährlich ergänzt werden.

Wie kann die Beobachtung dokumentiert werden?

Als Ergebnis werden die einzelnen Beobachtungskriterien in den verschiedenen Bildungs- bzw. Kompetenzbereichen mithilfe der spiralförmig (bzw. schneckenförmig) angeordneten nummerierten Kästchen farbig visualisiert. Ein Kästchen wird ganz ausgemalt, wenn das Kind den Entwicklungsstand vollständig erreicht hat. Halb ausgemalt wird ein Kästchen, wenn das Kind den Entwicklungsstand zum Teil erreicht hat. Wenn das Kind den Entwicklungsstand noch nicht erreicht hat, bleibt das Kästchen leer. Im Gegensatz zu Kuno Bellers Entwicklungstabelle 0–9 wird jedoch nicht danach gefragt, ob das Kind etwas tut, sondern ob das Kind etwas kann. Die persönliche Motivation der Kinder sowie die Frage nach den Gelegenheiten, ein bestimmtes Verhalten zu zeigen, werden damit nicht berücksichtigt. Durch die Visualisierung in den Entwicklungsschnecken kann dennoch deutlich werden, ob das Kind besondere individuelle Stärken oder Vorlieben bzw. Schwachpunkte hat. Ob seine Entwicklung altersangemessen ist kann damit aber definitiv nicht beantwortet werden. Diese Beurteilung bleibt allein der subjektiven Einschätzung der pädagogischen Fachkräfte überlassen.

Wie wird die Beobachtung ausgewertet?

Die Auswertung der visualisierten Entwicklung eines Kindes erfolgt zunächst durch die pädagogische Fachkraft, die das Kind eingeschätzt hat. Sie schreibt einen Entwicklungsbericht, in dem zunächst die Stärken des Kindes in den verschiedenen Bildungs- bzw. Kompetenzbereichen herausgestellt werden. Danach werden Unterstützungsbedarfe formuliert, wobei allerdings unklar bleibt, wann ein Beobachtungskriterium als unterstützungsbedürftig für das jeweilige Kind eingeschätzt wird. Schließlich formuliert die Fachkraft Angebote zur Unterstützung der kindlichen Entwicklung. Begleitet wird sie dabei durch Fallbesprechungen im Team. Für das Verfassen von Entwicklungsberichten werden Formulierungshilfen angeboten, welche identisch mit den Beobachtungskriterien sind, sowie Beispiele für Entwicklungsberichte und Vorschläge zum Ablauf kindzentrierter Fallbesprechungen.

Wofür werden die aus der Beobachtung gewonnenen Erkenntnisse eingesetzt?

Die Erkenntnisse, die mithilfe der Entwicklungsschnecken gewonnen werden, sollen zum einen dazu dienen, Angebote in Bereichen zu entwickeln, in denen Unterstützungsbedarfe identifiziert wurden. Eine Verbindung von Stärken und Unterstützungsbedarfen ist jedoch nicht erkennbar. Zu den einzelnen Beobachtungskriterien finden sich Tipps und Anregungen für die Förderung, die zwar interessant sind, aber sich nicht auf die individuellen Interessen bzw. die Motivation einzelner Kinder beziehen. Darüber hinaus werden die aus den Entwicklungsschnecken gewonnenen Erkenntnisse zum Führen von Elterngesprächen genutzt. Zur Strukturierung von Elterngesprächen gibt es ebenfalls Hinweise. In der Sprachschnecke finden sich darüber hinaus allgemeine Tipps zur Unterstützung des Sprechenlernens, zur Förderung mehrsprachig aufwachsender Kinder und zur sprachsensiblen Haltung von pädagogischen Fachkräften.

Welche Voraussetzungen sind notwendig, um das Verfahren einzusetzen?

Um mit den Entwicklungsschnecken zu arbeiten benötigen Sie die entsprechenden Hefte und Beobachtungsbogen. Uns ist es wichtig, darauf hinzuweisen, dass Sie anhand der ausgefüllten Entwicklungsschnecken nichts darüber aussagen können, ob die Entwicklung eines Kindes altersgemäß ist oder nicht.

Wo gibt es weitere Informationen und Anregungen zum Beobachtungsverfahren?

Zu den vier verschiedenen Entwicklungsschnecken erhalten Sie jeweils zehn Beobachtungsbogen. Weitere Beobachtungsbogen sind nachbestellbar. Für Kinder unter drei und für Kinder von drei bis sechs Jahren ist auch ein Entwicklungsposter erhältlich.

- Schlaaf-Kirschner, Kornelia (2014): Auf einen Blick! Der Beobachtungsbogen für Kinder unter 3. Mit Tipps und Materialien für die Kita-Praxis. Mühlheim: Verlag an der Ruhr.
- Schlaaf-Kirschner, Kornelia (2014): Auf einen Blick! Der Beobachtungsbogen für Kinder von 3–6. Mit Tipps und Materialien für die Kita-Praxis. Mühlheim: Verlag an der Ruhr.
- Schlaaf-Kirschner, Kornelia (2016): Auf einen Blick! Der Beobachtungsbogen für Vorschulkinder. Mit Infos und Förderideen für die Kita-Praxis. Mühlheim: Verlag an der Ruhr.
- Schlaaf-Kirschner, Kornelia & Fege-Scholz, Uta (2017): Auf einen Blick! Der Beobachtungsbogen Sprachentwicklung von 1–6 Jahren: Mit Infos und Förderideen – auch für Deutsch als Zweitsprache. Mühlheim: Verlag an der Ruhr.

Mehr über Kornelia Schlaaf-Kirschner können Sie auf ihrer Homepage erfahren: http://schlaaf-kirschner.de/

4.2.4 Mondey

Der Name Mondey steht für **M**ilestones **o**f **n**ormal **d**evelopment in **e**arly **y**ears. Es handelt sich um ein Verfahren, mit dem Entwicklungsschritte von Kindern im Alter zwischen der Geburt und dem dritten Geburtstag nachvollzogen und dokumentiert werden können. Mondey wurde von der Entwicklungspsychologin Sabina Pauen mit Unterstützung der Jakobs Foundation erarbeitet und richtet sich sowohl an Eltern als auch an Fachkräfte, die Babys und Kleinkinder in ihrer Entwicklung professionell begleiten und unterstützen.

Mit dem Verfahren kann der individuelle Entwicklungsstand eines Kindes in den ersten drei Lebensjahren auf der Basis von Beobachtungen kontinuierlich erfasst werden. Es wird explizit darauf hingewiesen, dass jedes Kind sein eigenes Entwicklungstempo hat. Da jedoch eine Normstichprobe zur Verfügung gestellt wird, erlaubt das Verfahren auch einzuschätzen, ob die Entwicklung eines Kindes altersgemäß verläuft oder ob eventuell Entwicklungsverzögerungen zu vermuten sind.

Das Verfahren beinhaltet insgesamt **111 Meilensteine der Entwicklung,** die verschiedenen Entwicklungsbereichen zugeordnet werden. Bei den Meilensteinen handelt es sich um Fähigkeiten, die ein Kind typischerweise in einer bestimmten Reihenfolge erwirbt. Zusammengestellt wurden die Meilensteine sowohl auf der Basis entwicklungsdiagnostischer Instrumente, als auch auf der Basis neuester entwicklungspsychologischer Erkenntnisse. Alle Meilensteine sind so gewählt, dass sie ohne besonderes Training und ohne spezielles Testmaterial im Alltag beobachtbar sind.

Das Verfahren Mondey ist sowohl online im Internet verfügbar als auch in gedruckter Version als Buch. Im Gegensatz zur online-Version wird im Buch jeweils ein Überblick über die Veränderungen in den einzelnen Entwicklungsbereichen gegeben und die Meilensteine werden detailliert dargestellt. Zudem findet man zu jedem Meilenstein Hinweise zu dessen Förderung. Der Vorteil der online-Version besteht darin, dass die Normstichprobe regelmäßig aktualisiert wird, sodass die altersgemäße Entwicklung genauer einschätzbar ist.

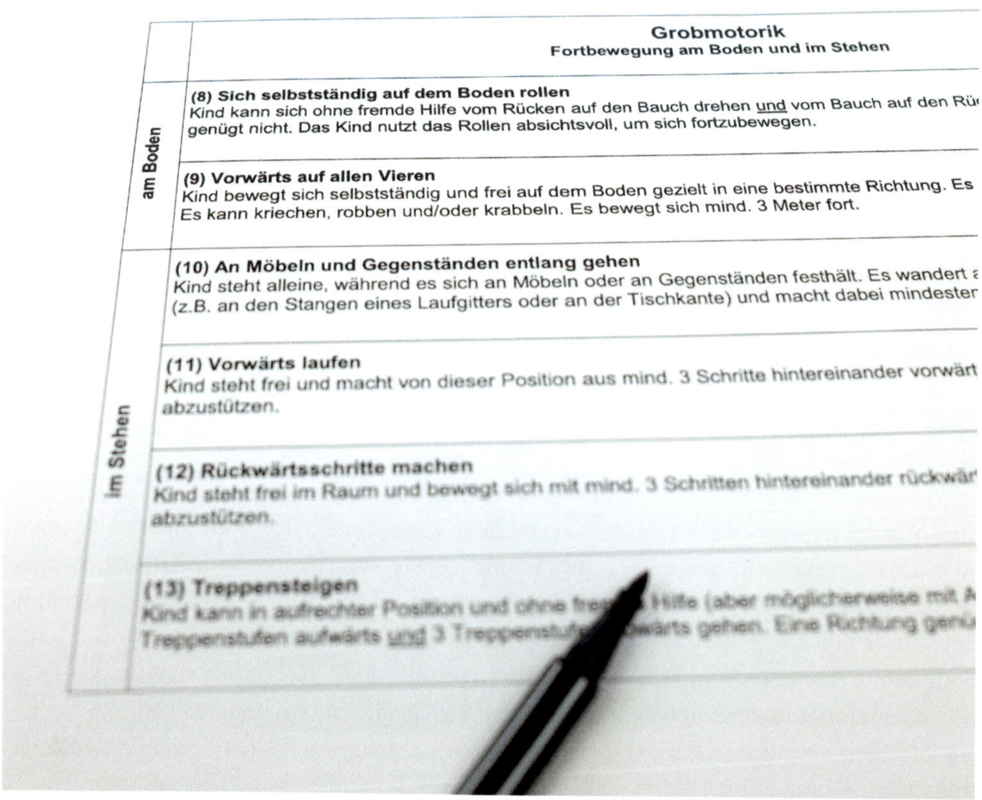

Welche Erkenntnisse sollen aus der Beobachtung gewonnen werden?

Mondey dient dazu, den individuellen Entwicklungsstand eines Kindes in **acht verschiedenen Entwicklungsbereichen** einzuschätzen. Bei den Entwicklungsbereichen handelt es sich um die Grobmotorik, die Feinmotorik, die Wahrnehmung, das Denken, die Sprache, die soziale Entwicklung, die Selbstregulation und um Gefühle. Die einzelnen Entwicklungsbereiche sind nochmals in Teilbereiche untergliedert. Der Entwicklungsbereich Sprache ist zum Beispiel in die Teilbereiche Laute, Silben, Worte, besondere Worte und Sätze unterteilt. Beim Entwicklungsbereiche Gefühle finden sich die Teilbereiche einfache Gefühle zeigen, über Gefühle reden, komplexe Gefühle zeigen.

Durch die Beobachtung und Dokumentation der Meilensteine in den einzelnen Entwicklungsbereichen bzw. Teilbereichen ergibt sich für jedes Kind ein Bild, das seinen aktuellen Entwicklungsstand widerspiegelt und Hinweise auf eine altersgemäße Entwicklung ermöglicht.

Die Ergebnisse sollen dabei helfen, sich auf den Entwicklungsweg des beobachteten Kindes einzulassen und passende Entwicklungsgelegenheiten zu schaffen, um seine weitere Entwicklung zu begleiten.

Wo liegt der Beobachtungsfokus?

Mit dem Verfahren Mondey werden immer einzelne Kinder eingeschätzt. Mondey kann zu jedem Zeitpunkt in der kindlichen Entwicklung von null bis drei Jahren eingesetzt werden. Falls das Verfahren nicht von Geburt an genutzt wird, was bei Kindern in der institutionellen Krippenbetreuung in der Regel der Fall ist, muss zunächst eine sogenannte Bestandsaufnahme von der pädagogischen Fachkraft durchgeführt werden, das heißt, es wird überlegt, welches Verhalten das Kind bereits zeigt. Hierbei hilft eine Tabelle im Buch, die zeigt, ab welchem Lebensmonat welche Meilensteine typischerweise zu beobachten sind. Die Bestandsaufnahme sollte jedoch erst durchgeführt werden, wenn das Kind mindestens seit drei Wochen regelmäßig in der Krippe betreut wurde. Falls Unsicherheit besteht, ob ein Kind einen bestimmten Meilenstein bereits erreicht hat, wird empfohlen, Beobachtungssituationen zu schaffen, in denen es die Möglichkeit hat, das Verhalten zu zeigen.

Danach kann die kontinuierliche Entwicklungsdokumentation beginnen, bei der mindestens einmal pro Woche überlegt wird, ob weitere Entwicklungsschritte bzw. Meilensteine der Entwicklung beobachtet werden konnten. Ein Meilenstein gilt dann als erreicht, wenn das Verhalten mindestens zweimal beobachtet werden konnte, wenn das Kind also zum Beispiel an zwei verschiedenen Tagen Zweiwortsätze gesprochen hat. Falls die kontinuierliche Entwicklungsdokumentation (z.B. aufgrund von Krankheit oder Urlaub) unterbrochen wird, muss eine zweite Bestandsaufnahme erfolgen, bevor sie wieder aufgenommen werden kann.

Wie kann die Beobachtung dokumentiert werden?

Die Dokumentation der erreichten Meilensteine erfolgt auf der sogenannten Kurzskala. Hier sind alle Entwicklungsbereiche, Teilbereiche und Meilensteine aufgelistet. Zudem wird jeder Meilenstein nochmals genau definiert.

Einfache Gefühle zeigen

(99) **Freude**
Kind lacht, quietscht und/oder bewegt sich aufgeregt vor Vergnügen.
(100) **Angst**
Kind reißt Augen ängstlich auf und hält für einen Moment ganz still. Später wendet es sich möglicherweise mit dem Körper von der „Gefahrenquelle“ ab und sucht Schutz bei einer Bezugsperson oder hinter einem Gegenstand.
(101) **Ärger**
Kind zeigt eindeutig ärgerlichen (nicht nur unglücklichen) Gesichtsausdruck. Wenn ihm etwas nicht passt, erhebt es seine Stimme laut und abrupt und/oder macht heftige Bewegungen, die gegen eine konkrete Sache/Person gerichtet sind.
(102) **Traurigkeit**
Kind reagiert auf den Verlust eines Gegenstands oder die Entfernung einer Bezugsperson mit Zurückgezogenheit, Teilnahmslosigkeit, Spielunlust, leiser Stimme und/oder Weinen.

Auszug aus: Pauen, Sabina (2018): Vom Baby zum Kleinkind. Beobachtung, Begleitung und Förderung in den ersten Lebensjahren. Berlin: Springer.

In der Kurzskala wird neben den Meilensteinen das Datum notiert, an dem das Verhalten beobachtet wurde. Nach zweimaligem Beobachten des Verhaltens wird der jeweilige Meilenstein als erreicht abgehakt.

Auf der Internetplattform www.mondey.de besteht die Möglichkeit, sich einen eigenen Account anzulegen und unter Berücksichtigung der bestehenden Datenschutzrichtlinien interaktiv zu dokumentieren. Neben der Kurzskala steht online auch der Mondey-Entwicklungsbaum, der dem Baum der Erkenntnis gleicht (siehe Kap. 4.2.2), zur Dokumentation zur Verfügung.

Wie wird die Beobachtung ausgewertet?

Im Verfahren Mondey geht es vorrangig darum, Entwicklungsschritte oder Meilensteine der Entwicklung bei Babys und Kleinkindern wahrzunehmen, zu verstehen und pädagogisch angemessen zu begleiten. Es ist jedoch auch möglich festzustellen, ob die Entwicklung eines Kindes altersangemessen ist.

Die Auswertung der Beobachtungen kann sowohl manuell als auch interaktiv erfolgen. Im Buch gibt es einen Entwicklungskalender, in dem farblich markiert ist, in welcher Altersspanne 20 bis 80 Prozent der Kinder einen Meilenstein erreicht haben. Dadurch wird deutlich, dass das Entwicklungstempo durchaus variieren kann. Falls ein Meilenstein erst rechts außerhalb der farblichen Markierung erreicht wird, ist die Entwicklung verspätet erfolgt. Um nicht vorschnell von einer Entwicklungsverzögerung zu sprechen, erscheint uns folgender Hinweis besonders wichtig: „Erst wenn die Verspätung besonders deutlich ist, wenn mehrere Meilensteine des gleichen Bereichs verspätet erreicht werden oder wenn besonders wichtige Meilensteine betroffen sind, besteht Anlass zur Sorge“ (Pauen 2018, S. 291).

Bei der interaktiven Dokumentation bietet Mondey im Rahmen der Auswertung eine sogenannte Ampelfunktion an. Eine grüne Ampel zeigt an, dass der Meilenstein rechtzeitig erreicht wurde. Die Ampel springt automatisch auf Gelb, wenn ein Meilenstein später als von der Mehrheit der Kinder im gleichen Alter erreicht wird. Auf Rot springt die Ampel erst dann, wenn der Verdacht auf eine Entwicklungsverzögerung besteht, wenn also „Anlass zur Sorge besteht und man besser weiteren Rat einholen sollte." (ebd., S. 290).

Wofür werden die aus der Beobachtung gewonnenen Erkenntnisse eingesetzt?

Ziel von Mondey ist es nicht nur, den aktuellen Entwicklungsstand eines Kindes zu erheben und die Altersangemessenheit der Entwicklung zu prüfen. Es geht vor allem auch darum, Entwicklung zu verstehen, denn nur dann kann sie auch angemessen begleitet und unterstützet werden. Dabei sollen passende Entwicklungsgelegenheiten geschaffen werden, um sowohl Unterforderungen als auch Überforderungen zu vermeiden.

Im Buch finden sich für jeden Meilenstein Hinweise zur Förderung, die neben der Anregung der Entwicklung auch immer wieder die pädagogische Einstellung gegenüber dem Verhalten des Kindes thematisieren.

> ## Einfache Gefühle zeigen
>
> **(103) Ärger**
>
> **Hinweise zur Förderung:** Sozial verträglich mit Frustrationen umzugehen ist eine wichtige Entwicklungsaufgabe. Am Anfang schaffen viele Kinder es noch nicht, selbstständig aus dem negativen Gefühlszustand wieder herauszukommen. Erwachsene versuchen deshalb oft, den Anlass des unangenehmen Gefühls zu beseitigen. Im Zweifelsfall setzt sich das Kind also einfach durch. Dies ist nicht immer sinnvoll. Denn dann lernt das Kind, dass es sich lohnt, Ärger zu machen. Besser wäre es, alternative Strategien des Umgangs mit Frust zu entwickeln. Wenn ein Kind wütend ist, zeigen Sie ihm zunächst, dass Sie verstanden haben, was los ist. Bleiben Sie ruhig und versuchen Sie, das Kind abzulenken. Oder halten Sie den Frust mit ihm zusammen aus. Erklärungen und Appelle an Einsicht helfen selten, bevor die Sprachfähigkeiten schon gut entwickelt sind und das Kind etwas älter ist.
>
> Auszug aus: Pauen, Sabina (2018): Vom Baby zum Kleinkind. Beobachtung, Begleitung und Förderung in den ersten Lebensjahren. Berlin: Springer.

Bei der interaktiven Version erhält man, falls die Ampel auf Gelb springt, Tipps, wie man eine verzögert entwickelte Fähigkeit gezielt fördern kann.

Welche Voraussetzungen sind notwendig, um das Verfahren einzusetzen?

Um mit der Mondey-Kurzskala zu arbeiten, wird empfohlen, im Vorfeld alle Meilenstein-Beschreibungen mindestens einmal gelesen zu haben. Für die Dokumentation der individuellen Entwicklung muss für jedes Kind eine Kurzskala vorhanden sein, deren Download im

Internet kostenfrei ist. Zur kontinuierlichen Entwicklungsdokumentation sollte mindestens einmal in der Woche für jedes Kind die Kurzskala überprüft werden. Dabei empfiehlt es sich, einen festen Beobachtungstag pro Woche zu bestimmen.

Wo gibt es weitere Informationen und Anregungen zum Beobachtungsverfahren?

Informationen zum Verfahren Mondey und zu den Entwicklungsbereichen sind im Internet unter www.mondey.de zu finden. Auf dieser Homepage kann im Downloadbereich auch kostenfrei die aktuelle Kurzskala heruntergeladen oder bestellt werden. Auch der Mondey-Entwicklungsbaum kann hier heruntergeladen werden.

Genauere Informationen zu den Entwicklungsbereichen sowie Hinweise zur Förderung, zur Kurzskala und zum Entwicklungskalender finden sich auch in folgender Veröffentlichung: Pauen, Sabina (2018): Vom Baby zum Kleinkind. Beobachtung, Begleitung und Förderung in den ersten Lebensjahren. Berlin: Springer.

4.2.5 KOMPIK

Das Verfahren KOMPIK richtet sich an pädagogische Fachkräfte in Kindertageseinrichtungen, um auf der Basis von Beobachtungen im Alltag individuelle **Komp**etenzen und **I**nteressen von **K**indern im Alter zwischen dreieinhalb und sechs Jahren in **elf verschiedenen Entwicklungsbereichen** einzuschätzen. Dabei werden sowohl die Stärken der Kinder als auch schwächer ausgeprägte Kompetenzen in den Blick genommen. Ziel ist es, sich einen breiten Überblick über die Kompetenzen, Interessen und Gefühle des Kindes zu verschaffen und Anregungen zu geben, wie diese pädagogisch begleitet und unterstützt werden können.

Entwickelt wurde das Verfahren mit Unterstützung der Bertelsmann-Stiftung am Staatsinstitut für Frühpädagogik (IFP) in München in Zusammenarbeit mit wissenschaftlichen Expertinnen und Experten sowie mit pädagogischen Fachkräften. Bei der Auswahl der Merkmale für die einzelnen Entwicklungsbereiche wurde sowohl auf aktuelle Erkenntnisse der Entwicklungspsychologie zurückgegriffen als auch auf die in den Bildungsplänen der 16 deutschen Bundesländer formulierten Anforderungen.

Das Verfahren ist sowohl als EDV-Version abrufbar als auch als Papierversion im Internet kostenfrei erhältlich. Unter Nutzung der EDV-Version besteht die Möglichkeit, sich im Rahmen von Qualitätsentwicklungsprozessen einen Überblick über den Entwicklungsstand aller beobachteten Kinder einer Einrichtung zu verschaffen und die pädagogische Planung der Einrichtung auf diese Weise zu reflektieren und gegebenenfalls anzupassen. Zusammengefasst, anonymisiert und datenschutzrechtlich abgesichert können die KOMPIK-Beobachtungen aus verschiedenen Kindertageseinrichtungen einer Kommune auch als sozialräumliche Informationsgrundlage für kommunale Maßnahmen zur Erhöhung der Bildungsgerechtigkeit genutzt werden. Dazu muss die EDV-Version genutzt werden, und die Kommune muss sich am Projekt KECK, **K**ommunale **E**ntwicklung – **C**hancen zur **Ko**operation, beteiligen.

Welche Erkenntnisse sollen aus der Beobachtung gewonnen werden?

KOMPIK bietet die Möglichkeit, die individuellen Kompetenzen und Interessen von Kindern zwischen dreieinhalb und sechs Jahren in mehreren Entwicklungsbereichen mit den dazugehörigen Teilbereichen einzuschätzen. Es handelt sich dabei um folgende Bereiche:

1. Motorische Kompetenzen mit den Teilbereichen grobmotorische Kompetenzen und feinmotorische Kompetenzen
2. Soziale Kompetenzen mit den Teilbereichen Kooperation und Selbstbehauptung
3. Emotionale Kompetenzen mit den Teilbereichen sprachlicher Emotionsausdruck, Emotionsregulation und Empathie
4. Motivationale Kompetenzen mit den Teilbereichen Exploration und Aufgabenorientierung
5. Sprache und frühe Literacy mit den Teilbereichen Grammatik, Sprechen und Verstehen
6. Mathematische Kompetenzen mit den Teilbereichen Sortieren und Klassifizieren, Ordnen und Formerkenntnis, Zählen und Zahlenwissen sowie Rechnen
7. Naturwissenschaftliche Kompetenzen und Interessen mit den Teilbereichen naturwissenschaftliches Grundverständnis und Denken, Forschen und Experimentieren, Bauen und Konstruieren
8. Gestalterische Kompetenzen und Interessen mit den Teilbereichen Freude am Gestalten, Interesse an Kunstwerken sowie gestalterische Kompetenzen
9. Musikalische Kompetenzen und Interessen mit den Teilbereichen musikalisches Interesse und musikalische Kompetenzen
10. Gesundheitsbezogene Kompetenzen und Interessen mit den Teilbereichen Gesundheitswissen und -verhalten sowie selbstständige Hygiene
11. Wohlbefinden und soziale Beziehungen mit den Teilbereichen psychisches Wohlbefinden und soziale Beziehungen

Die beantworteten Merkmale zeigen, wie stark verschiedene Kompetenzen und Interessen in den einzelnen Entwicklungsbereichen bzw. Teilbereichen bei einem Kind ausgeprägt sind. Zudem werden Normtabellen zur Verfügung gestellt, die zeigen, wie deutlich Kompetenzen und Interessen bei einem Kind im Vergleich zu anderen Kindern seines Alters und Geschlechts ausgeprägt sind. Dennoch versteht sich KOMPIK explizit nicht als Diagnostikinstrument. Sowohl die Mischung von Kompetenzen und Interessen als auch die Einschätzung, ob ein Verhalten selten oder häufig auftritt bzw. ob ein Verhalten zutrifft oder nicht zutrifft, erlauben keine Feststellung von Entwicklungsverzögerungen. Lediglich die grobe Einschätzung einer altersgemäßen oder nicht altersgemäßen Entwicklung ist möglich. Letzteres muss jedoch von entsprechenden Fachdiensten mithilfe standardisierter diagnostischer Verfahren abgeklärt werden.

Wo liegt der Beobachtungsfokus?

Mit dem Verfahren KOMPIK werden die Kompetenzen und Interessen einzelner Kinder im Alter zwischen dreieinhalb und sechs Jahren eingeschätzt. Die erfragten Merkmale beziehen sich vor allem auf Verhaltensweisen, die Kinder im Alltag von sich aus zeigen. Falls einzelne

Fragen nicht beantwortet werden können, wird empfohlen, Situationen gezielt herbeizuführen, um ein bestimmtes Verhalten beobachten zu können.

Wenn alle Kinder einer Kindertageseinrichtung mit KOMPIK eingeschätzt werden, ist auch eine Übersicht über die Kompetenzen und Interessen aller Kinder der Einrichtung möglich.

Wie kann die Beobachtung dokumentiert werden?

Mithilfe des KOMPIK Beobachtungs- und Einschätzbogens wird für jedes aufgeführte Merkmal auf einer fünfstufigen Skala beantwortet, ob das beschriebene Verhalten häufig oder selten auftritt bzw. ob es zutrifft oder nicht zutrifft. Im Anschluss daran werden für jeden Teilbereich und für den Entwicklungsbereich insgesamt der Summenwert und der Mittelwert gebildet. Dabei ist jedoch darauf zu achten, dass manche Merkmale negativ formuliert sind und daher der eingeschätzte Wert umgepolt werden muss. Im Beobachtungs- und Einschätzbogen ist dies verzeichnet. Weiterhin enthält der Beobachtungs- und Einschätzbogen Platz für freie Beobachtungen und weitere Informationen pro Entwicklungsbereich.

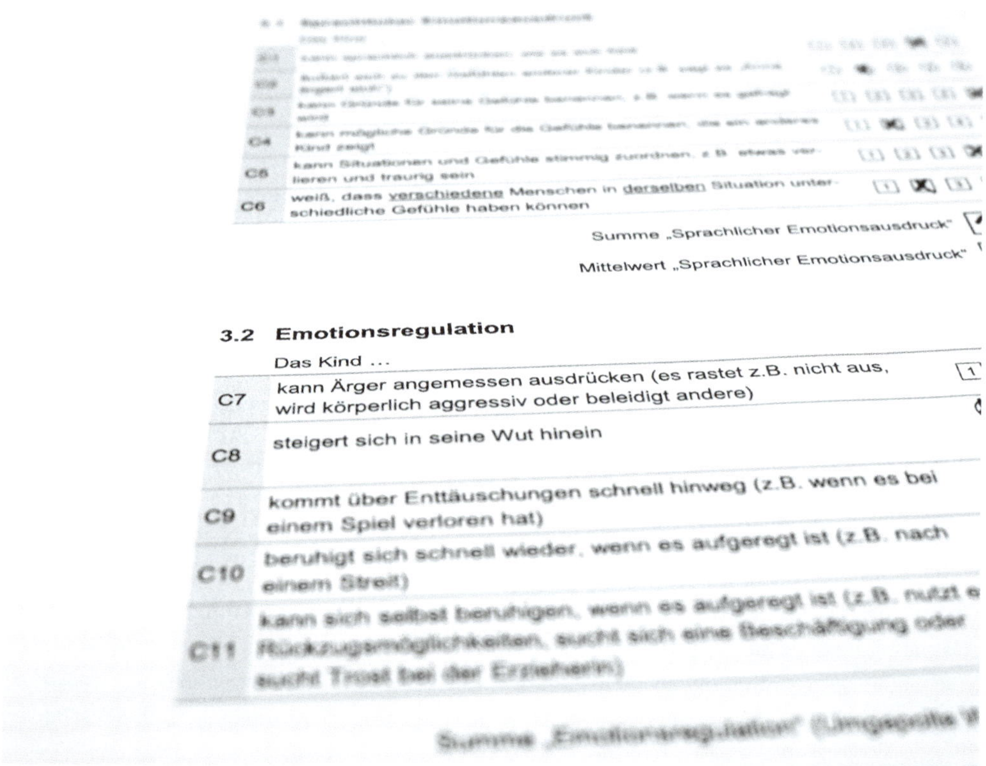
C6 weiß, dass verschiedene Menschen in derselben Situation unterschiedliche Gefühle haben können

Summe „Sprachlicher Emotionsausdruck“

Mittelwert „Sprachlicher Emotionsausdruck“

3.2 Emotionsregulation

Das Kind …

C7 kann Ärger angemessen ausdrücken (es rastet z.B. nicht aus, wird körperlich aggressiv oder beleidigt andere)

C8 steigert sich in seine Wut hinein

C9 kommt über Enttäuschungen schnell hinweg (z.B. wenn es bei einem Spiel verloren hat)

C10 beruhigt sich schnell wieder, wenn es aufgeregt ist (z.B. nach einem Streit)

Wie wird die Beobachtung ausgewertet?

Mit dem Verfahren KOMPIK ist sowohl eine quantitative als auch eine qualitative Auswertung möglich. Bei der qualitativen Auswertung wird jedes Merkmal in den Blick genommen und die Kompetenzen und Interessen eines Kindes werden konkret beschrieben und mit den freien Beobachtungen in Verbindung gebracht. Berechnungen sind nicht nötig, aber auch Aussagen über altersangemessene Entwicklung sind auf diesem Weg nicht möglich.

Im Rahmen der quantitativen Auswertung kann mithilfe der Mittelwerte abgebildet werden, in welchen Entwicklungsbereichen ein Kind individuelle Stärken oder Schwächen aufweist. Der Mittelwert kann zwischen 1 und 5 liegen. Je höher er ist, desto mehr Kompetenzen weist ein Kind in dem jeweiligen Bereich auf. Die Summenwerte ermöglichen eine Einschätzung, wo das Kind in Relation zu einer großen Vergleichsstichprobe von Kindern desselben Alters und Geschlechts steht. Im Handbuch finden sich hierfür Tabellen mit sogenannten Normwerten. Insgesamt ist diese Berechnung auf manuellem Weg allerdings recht kompliziert. Bei einer Nutzung der KOMPIK-Software erfolgt die Berechnung automatisch. Mithilfe der quantitativen Auswertung lässt sich bestimmen, ob die Werte eines Kindes ober- oder unterhalb des Altersdurchschnitts liegen, eine Entwicklungsverzögerung lässt sich allerdings auch damit nicht diagnostizieren. Die Auswertung liefert lediglich Hinweise auf eine mögliche Entwicklungsverzögerung.

Wofür werden die aus der Beobachtung gewonnenen Erkenntnisse eingesetzt?

Die Beobachtungen und Einschätzungen mit KOMPIK dienen in erster Linie dazu, die individuellen Kompetenzen und Interessen von Kindern zu erkennen und im Rahmen der pädagogischen Arbeit zu berücksichtigen. Der qualitativen Auswertung wird daher hohes Gewicht beigemessen, da sie auf einer konkreten Ebene über die Interessen und Kompetenzen eines Kindes in den verschiedenen Entwicklungsbereichen informiert. Im Handbuch finden sich Beispiele, wie ein Kind auf der Grundlage der qualitativen Auswertung in seiner Entwicklung begleitet und unterstützt werden kann. Die quantitative Auswertung dient im Hinblick auf die pädagogische Arbeit eher als Ergänzung und Erweiterung.

Des Weiteren wird empfohlen, für die pädagogische Begleitung von Kindern, für den fachlichen Austausch im Team, für die Zusammenarbeit mit Eltern und für die Zusammenarbeit mit andern Einrichtungen, wie zum Beispiel der Schule oder Frühförderstellen, auch die freien Beobachtungen zu nutzen sowie weitere Verfahren, die Bildungs- und Lernprozesse von Kindern abbilden. Explizit genannt werden hier die Bildungs- und Lerngeschichten (siehe Kap. 4.1.2).

Welche Voraussetzungen sind notwendig, um das Verfahren einzusetzen?

Kinder, die mit KOMPIK eingeschätzt werden, sollten in der Einrichtung eingewöhnt sein, und die pädagogische Fachkraft sollte sie mindestens seit etwa sechs Monaten kennen. Zur kontinuierlichen individuellen Entwicklungsbegleitung sollte das Verfahren alle sechs bis zwölf Monate erneut erhoben werden.

Bevor mit der Beobachtung und Einschätzung der Kinder begonnen wird, sollten sich pädagogische Fachkräfte mit den Inhalten und dem Aufbau von KOMPIK vertraut machen. Im Handbuch finden sich Beschreibungen und Erklärungen zu allen elf Entwicklungsbereichen sowie eine umfangreiche Literaturliste.

Darüber hinaus wird empfohlen, zu Beginn der Arbeit mit KOMPIK im Zweierteam zu arbeiten und die Beobachtung mit einigen wenigen Kindern parallel einzuüben. Dadurch besteht die Möglichkeit, sich über den Bogen auszutauschen, Gemeinsamkeiten und Unterschiede in der Wahrnehmung eines Kindes zu reflektieren sowie die Fragen und das Antwortraster zu besprechen.

Wo gibt es weitere Informationen und Anregungen zum Beobachtungsverfahren?

Informationen zum Verfahren KOMPIK sind im Internet unter www.kompik.de zu finden. Auf dieser Homepage kann im Downloadbereich kostenfrei das Handbuch inklusive der Normskalen und die Papierversion der Skala zur Einschätzung der Kompetenzen und Interessen eines Kindes heruntergeladen werden. Darüber hinaus finden Sie dort zahlreiche Arbeitshilfen und Beispiele zur Nutzung des Verfahrens sowie Anleitungen, um mit der KOMPIK-Software umzugehen.

4.3 Sprachliche Kompetenzen und Sprachstandsfeststellung

Der Erwerb der Sprache gehört zu den besonders wichtigen Entwicklungsaufgaben in der frühen Kindheit. Mit der zunehmenden Fähigkeit, Sprache zu verstehen und sich selbst mithilfe der Sprache verständlich zu machen, wächst das Kind in die menschliche Kultur hinein und bildet seine persönliche und gesellschaftliche Identität aus. Zudem sind Sprache und Bildung eng miteinander verbunden. Kinder mit hoch entwickeltem Sprachvermögen haben in Deutschland im allgemeinen bessere Bildungschancen als Kinder mit einer verzögerten oder gestörten Sprachentwicklung oder Kinder, deren Erstsprache nicht Deutsch ist.

4.3.1 liseb, sismik, seldak, selsa

Die Instrumentenfamilie sismik (Ulich & Mayr 2017a), seldak (Ulich & Mayr 2017b), selsa (Mayr, Hofbauer, Simic & Ulich 2017) und liseb (Mayr, Kieferle & Schauland 2017) umfasst die Altersspanne von zwei bis circa zehn Jahren und konzentriert sich auf die Erfassung von Sprachverhalten, Literacy-Kompetenzen und Sprachentwicklung. Bei **liseb** handelt es sich um ein Verfahren, mit dem die frühe **Li**teracy- und **S**prach**e**ntwicklung bei Kindern im Alter von 24 bis 47 Monaten **b**eobachtet werden kann. Das Instrument **sismik** konzentriert sich auf das **S**prachverhalten und **I**nteresse an **S**prache bei **Mi**grantenkindern **i**m **K**indergarten, **seldak** auf die **S**prach**e**ntwicklung und **L**iteracy bei **d**eutschsprachig **a**ufwachsenden **K**indern im Alter von circa dreieinhalb bis sechs Jahren. Das Instrument **selsa** eignet sich für die Beobachtung und Einschätzung von **S**prach**e**ntwicklung und **L**iteracy bei Kindern im **S**chul**a**lter (1.–4. Klasse).

Die Autorinnen und Autoren distanzieren sich dabei ausdrücklich von einmalig einzusetzenden Sprachstandmessungen bzw. Sprachtests, wie sie zum Beispiel für Kinder kurz vor der Einschulung angewendet werden. Mit der gezielten und kontinuierlichen Beobachtung und Dokumentation von Sprachverhalten, Literacy-Kompetenzen und Sprachinteresse soll vielmehr die Sprachentwicklung bis zum Übergang in die weiterführende Schule nach der vierten Klasse systematisch begleitet und gefördert werden. Die Bearbeitung wird von der pädagogischen Bezugsperson, die das Kind am besten kennt, vorgenommen; es können auch mehrere Fachkräfte zusammenarbeiten. Die Beobachtungen werden auf dafür vorgesehenen Beobachtungsbogen dokumentiert.

Die Autorinnen und Autoren betonen, dass sprachliches Lernen Teil einer komplexen Entwicklung ist, die auch wesentlich mit Motivation zu tun hat. Deshalb werden in den Beobachtungsbogen der Sprachlernmotivation und dem Interesse an Sprache besondere Aufmerksamkeit gewidmet. Ein weiteres wichtiges Konzept, das den Verfahren zugrunde liegt, ist Literacy. Wörtlich übersetzen kann man Literacy mit Lese- und Schreibkompetenz; der Begriff umfasst aber viel mehr, nämlich Kompetenzen wie Textverständnis und Sinnverstehen, Vertrautheit mit Büchern und Schrift sowie Fähigkeiten beim Erzählen oder Verfassen von Texten. Literacy-Entwicklung beginnt nicht erst, wenn das Kind erste Worte schreibt oder liest, sondern viel früher, und wird zum Beispiel beim Umgang mit Büchern, beim Zuhören und Erzählen nach und nach aufgebaut.

Für alle Beobachtungsverfahren dieser Instrumentenfamilie gilt, dass grundsätzlich zwei Auswertungsformen möglich sind. Zum einen bietet sich eine qualitative, pädagogisch orientierte Auswertung an. Sie liefert Informationen darüber, wie ein Kind generell mit Sprache umgeht, welche Schritte der Sprachentwicklung bereits vollzogen wurden und an welchen Stellen Unterstützung und pädagogische Förderung ansetzen können. Zum anderen kann man die Beobachtungen auch quantitativ auswerten, indem man für einzelne Bereiche Summenwerte bildet und diese mit einer jeweils für das Verfahren spezifischen Normstichprobe vergleicht. Allerdings sind die Verfahren nicht altersnormiert, das bedeutet, dass man weder Informationen darüber erhält, welche Kompetenz in welchem Alter im Durchschnitt erwartet werden kann, noch, wie ein Kind im Vergleich zu einer großen Stichprobe altersgleicher bzw. -ähnlicher Kinder abschneidet. Die Möglichkeiten der Auswertung werden in den Begleitheften beschrieben und an Beispielen veranschaulicht.

Nachfolgend werden die Verfahren geordnet nach dem Alter der Kinder, für die sie Anwendung finden sollen, beschrieben.

4.3.1.1 liseb

Welche Erkenntnisse sollen aus der Beobachtung gewonnen werden?

Mit **liseb** erhalten Sie nicht nur Informationen über den aktuellen Sprachentwicklungsstand eines Kindes in mehreren Bereichen wie Wortschatz und Grammatik, sondern auch Hinweise darauf, wie stark das Kind sich für sprachliche Aktivitäten interessiert und wie engagiert es in sprachbezogenen Situationen und Aktivitäten mitwirkt. Außerdem wird die häusliche Sprachumgebung von nicht deutschsprachig aufwachsenden Kindern erfasst.

Wo liegt der Beobachtungsfokus?

Das Verfahren ist anwendbar für Kinder im Alter von 24 bis 47 Monaten, egal, ob sie ein- oder mehrsprachig aufwachsen. Das Instrument liseb liegt in zwei Versionen vor, die unterschiedliche Niveaus der Sprachentwicklung repräsentieren. **liseb-1** wird nur dann zur Einschätzung der Sprachentwicklung angewendet, wenn das Kind das gebeugte Verb im Hauptsatz teilweise oder gar nicht an die richtige Stelle setzt (Der Junge Katze streicheln). Wenn ein Kind dagegen überwiegend oder durchgängig die korrekte Wortstellung benutzt (Das Mädchen holt eine Schüssel), sollte die Version **liseb-2** verwendet werden. Beide Bogen sind fast identisch aufgebaut, berücksichtigen aber die unterschiedlichen sprachlichen Kompetenzen von Kindern, die das gebeugte Verb korrekt oder nicht korrekt platzieren.

Teil 1 bezieht sich auf Situationen in der Kindertageseinrichtung oder Kindertagespflege, die besonders stark an sprachliche Kommunikation gebunden und für den Spracherwerb sehr wichtig sind, zum Beispiel die Essenszeiten, Vorlesesituationen, Gespräche und Gesprächsrunden. Hier soll eher prozessorientiert beobachtet werden, ob das Kind engagiert und interessiert dabei ist oder solche Situationen eher meidet oder passiv bleibt. Setzt das Kind zum Beispiel Sprache ein, um mit anderen Kindern Kontakt aufzunehmen? Kann es eine einfache Geschichte ohne Unterstützung nacherzählen? Malt es buchstabenähnliche Formen?

Teil 2 umfasst die Einschätzung von sprachlichen Kompetenzen im engeren Sinne und umfasst Fragen zum Wortschatz, zum Sprachverständnis und zur Grammatik (Morphologie und Syntax). Verwendet das Kind zum Beispiel verschiedene Verben, Adjektive und Präpositionen? Bildet es Perfekt und Imperfekt, Nebensätze?

Teil 3 befasst sich mit Fragen zur sprachlichen Entwicklung von Kindern, deren Familiensprache nicht Deutsch ist. Es geht hier um die Art und Weise, in der das Kind die Familiensprache einsetzt, seine Erfahrungen und seinen Kontakt mit der deutschen Sprache. In liseb-1 wird außerdem noch die Sicht der Eltern und anderer Erwachsener mit derselben Familiensprache auf die Sprachfertigkeiten des Kindes erfragt.

Teil 4 zielt auf wichtige Informationen über die Sprachpraxis in der Familie. Damit soll es möglich werden, die konkreten Beobachtungen zum Sprachverhalten eines Kindes in der Einrichtung vor dem Hintergrund der Erfahrungen in der häuslichen Umgebung einzuordnen. Außerdem werden Fragen zu Nähe oder Distanz in der Beziehung zwischen Familie und Kindertageseinrichtung gestellt.

Wie kann die Beobachtung dokumentiert werden?

Auf den elfseitigen Beobachtungsbogen sind die Fragen nach Bereichen und Unterbereichen strukturiert und können nacheinander beantwortet werden. liseb-1 umfasst 95, liseb-2 97 Fragen. Bei den meisten Fragen ist ein Rating, also eine globale Einschätzung der Auftretenshäufigkeit durch die pädagogische Fachkraft vorgesehen. Dazu gibt es Skalen mit zwei bis sechs Abstufungen bzw. Antwortvorgaben. Jeder Antwortvorgabe in Teil 1 und den meisten Antwortvorgaben in Teil 2 ist ein numerischer Wert zugeordnet, der später eine quantitative Auswertung der Ergebnisse ermöglicht.

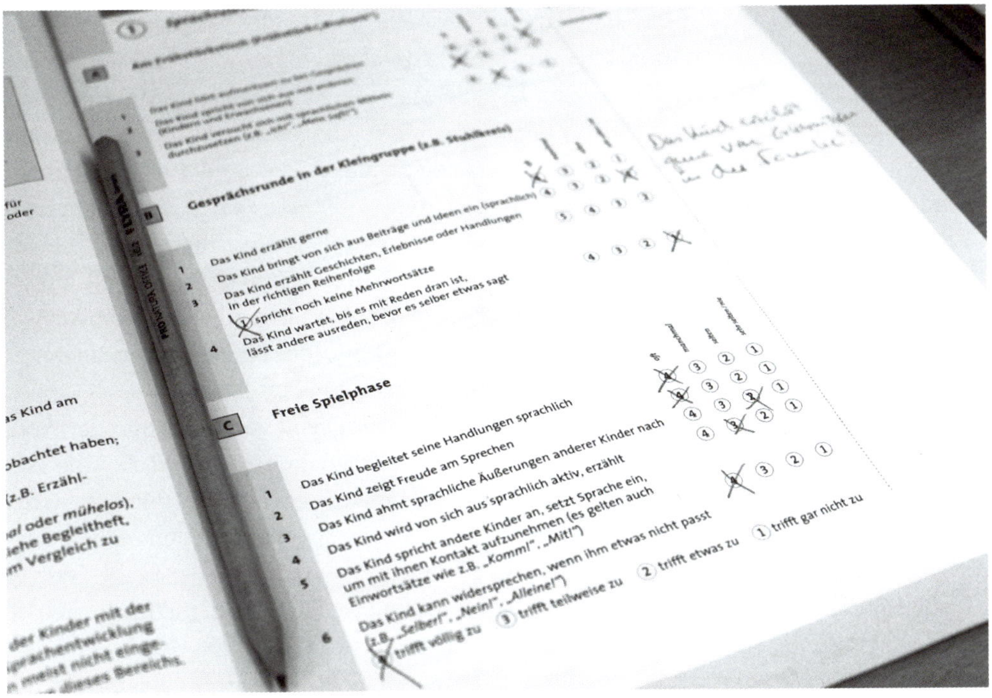

Im ersten Teil der Bogen, in denen Aktivitäten und Kompetenzen in sprachrelevanten Alltagssituationen in der Einrichtung im Fokus stehen, gibt es Platz für frei formulierte Anmerkungen. Er kann genutzt werden, um zum Beispiel die Beobachtungssituation zu konkretisieren oder ergänzende Informationen zu notieren. Die letzte Seite der Bogen bietet jeweils Raum, um Konsequenzen aus den Beobachtungen und Stichworte zum weiteren Vorgehen zu notieren.

Wie wird die Beobachtung ausgewertet?

Es gibt, wie bereits beschrieben, zwei Möglichkeiten der Auswertung. Die erste Form der Auswertung ist eine individuelle Betrachtung des Kindes hinsichtlich seiner Vorlieben, Abneigungen, Interessen, Stärken und Schwächen beim Gebrauch von Sprache. Diese qualitative Herangehensweise bezieht beim Verfahren liseb auch die Hintergrundinformationen aus Teil 3 und 4 mit ein, um konkrete Ansatzpunkte für eine gezielte Förderung zu erhalten. Die zweite Form der Auswertung zielt auf einen Vergleich der Ergebnisse des Kindes mit einer sogenannten Normstichprobe. Bei liseb besteht diese Normstichprobe aus 693 sowohl muttersprachlich deutschen als auch Kindern nichtdeutscher Herkunftssprache aus 197 Kindertageseinrichtungen in Bayern. Damit wird es möglich abzuschätzen, wo ein Kind in seiner Sprachentwicklung, verglichen mit allen anderen 24- bis 47-monatigen Kindern der Normstichprobe, steht.

Bei liseb-1 werden die Beobachtungsergebnisse aus den Teilen 1 und 2 zu neun, bei liseb-2 zu acht Skalen zusammengefasst: Aktive Sprachkompetenz (1), Grammatik (2), Selbstständiger Umgang mit Bilderbüchern (3), Geschichten erzählen (4), Schreiben/Schrift (5),

Zuhören/Aufmerksamkeit (6), Phonologische Bewusstheit (7), Aktiver und passiver Wortschatz (8) sowie Sprachverständnis (9, nur liseb-1). Welche Items zu welchen Skalen gehören und was die Skalen genau umfassen, ist im Begleitheft dokumentiert. Aus jeder Skala ergibt sich durch die Aufsummierung der Zahlenwerte, die im Beobachtungsbogen den Antwortmöglichkeiten zugeordnet sind, ein Skalengesamtwert, der wiederum die Position des Kindes im Vergleich zur Normstichprobe bestimmt. Für jede Skala sind die Summenwerte in fünf Abschnitte eingeteilt: Gruppe 1 ist die Gruppe mit den relativ gesehen höchsten Punktwerten; Kinder, die Punktwerte in diesem Bereich erreichen, gelten als „weit fortgeschritten". Weitere Abstufungen sind „weit fortgeschritten bis fortgeschritten" (Gruppe 2), „fortgeschritten" (Gruppe 3), „fortgeschritten bis beginnend" (Gruppe 4) und „beginnend" (Gruppe 5).

Durch dieses differenzierte Bewertungsschema ist es möglich, ein aussagekräftiges Profil des Sprachinteresses und Sprachentwicklungsstandes eines Kindes zu erstellen. Es kann also sein, dass ein dreijähriges Mädchen im Bereich „Zuhören/Aufmerksamkeit" mit 22 Punkten bereits „weit fortgeschritten" ist, in Bereichen, die die aktive Sprachproduktion betreffen, jedoch eher in der Gruppe 4 „fortgeschritten bis beginnend" liegt, also auf der Skala „Aktiver Wortschatz" zehn und auf der Skala „Geschichten erzählen" lediglich sieben Punkte erreicht. Eine solche Auswertung kann so ebenfalls Hinweise auf individuellen Unterstützungsbedarf und Fördermöglichkeiten geben. Allerdings kann sie auch ein gewisses Schubladendenken befördern und die Gefahr bergen, sprachlich benachteiligte Kinder eben doch überwiegend als defizitär wahrzunehmen. Insofern sollte die individuelle Auswertung immer vorrangig oder zumindest parallel zur quantitativen Auswertung erfolgen.

Wofür werden die aus der Beobachtung gewonnenen Erkenntnisse eingesetzt?

Zentral für die Beobachtung mit liseb ist die Fragestellung, wie die reguläre, „normale" sprachliche Entwicklung und Bildung eines Kindes verläuft. liseb sensibilisiert zwar auch für ungünstige Entwicklungen und Risiken, ist aber kein standardisierter und normierter Entwicklungstest – kann also nicht für diagnostische Zwecke eingesetzt werden. Anwenderinnen und Anwender erhalten jedoch einen systematischen Überblick über unterschiedliche Teilaspekte der sprachlichen Entwicklung und über längerfristige Entwicklungsprozesse, sofern sie ein Kind zu mehreren Zeitpunkten beobachten. Den Autorinnen und Autoren ist vor allem die pädagogische Nutzung wichtig: So soll die Beobachtung mit liseb dazu anregen, die eigene pädagogische Arbeit und die pädagogische Umwelt regelmäßig zu reflektieren und sich kontinuierlich fachlich mit Kolleginnen und Kollegen auszutauschen bzw. bei den Beobachtungen zusammenzuarbeiten.

Da die Beobachtungen sich direkt auf sprachrelevante Situationen im Alltag beziehen, bieten sie konkrete Anhaltspunkte, um Angebote und Aktivitäten im Bereich Sprache zu gestalten und weiterzuentwickeln. In die Analyse sollen immer auch das Engagement und Interesse des Kindes einbezogen werden: Woran könnte es liegen, wenn ein Kind zum Beispiel kein Interesse an Reimen und kleinen Sprachspielen zeigt? Ist es vielleicht über- oder unterfordert? Ist die Situation, in der Reime/Sprachspiele angeboten werden, entspannt oder eher unruhig und hektisch? Wie könnte das Angebot so verändert werden, dass es das Kind besser anspricht? Eine solche Reflexion muss sich nicht auf ein einzelnes Kind beschränken, sondern kann Aspekte einbeziehen, die die Gesamt- oder eine Teilgruppe betreffen.

Welche Voraussetzungen sind notwendig, um das Verfahren einzusetzen?

Sie benötigen zunächst einmal den jeweiligen Beobachtungsbogen für Kinder, die das gebeugte Verb korrekt in einem Hauptsatz verwenden bzw. für solche, die dies (noch) nicht tun, sowie das Begleitheft. Zur Beantwortung der Fragen sind keine spezifischen Kenntnisse der kindlichen Sprachentwicklung notwendig. Im Rahmen eines ersten Vertrautmachens mit den einzelnen Fragen sollten Unklarheiten notiert, wenn möglich im Team diskutiert und aufgelöst werden. Vor dem Ausfüllen des Bogens ist jedes Kind in seinem Sprachverhalten in den angesprochenen Situationen bzw. Aspekten mehrfach zu beobachten. Dies kann zum großen Teil im pädagogischen Alltag geschehen. Ansonsten raten die Autorinnen und Autoren, die jeweilige Situation bewusst herbeizuführen, damit das Item eingeschätzt werden kann.

Äußerungen des Kindes in verschiedenen Kontexten, die Aufschluss über den Sprachentwicklungsstand geben (Wortschatz, Grammatik), sollten wortwörtlich notiert werden. Für einige Fragen ist ein Kontakt zur Familie sinnvoll. Das Ausfüllen des Beobachtungsbogens nimmt bei vollständiger Bearbeitung zwischen 45 und 75 Minuten in Anspruch, mit zunehmender Erfahrung verringert sich der Zeitaufwand. Weitere Zeitkontingente sind für die Auswertung und die daran anschließende Umsetzung in Bildungsangebote einzuplanen.

Wo gibt es Informationen und Anregungen zum Beobachtungsverfahren?

Es gibt ein Starterpaket mit je fünf Beobachtungsbogen liseb-1 und liseb-2 sowie dem Begleitheft. Das Begleitheft hilft pädagogischen Fachkräften, mit den Bogen zu arbeiten, die Beobachtungen auszuwerten und konkrete pädagogische Angebote zu entwickeln:
Mayr, Toni; Kieferle, Christa & Schauland, Nesiré (2017): Liseb. Literacy- und Sprachentwicklung beobachten (bei Kleinkindern). Beobachtungsbogen liseb-1 und liseb-2 & Begleitheft. Freiburg: Herder.

4.3.1.2 sismik & seldak

Welche Erkenntnisse sollen aus der Beobachtung gewonnen werden?

Wie die Namen „Sprachverhalten und Interesse an Sprache bei Migrantenkindern im Kindergarten“ **(sismik)** und „Sprachentwicklung und Literacy bei deutschsprachig aufwachsenden Kindern“ **(seldak)** der Verfahren schon besagen, geht es nicht nur um einen bestimmten, vom Kind erreichten „Sprachstand“, sondern ebenso um dessen Motivation, sich sprachlich zu verständigen, also Sprache als Kommunikationsmittel einzusetzen, und um das erste Interesse an Büchern und an Schriftsprache. Dabei wird auch die sprachliche Situation in der Kindergruppe und – beim Verfahren sismik – in der Herkunftsfamilie berücksichtigt. Aus der Beobachtung können unter anderem Erkenntnisse darüber gewonnen werden, in welchen Situationen ein Kind motiviert ist, sich sprachlich mitzuteilen, inwieweit es Interesse an Sprache und an sprachbezogenen Aktivitäten entwickelt und wie sich seine Kompetenzen in der deutschen Sprache im Hinblick auf Satzbau, Grammatik und Artikulation darstellen. Das Sprachvermögen des Kindes in der Familiensprache wird nicht systematisch erfasst.

Wo liegt der Beobachtungsfokus?

Mit **sismik** werden Kinder mit Migrationshintergrund in ihrem individuellen Sprachlernprozess beobachtet. Das Verfahren ist für die Alters- und Entwicklungsspanne von circa dreieinhalb bis sechs Jahren konzipiert. Die Beobachtung gliedert sich in **vier Teile:**

Teil 1 ist vom Umfang her am ausführlichsten. Er behandelt das sprachliche Interesse und Engagement des Kindes in verschiedenen Situationen, zum Beispiel am Frühstückstisch, in der Freispielzeit oder bei der Bilderbuchbetrachtung. Dabei werden Situationen ausgewählt, die besonders stark an sprachlichen Austausch gebunden sind, für den Spracherwerb als wichtig eingeschätzt werden und so eingegrenzt sind, dass eine gezielte Beobachtung möglich ist.

Teil 2 umfasst Beobachtungen zur Sprachkompetenz im engeren Sinne und verlangt Einschätzungen der pädagogischen Fachkraft zum kindlichen Sprachverständnis, zur Sprechweise, zum Wortschatz sowie von Satzbau und Grammatik. Die Fragen beziehen sich auf typische Prozesse und Stufen des Zweitspracherwerbs.

Teil 3 bezieht sich auf den Umgang des Kindes mit seiner Familiensprache in der Einrichtung und zu Hause.

Teil 4 beinhaltet Informationen zur familiären Lebenssituation und Sprachpraxis (Welche Sprache sprechen Mutter und Vater mit dem Kind? Wie werden die Deutschkenntnisse der Eltern eingeschätzt?) sowie zur Beziehung der Familie zur Kindertageseinrichtung. Diese Informationen werden als wichtig erachtet, um den aktuellen Sprachstand des Kindes einzuordnen und künftige Entwicklungs- und Fördermöglichkeiten besser abschätzen zu können.

Der Beobachtungsbogen **seldak** befasst sich mit der Sprachentwicklung und den Literacy-Kompetenzen deutschsprachig aufwachsender Kinder im Alter zwischen etwa vier Jahren und dem Schuleintritt. Der Bogen gliedert sich in **zwei Teile:**

Teil 1 befasst sich mit Aktivitäten und Kompetenzen in sprachrelevanten Situationen (z.B. in Gesprächsrunden, bei Bilderbuchbetrachtungen, bei Lausch- und Sprachspielen) sowie dem Interesse des Kindes an Schreiben und Schrift.

Teil 2 umfasst sprachliche Kompetenzen im engeren Sinn. Die pädagogische Fachkraft wird hier aufgefordert, unter anderem das Verstehen von Handlungsaufträgen, den Wortschatz, die Grammatik und die Sprechweise des Kindes einzuschätzen. Die Fragen beziehen sich auf typische Abläufe beim Erwerb von Deutsch als Muttersprache.

Um die sismik- und seldak-Fragen beantworten zu können, ist ein genaues Hinschauen notwendig. Das Kind soll mehrmals beobachtet werden, bevor die Einschätzung vorgenommen wird, damit diese nicht nur auf einem vielleicht einmaligen Eindruck beruht. Für manche Einschätzungen – zum Beispiel, wie sich das Kind beim Nacherzählen einer Geschichte verhält – müssen Situationen gezielt herbeigeführt werden. Die Autorinnen und Autoren empfehlen, das Verfahren entwicklungsbegleitend einzusetzen, also jedes Kind im Verlauf seiner Kita-Zeit mehrfach zu beobachten.

Wie kann die Beobachtung dokumentiert werden?

Auf dem zwölfseitigen Beobachtungsbogen von **sismik** können die insgesamt 96 Fragen, die den vier Teilen zugeordnet sind, beantwortet werden. Auf dem ebenfalls zwölfseitigen Beobachtungsbogen **seldak** sind den zwei Teilen insgesamt 69 Fragen zugeordnet. Bei den meisten Fragen ist ein Rating, also eine globale Einschätzung der Auftretenshäufigkeit durch die Fachkraft vorgesehen. Dazu gibt es Skalen mit zwei bis sechs Abstufungen bzw. Antwortvorgaben. Jeder Antwortvorgabe in Teil 1 und 2 ist ein numerischer Wert zugeordnet, der später eine quantitative Auswertung der Ergebnisse ermöglicht.

Im ersten Teil, in dem das Sprachverhalten des Kindes in sprachrelevanten Alltagssituationen in der Kindertageseinrichtung beurteilt werden soll, steht Platz für frei formulierte Anmerkungen zur Verfügung. Er kann genutzt werden, um zum Beispiel die Beobachtungssituation zu konkretisieren oder ergänzende Informationen zu notieren. Die letzte Seite der Bogen bietet jeweils Raum, um Konsequenzen aus den Beobachtungen und Stichworte zum weiteren Vorgehen zu notieren.

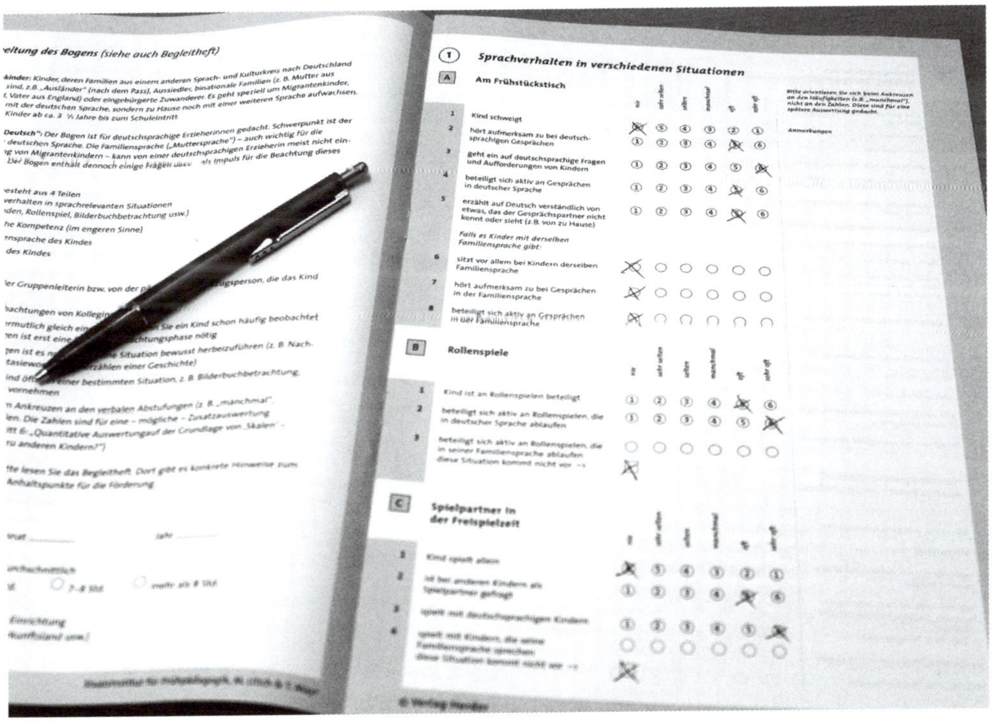

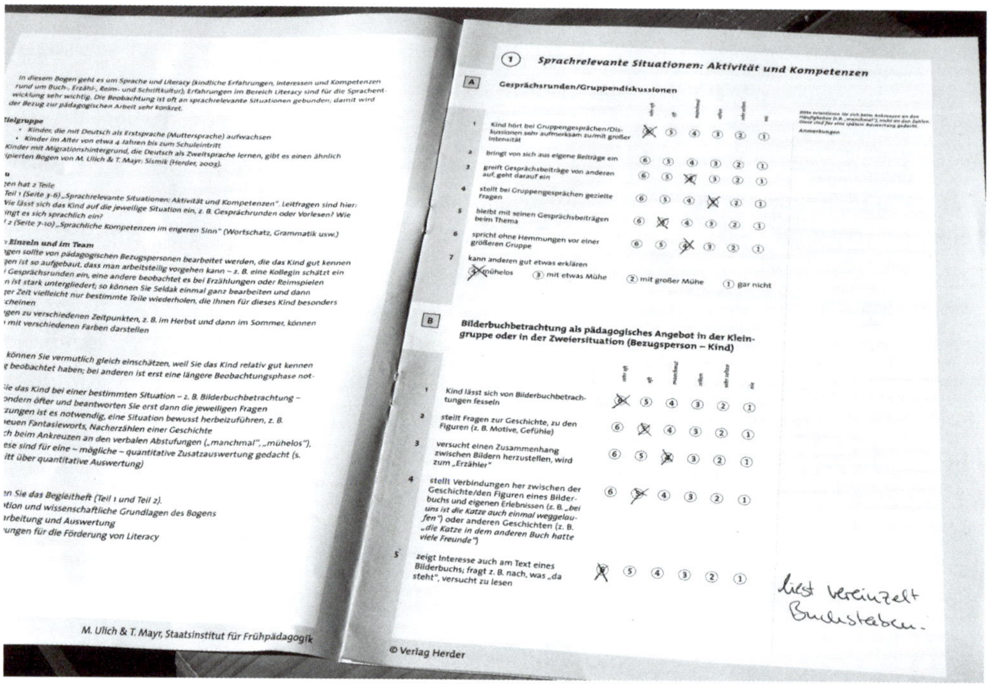

Wie wird die Beobachtung ausgewertet?

Es gibt auch hier zwei Möglichkeiten der Auswertung, einmal eine individuelle Betrachtung des Zugangs zu Sprache und des Sprachgebrauchs, zum anderen eine quantitative Auswertung, die einen Vergleich mit einer Normstichprobe zulässt. Die qualitative Herangehensweise bezieht beim Verfahren **sismik** auch die Hintergrundinformationen aus Teil 3 und 4 mit ein, um konkrete Ansatzpunkte für eine gezielte Förderung zu erhalten. Die zweite Form der Auswertung orientiert sich bei sismik an einer Normstichprobe aus über 2.000 Kindern mit Migrationshintergrund, bei **seldak** an rund 2.500 Kindern, die mit Deutsch als Erstsprache aufwachsen. Damit wird es möglich abzuschätzen, wo ein Kind in seiner Sprachentwicklung, verglichen mit anderen Kindern seiner Altersgruppe, steht.

Bei **sismik** werden die Beobachtungsergebnisse aus den Teilen 1 und 2 zu sechs Skalen zusammengefasst: Sprachverhalten im Kontakt mit Kindern (1), im Kontakt mit pädagogischen Bezugspersonen (2) und bei Bilderbuchbetrachtungen, Erzählungen und Reimen (3), selbstständiger Umgang mit Bilderbüchern (4), Interesse an Schrift (5) sowie sprachliche Kompetenz (6).

Bei **seldak** werden folgende Skalen angeboten: Aktive Sprachkompetenz (1), Zuhören/Sinnverstehen (2), Selbstständiger Umgang mit Bilderbüchern (3), Kommunikatives Verhalten in Gesprächssituationen (4), Schreiben/Schrift (5), Phonologie (6), Wortschatz (7), Grammatik (8) und Sätze nachsprechen (9).

Sowohl bei sismik als auch bei seldak ergibt sich für jede Skala ein Gesamtpunktwert, der wiederum die Position des Kindes im Vergleich zur Normstichprobe bestimmt. So liegt ein viereinhalbjähriges Mädchen mit Migrationshintergrund, das auf der Skala „Sprachverhalten im Kontakt mit Kindern" 26 Punkte erreicht, damit unter den Werten von 70 Prozent aller Kinder der Normstichprobe; es ist aber durchaus denkbar, dass dasselbe Mädchen auf der Skala „Selbstständiger Umgang mit Bilderbüchern" zu den oberen zehn Prozent gehört. Generell gilt, dass eine solche Auswertung Anhaltspunkte für eine gezielte, auf das individuelle Kind zugeschnittene Förderung liefert, jedoch immer auch die Gefahr birgt, sprachlich weniger weit fortgeschrittene Kinder verallgemeinernd als insgesamt entwicklungsverzögert wahrzunehmen.

Wofür werden die aus der Beobachtung gewonnenen Erkenntnisse eingesetzt?
Betont wird die enge Verbindung zwischen Beobachtung und Förderung. Es geht nicht darum, Sprachstörungen oder Sprachentwicklungsverzögerungen aufzudecken (hierfür kann das jeweilige Verfahren zwar sensibilisieren, es kann und soll jedoch nicht diagnostisch eingesetzt werden), sondern darum, die Sprachentwicklung von Kindern zu begleiten und Lernchancen eines Kindes in der Einrichtung zu beurteilen und zu erweitern. Die Informationen aus der Beobachtung bieten konkrete Ansatzpunkte für Fördermöglichkeiten, die nicht nur individuell, sondern für die gesamte Gruppe bereichernd sein können. Dabei kann es sein, dass es nicht nur um zusätzliche Angebote und Aktivitäten, sondern auch um die Reflexion und Weiterentwicklung der bisherigen pädagogischen Praxis geht. Wenn zum Beispiel bestimmte Kinder kein Engagement und Interesse in Vorlesesituationen zeigen, dann sollte gefragt werden, woran dies liegen kann: vielleicht an der Gestaltung der Situation, an der Angemessenheit der ausgewählten Bücher, an der Form der Präsentation, an der Gruppengröße?

Welche Voraussetzungen sind notwendig, um die Verfahren einzusetzen?
Sie benötigen zunächst einmal den jeweiligen Beobachtungsbogen für Kinder mit Migrationsgeschichte und/oder für deutschsprachig aufwachsende Kinder sowie die Begleithefte. Zur Beantwortung der Fragen sind keine spezifischen Kenntnisse der kindlichen Sprachentwicklung notwendig. Im Rahmen eines ersten Vertrautmachens mit den einzelnen Fragen sollten Unklarheiten notiert, wenn möglich im Team diskutiert und aufgelöst werden. Vor dem Ausfüllen des Bogens ist jedes Kind in seinem Sprachverhalten in den angesprochenen Situationen bzw. Aspekten mehrfach zu beobachten. Dies kann zum großen Teil im pädagogischen Alltag geschehen. Das Ausfüllen des Beobachtungsbogens nimmt bei vollständiger Bearbeitung zwischen 60 und 90 Minuten in Anspruch, mit zunehmender Erfahrung verringert sich der Zeitaufwand. Weitere Zeitkontingente sind für die Auswertung und die daran anschließende Umsetzung in Bildungsangebote einzuplanen.

Wo gibt es weitere Informationen und Anregungen zu den Beobachtungsverfahren?
Die Beobachtungsverfahren sismik und seldak und die dazugehörigen Begleithefte sind im Jahr 2017 in einer leicht veränderte Neuauflage erschienen, die das Literacy-Konzept stärker integriert. Das Begleitheft hilft pädagogischen Fachkräften, mit dem Bogen zu arbeiten und die Beobachtungen selbst auszuwerten:

- Ulich, Michaela & Mayr, Toni (2017): sismik (Sprachverhalten und Interesse an Sprache bei Migrantenkindern in Kindertageseinrichtungen). Beobachtungsbogen und Begleitheft. Freiburg: Herder.
- Ulich, Michaela & Mayr, Toni (2017): seldak (Sprachentwicklung und Literacy bei deutschsprachig aufwachsenden Kindern). Beobachtungsbogen für Kindertageseinrichtungen. Freiburg: Herder.

4.3.1.3 selsa

Welche Erkenntnisse sollen aus der Beobachtung gewonnen werden?

Mit **selsa** können Sie einen Einblick gewinnen, wie die „normale" sprachliche Entwicklung und sprachliche Bildung im Grundschulalter verläuft. Pädagogische Fachkräfte können mit selsa die Sprach- und Literacy-Entwicklung gezielt beobachten, bis zum Übergang in die Sekundarstufe systematisch begleiten und Lernfortschritte sichtbar machen. Im Mittelpunkt stehen der Umgang mit Sprache und Schrift in verschiedenen Situationen sowie das sprachliche Wissen im engeren Sinne, also Wortschatz, Grammatik und Sprechweise. Dabei werden auch das Interesse und die Freude an Sprache und sprachlichen Aktivitäten berücksichtigt.

Wo liegt der Beobachtungsfokus?

Das Beobachtungsverfahren ist vorrangig für den Einsatz in Kindertageseinrichtungen, zum Beispiel in Horten oder Häusern für Kinder, konzipiert. Es ist aber auch möglich, den Bogen in außerunterrichtlichen Situationen in Ganztagsschulen einzusetzen. Für schulische Unterrichtssituationen bietet er dagegen nur wenige Anknüpfungspunkte. Beobachtet werden können alle Kinder, die in Deutschland eine deutschsprachige Grundschule besuchen (1. bis 4. Klassenstufe), und zwar unabhängig davon, ob sie mit Deutsch als Erstsprache oder mehrsprachig aufwachsen. Allerdings werden ein gewisses Sprachverständnis und Ausdrucksvermögen im Deutschen vorausgesetzt.

Die Beobachtung gliedert sich in **zwei Teile,** die wiederum in mehrere Abschnitte untergliedert sind:

Teil 1 widmet sich dem kindlichen Sprachverhalten in ausgewählten Situationen, die besonders stark an Kommunikation und Literacy gebunden und für den Spracherwerbsprozess sehr wichtig sind, zum Beispiel strukturierte Gesprächsrunden, Vorlese- und Erzählsituationen, Hausaufgaben sowie selbstinitiatives Lesen und Schreiben. Hier wird eher prozessorientiert beobachtet: Hat das Kind Interesse und Freude an Kommunikation und Literacy-Aktivitäten? Unterhält es sich gerne und gewandt? Wie kommt es mit den Hausaufgaben im Schreiben und Lesen zurecht? Auf welchem Niveau wird das Kind hier aktiv, welche Kompetenzen zeigt es dabei?

Teil 2 fokussiert auf das sprachliche Wissen im engeren Sinne, also auf klar umschriebene sprachliche Fähigkeiten und Fertigkeiten in den Bereichen Wortschatz, Grammatik (Morphologie und Syntax) und Sprechweise. Kann das Kind zum Beispiel Oberbegriffe finden, wie umfangreich und vielfältig ist der Wortschatz bei Gesprächen über Sachthemen?

Verwendet das Kind Perfekt und Imperfektformen korrekt, bildet es den Konjunktiv und die Mehrzahl? Abschließend werden einige Fragen vor allem zur Sprachumgebung im familiären Kontext gestellt.

Wie kann die Beobachtung dokumentiert werden?

Auf dem 15 Seiten umfassenden Beobachtungsbogen sind die Fragen nach Bereichen und Unterbereichen strukturiert. So kann der Beobachtungsbogen zunächst einmal vollständig bearbeitet werden und später gegebenenfalls nur in Auszügen, die der pädagogischen Fachkraft für die Förderung des Kindes besonders bedeutsam erscheinen (vgl. Mayr et al. 2012, S. 2).

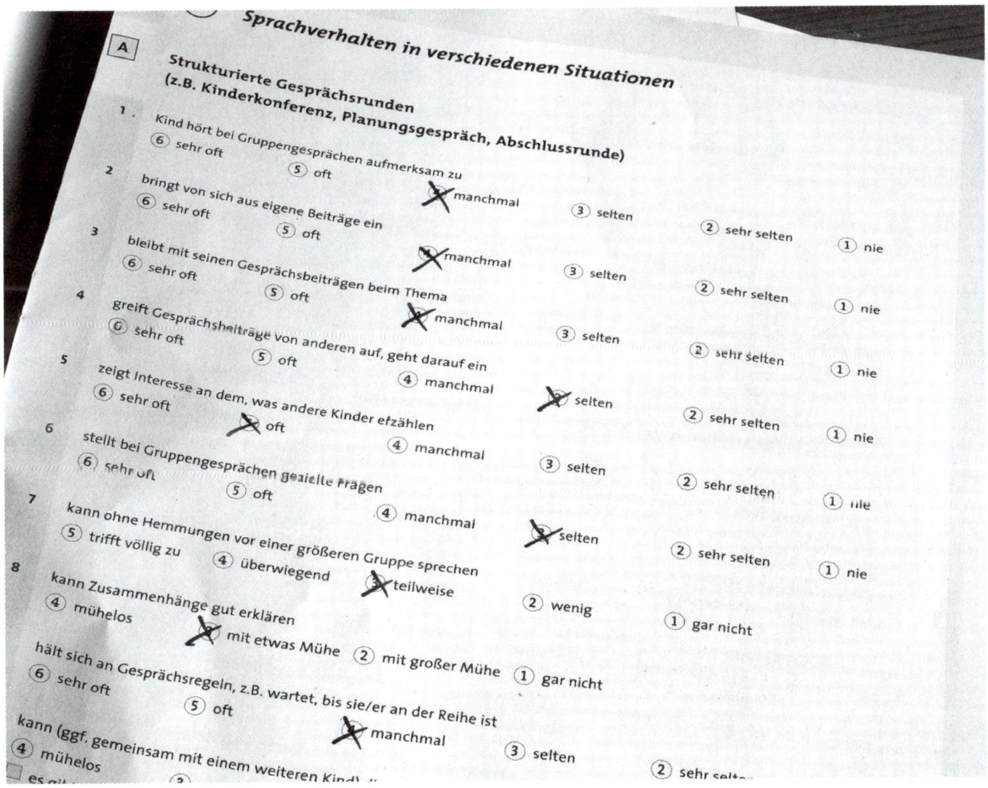
Sprachverhalten in verschiedenen Situationen

A Strukturierte Gesprächsrunden
(z.B. Kinderkonferenz, Planungsgespräch, Abschlussrunde)

1. Kind hört bei Gruppengesprächen aufmerksam zu
(6) sehr oft (5) oft X manchmal (3) selten (2) sehr selten (1) nie

2 bringt von sich aus eigene Beiträge ein
(6) sehr oft (5) oft X manchmal (3) selten (2) sehr selten (1) nie

3 bleibt mit seinen Gesprächsbeiträgen beim Thema
(6) sehr oft (5) oft X manchmal (3) selten (2) sehr selten (1) nie

4 greift Gesprächsbeiträge von anderen auf, geht darauf ein
(6) sehr oft (5) oft (4) manchmal X selten (2) sehr selten (1) nie

5 zeigt Interesse an dem, was andere Kinder erzählen
(6) sehr oft X oft (4) manchmal (3) selten (2) sehr selten (1) nie

6 stellt bei Gruppengesprächen gezielte Fragen
(6) sehr oft (5) oft (4) manchmal X selten (2) sehr selten (1) nie

7 kann ohne Hemmungen vor einer größeren Gruppe sprechen
(5) trifft völlig zu (4) überwiegend X teilweise (2) wenig (1) gar nicht

8 kann Zusammenhänge gut erklären
(4) mühelos X mit etwas Mühe (2) mit großer Mühe (1) gar nicht

hält sich an Gesprächsregeln, z.B. wartet, bis sie/er an der Reihe ist
(6) sehr oft (5) oft X manchmal (3) selten (2) sehr selt…

kann (ggf. gemeinsam mit einem weiteren Kind) …
(4) mühelos

selsa umfasst insgesamt 90 Fragen (Items) plus sechs Ergänzungsfragen. Bei allen Items ist ein Rating, also eine globale Einschätzung der Auftretenshäufigkeit oder des gezeigten Kompetenzniveaus durch die pädagogische Fachkraft vorgesehen. Dazu gibt es Skalen mit drei bis sechs Abstufungen bzw. Antwortvorgaben. In den Bereichen „Hausaufgaben – Schreiben" und „Hausaufgaben – Lesen" soll auch notiert werden, ob die jeweils angesprochene Kompetenz bereits Unterrichtsthema war. Dies valide zu erfassen erscheint durchaus problematisch, da davon auszugehen ist, dass die pädagogische Fachkraft, die den Beobachtungsbogen bearbeitet, den Unterrichtsstoff nicht aus erster Hand kennt, sondern von dem Kind oder seinen Eltern erfragen muss.

Jeder Antwortvorgabe ist ein numerischer Wert zugeordnet, der später eine quantitative Auswertung der Ergebnisse ermöglicht. Auf jeder Seite steht außerdem (unterschiedlich viel)

Raum für frei formulierte Notizen und Anmerkungen zur Verfügung. Die letzte Seite des Bogens kann genutzt werden, um Konsequenzen aus den Beobachtungen und Stichworte zum weiteren Vorgehen zu notieren.

Wie wird die Beobachtung ausgewertet?

Es gibt, wie auch bei den anderen Verfahren dieser Instrumentenfamilie, zwei Möglichkeiten der Auswertung: eine qualitative Auswertung auf Einzel-Itembasis, bei der – am besten im Rahmen eines Reflexions- und Austauschprozesses im Team – Stärken und Vorlieben eines Kindes gewürdigt sowie Abneigungen, Schwierigkeiten und Entwicklungsfelder identifiziert werden. Dabei wird auch die Spracherwerbsbiografie des Kindes berücksichtigt. Diese Form der Auswertung macht sichtbar, wo Anregungen und Fördermaßnahmen konkret ansetzen können. Die zweite Form der Auswertung ist quantitativer Natur. Hierfür wurden die einzelnen Items sechs unterschiedlichen sprachlichen Bereichen zugeordnet. Dies erfolgte auf der Grundlage einer sogenannten Normstichprobe aus 403 einsprachig deutsch und 287 mehrsprachig aufwachsenden Kindern. Auf diese Weise kann betrachtet werden, wo ein Kind in seiner Sprachentwicklung, verglichen mit allen anderen Kindern der Normstichprobe, steht.

Die sechs identifizierten sprachlichen Bereiche sind: Sprachliches Wissen (1; insgesamt 30 Items), Schriftsprachliche Kompetenz (2; 15 Items), Literacy-Aktivitäten im Alltag (3; 11 Items), Interesse an Büchern (4; 9 Items), Aktives Sprachverhalten (5; 15 Items) und Kommunikative Kompetenz (6; 9 Items). Welche Items zu welchen Skalen gehören und was die Skalen genau umfassen, ist im Begleitheft dokumentiert. Aus jeder Skala ergibt sich durch die Aufsummierung der Zahlenwerte, die im Beobachtungsbogen den Antwortmöglichkeiten zugeordnet sind, ein Skalengesamtwert, der wiederum die Position des Kindes im Vergleich zur Normstichprobe bestimmt. Für jede Skala sind die Summenwerte in vier Abschnitte eingeteilt: Gruppe 1 umfasst das Viertel aller Kinder, die die obersten Skalenwerte erreicht haben („deutlich über dem Durchschnitt"); Gruppe 2 wird von den nachfolgenden 25 Prozent der Kinder gebildet („über dem Durchschnitt"); Gruppe 3 beinhaltet dasjenige Viertel der Kinder, das einen Punktwert unter dem jeweiligen Durchschnittswert („unter dem Durchschnitt") erreicht, und Gruppe 4 die 25 Prozent der Kinder mit den geringsten Punktwerten in dem jeweiligen Bereich („deutlich unter dem Durchschnitt"). Da Jungen und Mädchen in einigen Bereichen ein unterschiedliches Entwicklungstempo aufweisen (z.B. im „Aktiven Sprachverhalten"), und da Kinder zu Beginn ihrer Schulzeit meist über geringere Kompetenzen verfügen als später (z.B. im Bereich „Sprachliches Wissen"), werden Geschlecht und Alter/Schuljahresstufe bei der Auswertung berücksichtigt, was dann in unterschiedlichen Normtabellen resultiert.

Durch diese Vorgehensweise werden Sprachverhalten und Sprachkompetenz eines Kindes nicht global bewertet, sondern in Form eines differenzierten Profils sichtbar gemacht. So kann zum Beispiel ein Junge in der dritten Klassenstufe in seiner schriftsprachlichen Kompetenz mit 60 Punkten außerordentlich weit fortgeschritten sein und deutlich über dem Durchschnitt liegen; gleichzeitig mag seine kommunikative Kompetenz mit 35 Punkten (noch) unterdurchschnittlich ausgeprägt sein. Ein Mädchen, das ebenfalls die dritte Klasse besucht und genau dieselben Kompetenzen aufweist, wäre in der schriftsprachlichen Kompetenz ebenfalls deutlich über dem Durchschnitt, in ihrer kommunikativen Kompetenz jedoch sogar in der Gruppe der untersten 25 Prozent zu verorten.

Die Autorinnen und Autoren weisen darauf hin, dass die Gruppen nicht scharf voneinander abgrenzbar sind und somit die Zuordnungen – gerade an den oberen und unteren Rändern – auch fehlerbehaftet sein können. Um ein vollständigeres Bild über die sprachliche Entwicklung eines Kindes zu erhalten, sollte deshalb bei der Interpretation der Ergebnisse auch berücksichtigt werden, ob das Kind bestimmte Themen/Kompetenzen bereits im Schulunterricht behandelt hat und welche Spracherwerbsbiografie ein Kind mitbringt: „Man wird einen Punktwert, z.B. von ´80´ auf der Skala ´Sprachliches Wissen´ unterschiedlich bewerten, je nachdem, ob ein Kind seit einem Jahr oder seit zehn Jahren Deutsch lernt und in Deutschland schon eine Krippe und einen Kindergarten besucht hat. Im ersten Fall ist die Berechnung von Normwerten, d.h. die Zuordnung zu einer Gruppe, nicht angebracht“ (Mayr et al. 2012, S. 26).

Wofür werden die aus der Beobachtung gewonnenen Erkenntnisse eingesetzt?

Beobachtungen mit selsa sind eine wesentliche Voraussetzung, um Kinder differenziert und individuell zu fördern. Deshalb ist es nicht sinnvoll, das Verfahren lediglich punktuell und ohne Absprachen darüber einzusetzen, wie mit den Ergebnissen umgegangen werden soll und welche Konsequenzen sich für das weitere pädagogische Handeln ergeben. Ideal ist die Einbettung in ein pädagogisches Handlungskonzept, das aus den Elementen Beobachten – Dokumentieren – Besprechen der Beobachtungen mit Kolleginnen und Kollegen – Pädagogische Planung auf Basis der Beobachtungsergebnisse – Umsetzung der Planung in die praktische pädagogische Arbeit – Reflexion besteht. Da die Items praxis- und verhaltensnah formuliert sind, lässt sich eine direkte Beziehung zwischen Beobachtung und pädagogischer Arbeit herstellen, und selsa kann als eine Art pädagogischer Leitfaden für die Förderung von Sprache, die Formulierung konkreter Bildungsziele und die Gestaltung sprachlicher Bildung genutzt werden.

selsa versteht sich als ein entwicklungsbegleitendes Verfahren. Die Autorinnen und Autoren favorisieren dabei eindeutig eine ressourcenorientierte und partizipative Herangehensweise, die sich zunächst auf die Kompetenzen und Interessen der einzelnen Kinder konzentriert und erst aus dieser positiven Gesamtperspektive heraus Entwicklungspotenziale und Schwächen in den Blick nimmt. Die Kinder sollen in die Besprechungen und Planungen aktiv einbezogen werden. selsa ist nicht dafür geeignet, um Kinder mit Sprachentwicklungsverzögerungen oder -störungen zu identifizieren; sollten sich im Verlauf der Beobachtungen jedoch Hinweise auf eine eher ungünstige Entwicklung verdichten, ist es wichtig, diesen Verdacht durch Expertinnen und Experten wie Ärzte oder Sprachtherapeutinnen genauer abklären zu lassen.

Welche Voraussetzungen sind notwendig, um das Verfahren einzusetzen?

Sie benötigen das Begleitheft und den Beobachtungsbogen. Wesentlich für die Qualität der Einschätzung mit selsa ist, dass vorab eine gründliche Beobachtung der Kinder stattfindet: zu mehreren Zeitpunkten, in unterschiedlichen Situationen, bestenfalls durch mehr als eine

Person. Grundkenntnisse der kindlichen Sprachentwicklung in den verschiedenen relevanten Dimensionen bzw. Bereichen sind hilfreich, aber keine Voraussetzung; die Arbeit mit dem Verfahren trägt im Sinne einer Professionalisierung am Arbeitsplatz selbst zum Erwerb einschlägigen Fachwissens bei.

Im Team können und sollten die Vorgehensweise und die einzelnen Fragen besprochen und Fragen bzw. Unklarheiten diskutiert und aufgelöst werden. Für die vollständige Bearbeitung des Beobachtungsbogens sollte man anfänglich pro Kind mindestens 45 Minuten einkalkulieren, mit zunehmender Erfahrung und bei nur ausschnittweiser Bearbeitung entsprechend weniger. Die Auswertung und (gemeinsame) Reflexion und Interpretation beanspruchen weitere Zeitkontingente und sollten systematisch als Arbeitszeitanteile in die Dienstplanung integriert werden.

Wo gibt es weitere Informationen und Anregungen zum Beobachtungsverfahren?

Der Beobachtungsbogen selsa und das Begleitheft, das eine sehr anschauliche „Bedienungsanleitung", die Normtabellen und viele weiterführende Informationen, zum Beispiel zu theoretischen Hintergründen, enthält, liegen als folgende Veröffentlichung vor:
Mayr, Toni; Hofbauer, Christiane; Simic, Mirjana & Ulich, Michaela (2012): Selsa. Sprachentwicklung und Literacy bei Kindern im Schulalter (1. bis 4. Klasse). Beobachtungsbogen und Begleitheft zum Beobachtungsbogen. Freiburg: Herder.

4.3.2 BaSiK

Die „**B**egleitende **a**lltagsintegrierte **S**prachentwicklungsbeobachtung **i**n **K**indertageseinrichtungen" (BaSiK) wurde von einem interdisziplinären Team an der Universität Osnabrück und dem Niedersächsischen Institut für Frühkindliche Bildung und Entwicklung unter der Leitung der Erziehungswissenschaftlerin Renate Zimmer entwickelt. Im Fokus von BaSiK stehen die kontinuierliche Erhebung und Begleitung der Sprach- und Literacy-Entwicklung von Kindern im Alter zwischen zwei und sechs Jahren, die Deutsch als Erst- oder als Zweitsprache erwerben. Differenzierte Informationen und Erklärungen zur Bedeutung der verschiedenen im Verfahren abgefragten Sprachbereiche finden sich in der Beschreibung des Verfahrens. Immer wieder werden jedoch auch Verbindungen zwischen der Sprachentwicklung und anderen Entwicklungsbereichen (Motorik, Kognition, sozial-emotionale Entwicklung) aufgezeigt und deren Bedeutung für die Sprachentwicklung dargestellt. Darüber hinaus bietet das Verfahren Hintergrundinformationen zum Verständnis kindlicher Bildungsprozesse und zur alltagsintegrierten Sprachbildung und Sprachförderung. Das Kind wird als soziales Wesen, als Bewegungswesen und als aktiv lernendes, kompetent handelndes Wesen beschrieben, und die Bedeutung der sozialen Interaktion für die Sprachentwicklung wird hervorgehoben. Besonderer Wert wird dabei auf die natürliche Interaktion im Alltag gelegt.

Welche Erkenntnisse sollen aus der Beobachtung gewonnen werden?

Mit **BaSiK** gewinnen Sie einen Einblick in die sprachlichen Kompetenzen, die Literacy-Kompetenzen und die sprachliche Entwicklung von Kindern vom vollendeten ersten Lebensjahr bis zur Einschulung. Durch das Vorliegen von Norm- und Orientierungstabellen ist es auch möglich, die Altersangemessenheit der Sprachentwicklung einzelner Kinder einzuschätzen. Im Vordergrund steht allerdings die individuelle Begleitung der Sprachentwicklung auf der Basis des erhobenen Sprachstandes. Deshalb finden sich zahlreiche Hinweise zur Gestaltung alltagsintegrierter Sprachbildungssituationen, die an das individuelle Kompetenzniveau einzelner Kinder angepasst sind. Das Verfahren liegt in **zwei Versionen** vor: **BaSiK U3** kann für Kinder im Alter zwischen 2;0 und 3;5 Jahren eingesetzt werden. Die Version **BaSiK Ü3** bezieht sich auf Kinder zwischen 3;0 und 6;11 Jahren, die Deutsch als Erst- oder Zweitsprache erwerben.

Wo liegt der Beobachtungsfokus?

Das Beobachtungsverfahren ist für den Einsatz in Kindertageseinrichtungen bestimmt und nimmt die individuelle Sprachentwicklung von Kindern durch die Beobachtung von Alltagssituationen in den Blick. Die Beobachtung gliedert sich in **drei Teile,** die wiederum in mehrere Abschnitte untergliedert sind:

Teil 1 stellt allgemeine Fragen zum Kind (u.a. Alter, Geschlecht, Anzahl der Geschwister) und seiner sprachlichen Biografie (u.a. therapeutische Behandlungen, diagnostizierte Entwicklungsverzögerungen) sowie Fragen zum Erst- und Zweitspracherwerb.

Teil 2 widmet sich den sogenannten Basiskompetenzen, die als Vorläufer der Sprachentwicklung bezeichnet werden und deren Bedeutung für den Erwerb der Sprache erläutert wird. Angesprochen werden hier die auditive Wahrnehmung, die Mundmotorik, die taktil-kinästhetische Wahrnehmung, emotional-motivationale Kompetenzen sowie soziale Kompetenzen.

Teil 3 kann als Hauptteil des Verfahrens bezeichnet werden. Kompetenzen in folgenden Sprachbereichen werden beobachtet und dokumentiert:

- Sprachverständnis
  Beispielfrage: „... versteht Zeitangaben (z.B. ‚gestern', ‚heute', ‚morgen')"
- Semantisch-lexikalische Kompetenzen (Wortbedeutung und Wortschatz)
  Beispielfrage: „... kann Begriffskategorien bilden (z.B. ‚Obst') und kennt passende Unterbegriffe (z.B. ‚Apfel', ‚Banane')"
- Phonetisch-phonologische Kompetenzen (Artikulation sowie Lautwahrnehmung und -unterscheidung)
  Beispielfrage: „... bildet alle Laute korrekt"
- Prosodische Kompetenzen (Melodie, Tonhöhe, Betonung, Rhythmus, Klang und Lautstärke)
  Beispielfrage: „... verändert seine Satzmelodie (hebt z.B. die Stimme am Ende einer Frage oder einer Bitte)"

- Morphologisch-syntaktische Kompetenzen (Grammatik)
  Beispielfrage: „… erzählt Geschichten in weitgehend richtiger zeitlicher und logischer Reihenfolge (z.B. ‚Gestern waren wir im Zoo. Da waren Affen …')"
- Pragmatische Kompetenzen (z.B. Kompetenz, Gespräche aufrechtzuerhalten und Anliegen so zu vermitteln, dass sie vom Gesprächspartner verstanden werden können)
  Beispielfrage: „… berichtet von sich aus über Erlebnisse und erzählt kleine Geschichten von mehreren Personen (z.B. im Sitzkreis)"
- Literacy (z.B. Erfahrungen im Umgang mit Büchern, mit dem Vorlesen und dem Erzählen)
  Beispielfrage: „… hört aufmerksam bei Geschichten oder Erzählungen zu und kann dem Inhalt folgen"

Wie kann die Beobachtung dokumentiert werden?

Auf den beiden Beobachtungsbogen (BaSiK U3 und BaSiK Ü3) sind die Fragen zu den verschiedenen Sprachkompetenzen nach Bereichen strukturiert. Eingeschätzt werden die Kompetenzen einzelner Kinder auf einer vierstufigen Ratingskala von „trifft voll und ganz zu" bis „trifft noch nicht zu". Zusätzlich ist im Bogen eine Spalte angelegt, in der Erläuterungen und Beispielsituationen notiert werden können. Vorgenommen wird die Einschätzung auf der Grundlage von prozessbegleitenden Beobachtungen im Alltag oder, falls das nicht möglich ist, durch herbeigeführte Beobachtungsanlässe im Rahmen von Sprachbildungssituationen. Die Autorin betont jedoch mehrfach, dass es sich dabei keinesfalls um Test-Situationen handeln sollte.

Um sprachliche Entwicklungsverläufe sichtbar zu machen, wird empfohlen, die Beobachtung einmal jährlich durchzuführen. Bevor die Einschätzung seiner sprachlichen Kompetenzen vorgenommen wird, soll das Kind vier Wochen lang intensiv beobachtet werden. Dabei werden Beispielsituationen für bestimmte Kompetenzen notiert und bei Unsicherheiten der Austausch mit Kolleginnen und Kollegen gesucht. Darüber hinaus wird empfohlen, bei den Beobachtungen auch situative Einflüsse, wie etwa die Tagesform des Kindes oder der Beobachterin sowie die Beziehung zwischen beiden, zu beachten. Die Protokollierung selbst dauert dann zwischen 20 und 40 Minuten pro Kind.

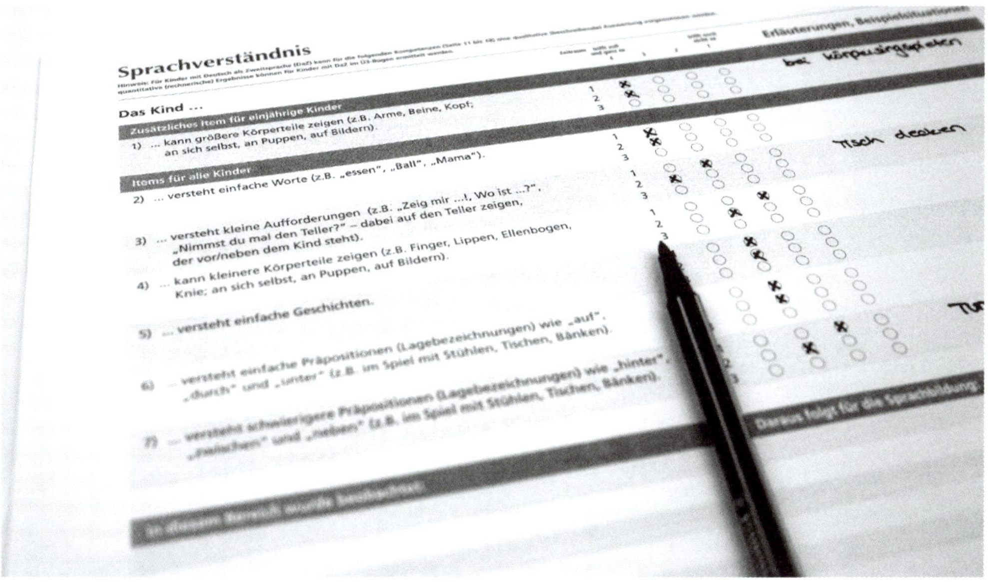

Wie wird die Beobachtung ausgewertet?

BaSiK bietet zwei Möglichkeiten der Auswertung an, eine qualitative und eine quantitative. Für die **quantitative Auswertung** werden zunächst die Summenwerte in den verschiedenen Kompetenzbereichen gebildet und mit den entsprechenden Norm- und Orientierungstabellen abgeglichen. Diese Tabellen geben Aufschluss darüber, ob ein Kind, verglichen mit gleichaltrigen Kindern mit ähnlichem Erwerbsbeginn der deutschen Sprache, in den einzelnen Kompetenzbereichen über eine überdurchschnittlich, durchschnittlich oder unterdurchschnittlich entwickelte Sprachkompetenz verfügt. „Diese Art der Auswertung kann bei manchen Kindern hilfreich sein, da sie eine objektive Perspektive liefert, ist in der Anwendung aber eher nachrangig" (Zimmer 2019, S. 31).

Da sie Schlüsse auf die Begleitung und Gestaltung der Sprachbildung des Kindes zulässt, steht die **qualitative Auswertung** bei BaSiK im Vordergrund. Im Rahmen dieser Auswertung werden die einzelnen Beobachtungsfragen (Items) unter Berücksichtigung der notierten Beispielsituationen zunächst näher betrachtet. Anschließend werden die Kompetenzen in den verschiedenen Sprachbereichen dahingehend analysiert, über welche Ressourcen das Kind verfügt, welche Interessen es hat und welche Schwierigkeiten es möglicherweise zu bewältigen gilt. Hierfür stehen Reflexionsfragen zur Verfügung, die sich darauf richten, welche Entwicklungsschritte das Kind bereits erlangt hat, mit welchen es sich nach wie vor auseinandersetzt, welche aktuell beobachtbar sind, mit welchen es gerade beginnt und welche als nächstes für das Kind relevant sind. Bezogen auf die pädagogische Fachkraft soll reflektiert werden, welche Unterstützung dem Kind bereits angeboten wurde, welche Unterstützung aktuell relevant und passend ist und welche aktuelle Unterstützung verbessert werden kann. Im Beobachtungsbogen wird dann für jeden Kompetenzbereich notiert, was beobachtet wurde und welche Schlüsse sich daraus für die Gestaltung der Sprachbildung des Kindes ziehen lassen.

Wofür werden die aus der Beobachtung gewonnenen Erkenntnisse eingesetzt?

BaSiK versteht sich als ein Verfahren, das dazu dient, alle Kinder in ihrer sprachlichen Entwicklung individuell zu begleiten und zu unterstützen. „Wird nicht nur darauf geachtet, was das Kind bereits alleine kann, welche Kenntnisse und Fähigkeiten es bereits besitzt, sondern auch danach gefragt, welche Entwicklungsschritte nun anstehen, was die ‚Zone nächster Entwicklung' des Kindes ist, entstehen viele Gelegenheiten, ein Kind (sprachlich) zu unterstützen und zu fördern" (Zimmer 2019, S. 14).

Für die Gestaltung alltagsintegrierter Sprachbildungssituationen werden zunächst allgemeine kommunikative Strategien beschrieben, die von pädagogischen Fachkräften gezielt eingesetzt werden können. Dazu zählen:

- Gemeinsame Aufmerksamkeit, bei der der Erwachsene und das Kind ihre Aufmerksamkeit zur selben Zeit auf dasselbe Geschehen oder denselben Gegenstand lenken
- Handlungsbegleitendes Sprechen, bei dem Bezugspersonen Handlungen des Kindes und eigene Handlungen sprachlich begleiten
- Verbesserte Wiederholung, bei der der Erwachsene die Aussagen des Kindes in korrigierter Form wiederholt
- Verbesserte Wiederholung mit Erweiterung, bei der Aussagen des Kindes korrigiert und um weitere grammatikalische und/oder inhaltliche Elemente ergänzt werden
- Extension, bei der der Erwachsene die kindlichen Äußerungen auf semantisch oder grammatikalisch höherem Niveau weiterführt
- Gute Fragen, die umfangreiche Antworten zulassen
- Widerspruchsprovokation, die das Kind humorvoll zum Sprechen animiert
- Redirects (Weiterleitungen), bei dem die Bezugsperson das Kind an andere Kinder verweist, um eine gelungene Kind-Kind-Interaktion zu befördern

Darüber hinaus wird in BaSiK bezogen auf die Sprachbeobachtung eine Vielzahl an Themen und Situationen beschrieben, die sowohl im Alltag aufgegriffen als auch bewusst geschaffen werden können, um die sprachliche Kompetenz der Kinder zu unterstützen. Diese Sprachbildungssituationen sind den Alltagsthemen Bewegung, Sozialverhalten, Körper, Gesundheit und Ernährung, Ruhe und Entspannung, Rhythmik und Musik sowie Literacy zugeordnet:

BaSiK bietet eine Tabelle an, die die einzelnen Items aus der Sprachbeobachtung mit Themen und Situationen alltagsintegrierter Sprachbildung verbindet. Beispielhaft seien hier zwei Alltagssituationen benannt: „Beim gemeinsamen Spiegelbetrachten können Gemeinsamkeiten und Unterschiede im Aussehen gesucht und festgestellt sowie unterschiedliche Körperteile benannt werden" (Zimmer 2019, S. 58). Damit werden Wortschatz und Wortbedeutung gefördert. Das Frühstück oder Mittagessen bietet „viele Erfahrungen mit dem selbstständigen Trinken und Essen. Die Kinder können mit ihren Fingern das Essen anfassen, es zum Mund führen und die unterschiedlichen Eigenschaften der Lebensmittel mit allen Sinnen erfahren (z.B. die Tomate ist rot und rund, die Zitrone schmeckt sauer)" (Zimmer 2019, S. 59). Das fördert zum Beispiel die Mundmotorik und das Sprachverständnis.

Welche Voraussetzungen sind notwendig, um das Verfahren einzusetzen?

Um BaSiK einzusetzen, benötigen Sie das Begleitbuch, in dem neben Informationen zum Aufbau, zur Durchführung und zur Auswertung des Verfahrens auch Kenntnisse zur Sprachentwicklung vermittelt werden sowie Hinweise zur alltagsintegrierten Sprachförderung zu finden sind.

Wesentlich für die Qualität der Einschätzung mit BaSiK ist eine genaue Beobachtung der Kinder im Rahmen von etwa vier Wochen im Vorfeld. Wie bei allen anderen Verfahren beanspruchen die Auswertung, Reflexion und Interpretation der Beobachtungen sowie die darauf aufbauenden Überlegungen zur Unterstützung der Sprachbildung weitere Zeitkontingente, die in die Dienstplanung integriert werden sollten.

Wo gibt es weitere Informationen und Anregungen zum Beobachtungsverfahren?

Die ausführliche Beschreibung des Verfahrens, eine Vielzahl von Ideen zur Gestaltung alltagsintegrierter Sprachbildungssituationen sowie die Norm- und Orientierungstabellen und die verschiedenen Protokollbogen finden Sie in folgender Veröffentlichung:
Zimmer, Renate (2019): BaSiK. Begleitende alltagsintegrierte Sprachentwicklungsbeobachtung in Kindertageseinrichtungen. Freiburg: Herder.

Darüber hinaus stehen Protokollbogen von BaSiK U3 und BaSiK Ü3 zur Verfügung. In diesen Bogen findet sich auch eine kurze Darstellung für die praktische Anwendung von BaSiK im Alltag.

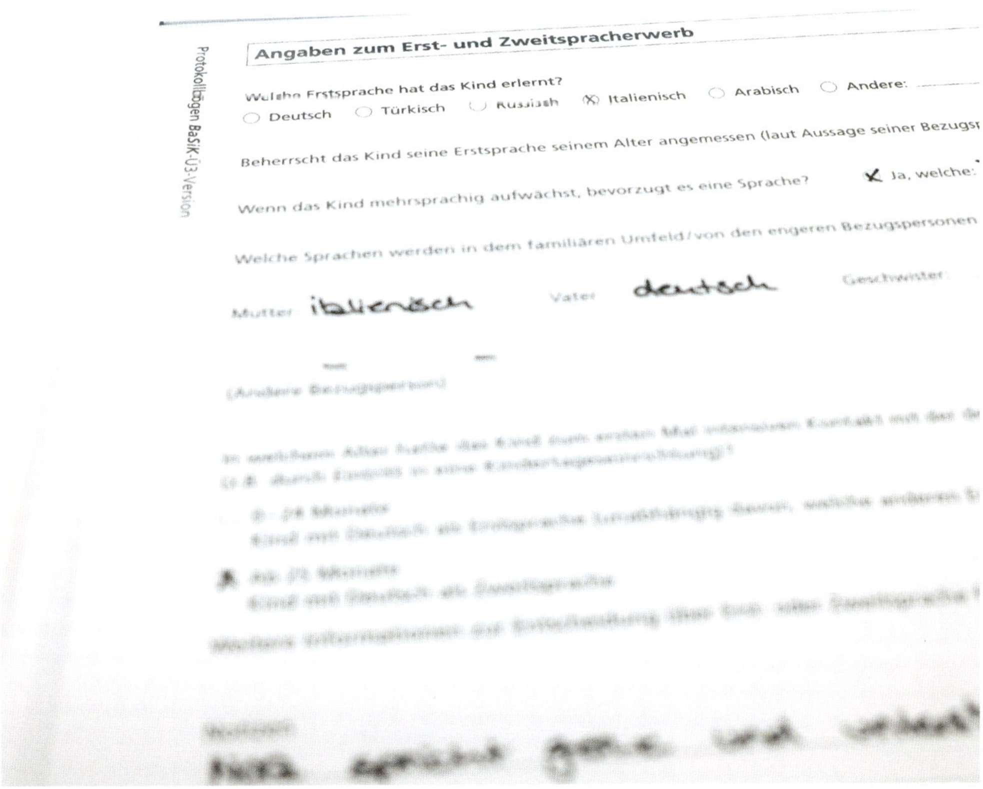

4.4 perik – positive Entwicklung und Resilienz im Kindergartenalltag

Mit dem Verfahren **perik** werden zwei zentrale Bereiche der frühkindlichen Entwicklung angesprochen. Es erfasst soziale und emotionale Kompetenzen von Kindern, die von grundlegender Bedeutung für eine positive Entwicklung der Persönlichkeit und für erfolgreiche Lern- und Bildungsprozesse sind. Dabei wird die Aufmerksamkeit der pädagogischen Fachkraft auf die Fähigkeiten gelenkt, die Kinder bereits entwickelt haben oder entwickeln sollen, und nicht auf sogenanntes Problemverhalten oder Verhaltensauffälligkeiten. Die theoretische Grundlage hierfür bietet das Konzept der Salutogenese, das nach Aspekten und Bedingungen gelingender Entwicklung und körperlicher sowie seelischer Gesundheit fragt – mit dem Ziel, diese zu unterstützen und zu stärken. Auch Befunde aus der Resilienzforschung wurden herangezogen. Sie belegen, dass es auch Kindern mit außerordentlich schwierigen Bedingungen des Aufwachsens gelingen kann, sich trotz aller Belastungen positiv zu entwickeln und später privat und beruflich erfolgreich und zufrieden zu werden.

Diese widerstandsfähigen, „resilienten" Kinder verfügen anscheinend über spezifische Kompetenzen, die als Schutzfaktoren wirken: etwa über eine positive Grundstimmung, positive soziale Beziehungen und die Fähigkeit, Gefühle angemessen auszudrücken und Affekte zu kontrollieren. Im perik-Verfahren geht es um diese und andere, zum Beispiel für den späteren Schulerfolg bedeutsame Verhaltensweisen und Kompetenzen. Das Verfahren ist gedacht für die regelmäßige Beobachtung aller Kinder im Sinne der fortlaufenden Begleitung ihrer sozial-emotionalen Entwicklung. Die Bearbeitung wird von der pädagogischen Bezugsperson, die das Kind am besten kennt, vorgenommen; es können auch mehrere Fachkräfte zusammenarbeiten. Die Beobachtungen werden auf einem dafür vorgesehenen Beobachtungsbogen dokumentiert.

Welche Erkenntnisse sollen aus der Beobachtung gewonnen werden?

Das Verfahren ermöglicht eine differenzierte Einschätzung sozialer und emotionaler Kompetenzen von Kindern im Alter von circa dreieinhalb Jahren bis zum Schuleintritt. Dabei geht es nicht in erster Linie um eine Abgrenzung zwischen einem „Normalverhalten" einerseits und Verhaltensauffälligkeiten oder Entwicklungsverzögerungen andererseits, sondern darum, ein umfassendes Bild der individuellen sozial-emotionalen Entwicklung eines jeden Kindes zu gewinnen. Die Verhaltensweisen der Kinder werden auch im Kontext des Kita-Alltags gesehen und interpretiert, um dadurch Ansatzpunkte für die Stärkung der kindlichen Persönlichkeit und die Unterstützung positiven Verhaltens zu gewinnen. Durch wiederholte Beobachtungen können Entwicklungsverläufe über einen längeren Zeitraum dokumentiert und ausgewertet werden. Mithilfe der zur Verfügung gestellten Normtabellen ist es aber auch möglich, gegebenenfalls einen erhöhten Förderbedarf zu erkennen.

Wo liegt der Beobachtungsfokus?

Das Beobachtungsverfahren gibt Einblick in folgende **sechs Entwicklungsbereiche:** Kontaktfähigkeit (1), Selbststeuerung/Rücksichtnahme (2), Selbstbehauptung (3), Stressregulierung (4), Aufgabenorientierung (5) und Explorationsfreude (6). Die Fragen zur „Kontaktfähigkeit" zielen auf Kompetenzen im Umgang mit anderen Kindern (z.B. die Fähigkeit, mit angemessenen Mitteln Zugang zu den Spielen anderer Kinder zu finden). Diese Kompetenzen beeinflussen die Ausbildung von Beziehungen zu Gleichaltrigen und zwar sowohl im Hinblick auf die Stellung des Kindes in seiner Gleichaltrigengruppe als auch in Bezug auf die Entwicklung von Freundschaftsbeziehungen. Im Bereich der „Selbststeuerung/Rücksichtnahme" geht es darum, inwieweit es dem Kind gelingt, eigene Bedürfnisse und Wünsche zurückzustellen, den Ausdruck von Gefühlen situationsangemessen zu regulieren und sich an Regeln zu halten. Die kindlichen Fähigkeiten zur „Selbstbehauptung" werden unter anderem danach beurteilt, ob das Kind seine eigenen Interessen und Bedürfnisse selbstsicher und aktiv vertreten kann, ob es auch einmal Nein sagen oder negative Gefühle und Kritik angemessen äußern kann. Mit „Stressregulierung" ist gemeint, wie ein Kind auf Belastungssituationen reagiert: Gerät es sehr schnell aus der Fassung? Kann es seine Erregung steuern, zum Beispiel wenn es sich ärgert oder enttäuscht ist? Die Dimension der „Aufgabenorientierung" bezieht sich auf die Bewältigung von Tätigkeiten, die geplant und zielgerichtet ausgeführt werden müssen. Dazu gehören ein bestimmtes Maß an Konzentrationsfähigkeit und Ausdauer, aber auch Selbstständigkeit und Engagement. Schließlich wird als sechste Dimension die „Explorationsfreude" des Kindes eingeschätzt. Hier geht es um die Motivation, sich Neuem zuzuwenden, um Freude am Entdecken und um die Bereitschaft und Zuversicht, sich auch an schwierige Aufgaben heranzuwagen.

Wie kann die Beobachtung dokumentiert werden?

Zu jedem Bereich gibt es sechs Fragen, die jeweils auf einer Fünferskala beantwortet werden müssen: Zeigt das Kind das beschriebene Verhalten oder die beschriebenen Kompetenzen „gar nicht", „kaum", „teilweise", „überwiegend" oder „durchgängig"? Die Antwort „gar nicht" erhält den Wert 1, die Antwort „durchgängig" den Wert 5. Dies macht die Bildung eines Summenwertes zur späteren Auswertung einfach. Rechts neben der Skala ist Platz für freie, ergänzende Notizen. Im Anschluss an die Skalen gibt es eine große Übersichtstabelle, auf der noch einmal zu jedem Bereich zusammenfassende Anmerkungen und Ideen für die Planung pädagogischer Schritte ihren Platz finden können.

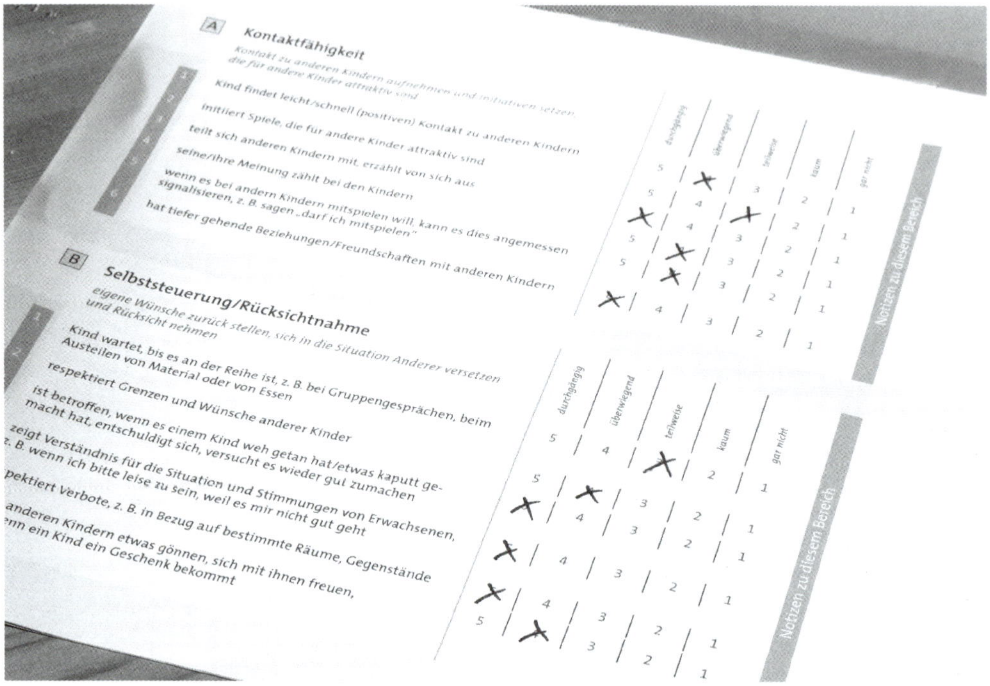

Wie wird die Beobachtung ausgewertet?

Die Beobachtungen werden sowohl in Bezug auf die sechs Bereiche als auch Frage für Frage ausgewertet. Bei der qualitativen Auswertung einzelner Fragen werden neben der Einschätzung auf der Fünferskala auch die freien Beobachtungsnotizen genutzt. Die quantitative Auswertung zeigt im Detail diejenigen Aspekte im Verhalten und in der Entwicklung des Kindes auf, die besonders stark oder besonders schwach ausgeprägt sind.

Für jeden Bereich kann über die Betrachtung einzelner Fragen hinaus durch Addition der Einzelwerte ein Summenwert berechnet werden. Dieser ist kein Ersatz für die Einzelauswertung, eröffnet aber zusätzliche Möglichkeiten. Die Beobachtungsergebnisse werden einfacher darstellbar, und systematische Vergleiche sind leichter möglich. Die Summenwerte können in unterschiedlicher Form interpretiert werden. Zum einen kann die Entwicklung eines Kindes in den sechs Bereichen auch über einen längeren Zeitraum verglichen werden. Zum andern ist eine Einschätzung möglich, wo das Kind in Relation zu einer großen Vergleichsstichprobe von Kindern desselben Alters und Geschlechts steht. Das Begleitheft enthält hierfür Tabellen mit sogenannten Normwerten, an denen sich ablesen lässt, ob das beobachtete Kind zu den 25 Prozent der Kinder mit den höchsten Werten, zu der mittleren Gruppe oder zu den 25 Prozent der Kinder mit den niedrigsten Werten in diesem Bereich gehört.

Wofür werden die aus der Beobachtung gewonnenen Erkenntnisse eingesetzt?

Der Nutzen der Beobachtungen liegt darin, dass soziale und emotionale Entwicklungsprozesse besser verstanden und die individuelle Kompetenzentwicklung in diesen Bereichen gezielter unterstützt werden können. Wenn zum Beispiel erkannt wurde, dass ein Kind, das häufig laut und aggressiv wird, Schwierigkeiten hat, seine eigenen Gefühle klar zu erkennen und sie zu regulieren, können Hilfestellungen gegeben werden, etwa durch Spiele und Bücher zum Erkennen und Benennen von Gefühlen. Das Verfahren ermöglicht es, jedes einzelne Kind differenziert wahrzunehmen. Hierzu kann man entweder einen einzelnen Entwicklungsbereich auffächern und differenziert betrachten oder aber die verschiedenen Bereiche im Zusammenhang betrachten und so einen Überblick gewinnen. Der Bogen hilft auch, eigene Erwartungen und Ansprüche zu reflektieren und zu relativieren. Im teaminternen Austausch kann sich zum Beispiel herausstellen, dass einige Kolleginnen und Kollegen ein Verhalten als „Durchsetzungsfähigkeit“ bezeichnen, während es für andere bereits zum „aggressiven Verhalten“ zählt. Die Diskussion hierüber führt in der Regel dazu, dass sich neue Perspektiven eröffnen und Schubladendenken aufgebrochen wird. Sollte sich herausstellen, dass ein Kind längere Zeit und über mehrere Bereiche hinweg im unteren Kompetenzbereich verbleibt, ist dies als Warnhinweis zu werten. Gemeinsam mit den Eltern sollten dann weitere diagnostische Schritte angedacht und gegebenenfalls eingeleitet werden.

Welche Voraussetzungen sind notwendig, um das Verfahren einzusetzen?

Um die Fragen zuverlässig beantworten zu können, sollten Beobachtungen über einen längeren Zeitraum erfolgt sein. Man bezieht sich dabei eher global auf das typische Verhalten eines Kindes und nicht auf eine konkrete, einmalige Beobachtungssituation. Es wird dringend eine gemeinsame Einübungsphase empfohlen, in der sich die pädagogischen Fachkräfte zunächst individuell mit dem Bogen vertraut machen, danach unabhängig voneinander dieselben zwei Kinder beobachten und abschließend ihre Beobachtungsergebnisse besprechen, wobei vor allem unterschiedliche Einschätzungen offen diskutiert werden sollten.

Wo gibt es weitere Informationen und Anregungen zum Beobachtungsverfahren?

Das Beobachtungsverfahren perik und das dazugehörige Begleitheft, das pädagogischen Fachkräften hilft, mit dem Bogen zu arbeiten und die Beobachtungen zielgerichtet auszuwerten, sind in folgender Veröffentlichung enthalten:

Mayr, Toni & Ulich, Michaela (2017): perik – Positive Entwicklung und Resilienz im Kindergartenalltag. 10 Beobachtungsbögen mit Begleitheft. Freiburg: Herder.

4.5 Ermittlung von Gruppenstrukturen (Soziogramme)

Die Idee, Positionen Einzelner innerhalb einer Gruppe und Beziehungen unter den Mitgliedern einer Gruppe zu ermitteln, geht auf Jacob L. Moreno zurück. Auf der Basis seiner Beobachtungen und Studien in einem österreichischen Flüchtlingslager sowie in einem Gefängnis und einem Erziehungsheim in den USA entwickelte er um 1930 die Methode der Soziometrie und als Darstellungsform der Beziehungsstrukturen das Soziogramm (vgl. Moreno 1996, S. 44f.). Die Informationen, die als Grundlage für die Erstellung von Soziogrammen dienen, können durch Befragung oder Beobachtung gewonnen werden. Die Auswertung eines Soziogramms kann im Elementarbereich zum Beispiel Aufschluss darüber geben,

- welche Kinder viel miteinander spielen und welche wenig miteinander zu tun haben,
- ob es Kinder in der Gruppe gibt, die relativ isoliert erscheinen,
- ob Spielbereiche wie die Bauecke und der Rollenspielbereich überwiegend von bestimmten Kindern genutzt werden und von anderen nur sehr selten.

Soziogramme eignen sich besonders für die Darstellung von Beziehungsstrukturen oder Spielkontakten in kleineren Gruppen. Bei mehr als circa 15 Kindern sind die Ergebnisse schwer darzustellen und zu interpretieren.

Welche Erkenntnisse sollen aus der Beobachtung gewonnen werden?

Das Hauptaugenmerk liegt auf den Beziehungsstrukturen, die sich in einer Gruppe ausbilden. Insbesondere kann das Verfahren dazu dienen, die Aufmerksamkeit auf diejenigen Kinder zu lenken, die wenig Kontakte oder Spielpartnerschaften haben und eventuell Gefahr laufen, am Rande des Gruppengeschehens zu verbleiben oder sogar innerhalb der Gruppe isoliert zu sein. Nicht immer sind solche Beziehungsmuster und Positionen innerhalb der Gruppe ohne systematische Beobachtung zu erkennen. Allerdings ist ein Soziogramm immer nur eine Momentaufnahme der Gruppenstruktur, die nur einen Ausschnitt der komplexen Zusammenhänge abbildet.

Wo liegt der Beobachtungsfokus?

Der Schwerpunkt der Beobachtung liegt eindeutig auf den sozialen Kontakten und der sozialen Einbindung einzelner Kinder sowie darauf, individualisierte Beziehungen wie Freundschaften und wechselseitige Spielpartnerpräferenzen wahrzunehmen. Um ein Soziogramm zu erstellen, ist die Beobachtung bzw. Einschätzung aller Kinder der Gruppe notwendig. Die Erhebung bzw. Einschätzung sollte regelmäßig vorgenommen werden, um Veränderungen wahrzunehmen und auf sie reagieren zu können, zum Beispiel in einem halbjährlichen Abstand. Es gibt mehrere Möglichkeiten, ein Soziogramm zu erstellen. Im Folgenden werden zwei Formen vorgestellt: das Kontaktsoziogramm und das Spielesoziogramm.

Wie kann die Beobachtung dokumentiert werden?

Kontaktsoziogramm

Das Kontaktsoziogramm beruht auf der eher globalen Einschätzung der pädagogischen Fachkraft, welche Kinder Kontakt zueinander suchen. Es hilft zu erkennen, welche Kinder der Gruppe aktiv Kontakt zu anderen aufnehmen und welche eher zurückhaltend sind; weiter, welche Kinder der Gruppe begehrte Spielpartner sind, die von anderen Kindern zum Spielen ausgewählt werden, und welche Kinder selten eingebunden oder sogar völlig übersehen werden. In einem Formblatt markiert man für jedes einzelne Kind der Gruppe, zu welchen anderen Kindern es aktiv Kontakt sucht. Dies kann über unterschiedliche Verhaltensweisen (zum Spiel dazugesellen; fragen, ob man mitspielen darf; eine eigene Spielidee vorschlagen; Platz neben dem Kind auswählen; bei jüngeren Kindern: Spielzeug anbieten, imitieren) und in verschiedenen Situationen (Freispiel, Mahlzeiten, Spiel im Außenbereich, Ausflüge) geschehen. Es ist wahrscheinlich, dass Sie nicht bei allen Kindern genau sagen können, welche Kontakte bestehen. Dann sollten Sie ein paar Tage besonders aufmerksam im Gruppenalltag hinschauen. Das fertiggestellte Kontaktsoziogramm gibt darüber Aufschluss, wie viele und welche aktiven Wahlen jedes Kind vornimmt und von wie vielen und welchen Kindern es gewählt wird (die passiven Wahlen).

Für neue Kinder bietet sich die Anfertigung eines Kontaktsoziogramms einige Wochen nach der Aufnahme an.

Spielesoziogramm

Eine zweite, etwas aufwendigere Form des Soziogramms ist das Spielesoziogramm. Es gibt Auskunft darüber, welche Kinder bevorzugt Spielpartnerschaften miteinander eingehen und aus welchen Kindern sich Spielgruppen zusammensetzen. Der Beobachtungsfokus kann auch auf die Nutzungsstrukturen bestimmter Spielbereiche gelegt werden. Für das Spielesoziogramm wird gezielt an mindestens zehn Tagen innerhalb von circa fünf Wochen eine Momentaufnahme des Gruppengeschehens festgehalten. Dazu ist es vorab nötig, eine Raumskizze anzufertigen und in der notwendigen Anzahl zu kopieren. Legen Sie dann eine Zeit fest, zu der beobachtet werden soll, zum Beispiel zehn Minuten nach Beginn der Freispielphase am Vormittag. Tragen Sie zu den festgelegten Zeiten jeweils in eine Raumskizze ein, welche Kinder sich an welchen Orten allein oder gemeinsam aufhalten. Dazu sind ergänzende Notizen hilfreich, zum Beispiel, wenn Sie in der Bauecke vermehrt Konflikte beobachten.

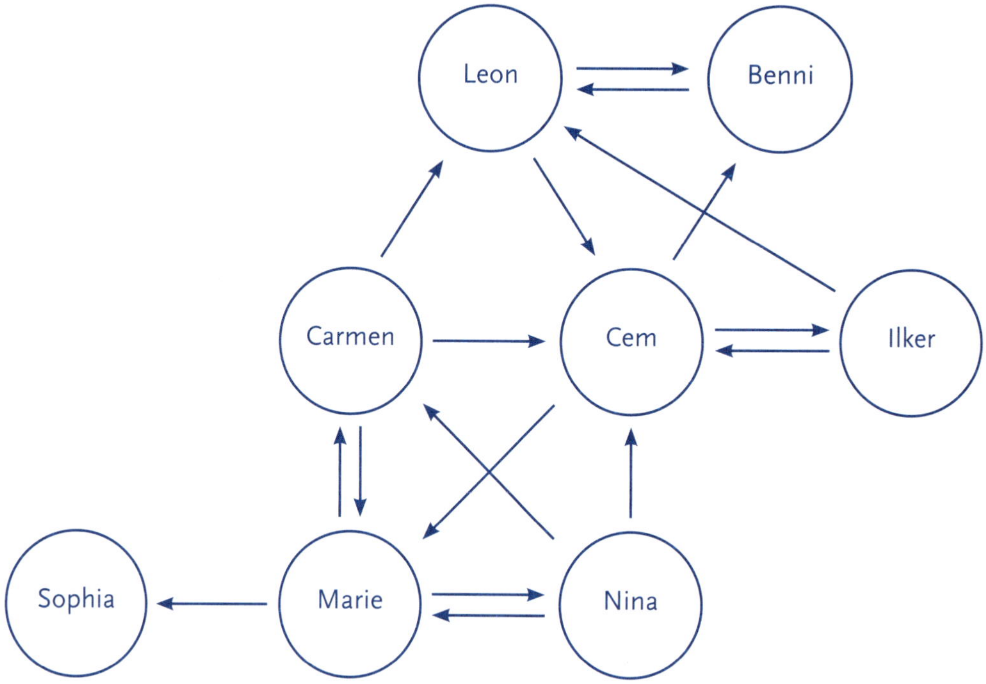

Wie wird die Beobachtung ausgewertet?

Kontaktsoziogramm

Anhand der notierten Häufigkeiten, mit denen jedes Kind den Kontakt zu den anderen Kindern sucht, ergibt sich aus dem Kontaktsoziogramm ein Bild über die soziale Aktivität und Beliebtheit einzelner Kinder (Vorlage im Anhang, Seite 194). So kann man aus der ersten Durchsicht des Beispielsoziogramms bereits erkennen, dass Nina, Marie, Carmen und Cem recht aktiv auf andere Kinder zugehen, Sophia dagegen überhaupt keinen Kontakt zu anderen Kindern der Gruppe aufnimmt. Sie wird auch nur von einem Kind – Marie – zum Spielen aufgesucht. Auch Nina wird lediglich von Marie als Spielpartnerin gewählt. Vor allem Cem, aber auch Marie und Leon sind dagegen beliebte Spielpartner.

Aus der Grafik wird auch deutlich, dass Nina, Marie und Carmen offensichtlich eine Mädchengruppe bilden, deren Mitglieder ein hohes gegenseitiges Interesse aneinander zeigen. Vielleicht wirkt diese Dreiergruppe nach außen sehr eingespielt und geschlossen, sodass Sophia sich gar nicht traut, Anschluss zu suchen. Es gibt auch eine Jungengruppe mit zwei Freundespaaren (Cem und Ilker; Benni und Leon), die aber auch miteinander verflochten sind. Keiner der Jungen erscheint isoliert. In ihren geschlechtsspezifischen Gruppen scheinen Marie und Cem so etwas wie die Anführer zu sein. Oft sind dies Kinder, die sozial besonders kompetent sind und viele Spielideen haben, die sie gemeinsam mit anderen Kindern umsetzen. Über den Kontakt mit sozial kompetenten Kindern wie Marie könnte auch Sophia vielleicht einen Zugang zu anderen Kindern der Gruppe bekommen. Soziogramme können auch Hinweise auf mögliche Probleme in der Gruppenzusammensetzung geben. So könnte es sein, dass Sophias Zurückhaltung daran liegt, dass es keine altersgleichen Kinder in der Gruppe gibt.

Spielesoziogramm

Das Spielesoziogramm kann je nach Fragestellung sowohl gezielt für die einzelnen Kinder und ihre Spielpartnerschaften und Spielvorlieben als auch im Hinblick auf die Spielorte und ihre Nutzung ausgewertet werden. Bei der Auswertung nach Kindern und Spielpartnerschaften wird in ein Formblatt „Spielesoziogramm: Spielpartnerschaften" (Vorlage im Anhang, Seite 195) für jeden Beobachtungstag aus der Raumskizze übernommen, welche Kinder miteinander oder jedenfalls in räumlicher Nähe zueinander aktiv waren. In den Summenspalten ergibt sich die Anzahl der Spielkontakte zu anderen Kindern, sowohl insgesamt als auch aufgeschlüsselt nach Geschlecht. Zusätzlich können anhand der Häufigkeiten die bevorzugten Spielpartner eingetragen werden, und anhand der Raumskizzen kann vermerkt werden, wo sich das Kind häufig zum Spielen aufhält und wo eher selten oder überhaupt nicht. Diese Auswertung gibt Hinweise darauf, ob ein Kind viele Sozialkontakte im Freispiel hat oder ob es eher für sich allein spielt und welche Spielpartner und Spielorte es bevorzugt aufsucht.

In das Formblatt „Spielesoziogramm: Spielorte" (Vorlage im Anhang, siehe Seite 196) wird übertragen, wie viele Kinder sich am jeweiligen Beobachtungstag in bestimmten Spiel- bzw. Funktionsbereichen oder -räumen aufgehalten haben. In der Summe erhält man zum Beispiel einen Überblick darüber, welche Bereiche beliebte „Ballungszentren" sind und ob es auch Orte gibt, die für die Kinder eher uninteressant sind. Auch hier ist eine Auswertung nach Geschlecht sinnvoll, denn so können geschlechtsspezifische Nutzungsstrukturen sichtbar gemacht werden.

Wofür werden die aus der Beobachtung gewonnenen Erkenntnisse eingesetzt?

Der Nutzen von Soziogrammen für die Gestaltung der pädagogischen Praxis ist vielfältig und hängt von den konkreten Informationen ab, die in das Soziogramm eingeflossen sind. So können Kinder, die wenig Kontakt in der Gruppe haben, gezielter unterstützt werden. Anhand der Ergebnisse eines Soziogramms können zum Beispiel auch zukünftige Gruppenzusammensetzungen geplant werden. So kann etwa in der altersgemischten Arbeit überprüft werden, in welchen Alterszusammensetzungen sich Spielgruppen bilden und ob alle Kinder Spielpartner finden. Die Beschäftigung mit den Beobachtungsergebnissen kann dazu führen, über räumliche Veränderungen nachzudenken, um Spielbereiche zu erschließen oder so zu gestalten, dass sie für mehr Kinder attraktiver werden. Vielleicht gibt es nicht deshalb Streit in der Bauecke, weil sich zu viele Kinder dort aufhalten, sondern immer nur dann, wenn sich bestimmte Konstellationen von Kindern dort befinden. Das Soziogramm kann auch anregen, die Zugangs- und Nutzungsmöglichkeiten für Kinder dahingehend zu überdenken, mehr Freiräume zu schaffen:

- Können die Kinder zu zweit oder zu dritt nach Absprache ohne Beaufsichtigung im Waschraum mit Wasser experimentieren?
- Warum nutzen wir eigentlich den Bewegungsraum nicht häufiger?
- Können wir den älteren Kindern zutrauen, sich dort alleine aufzuhalten?
- Warum spielen so wenig Jungen im Rollenspielbereich?

Welche Voraussetzungen sind notwendig, um das Verfahren einzusetzen?

Sie benötigen zunächst einmal Formblätter, um Kontakte bzw. Spielsituationen dokumentieren zu können. Dafür können Sie die Vorlagen im Anhang dieses Buches (siehe Seite 194ff.) nutzen oder eigene Vorlagen erstellen. Für das Spielesoziogramm müssen Sie außerdem Raumskizzen anfertigen und in der entsprechenden Anzahl kopieren.

Wenn Sie ein Kontaktsoziogramm erstellen möchten, ist es wichtig, vorab eine Zeit lang die Kinder Ihrer Gruppe zu beobachten und Ihre Einschätzung einmalig zu notieren. Das kann gut alleine durchgeführt werden. Für das Spielesoziogramm reicht eine einmalige Dokumentation des Gruppengeschehens nicht aus. Hierfür muss sorgfältig geplant werden, an welchen Tagen und in welchem Zeitraum die vereinbarte Anzahl von Dokumentationen angefertigt werden soll. Das Dokumentieren der Spielsituationen selbst dauert nicht länger als jeweils zehn Minuten. In dieser Zeit sollten eine Kollegin oder ein Kollege als Ansprech- und Aufsichtsperson für die Kinder zur Verfügung stehen. Für die anschließende Übertragung in die Formblätter und die Auswertung (am besten im Rahmen einer Teambesprechung) muss Zeit außerhalb des Gruppendienstes eingeplant werden.

Wo gibt es weitere Informationen und Anregungen zum Beobachtungsverfahren?

Formblätter für die beiden Soziogrammformen des Kontaktsoziogramms und des Spielesoziogramms (unterteilt in Spielpartnerschaften und Spielorte) finden Sie als Vorlagen im Anhang (siehe Seite 194ff.).

4.6 Beobachtung zur Früherkennung von Entwicklungsrisiken

4.6.1 Grenzsteine der Entwicklung

Bei den **Grenzsteinen der Entwicklung** handelt es sich um einen Einschätzbogen, mit dessen Hilfe Risiken in den Entwicklungsverläufen von Kindern frühzeitig erkannt werden können. Um diese Einschätzung vorzunehmen, bedarf es häufig des genauen Hinschauens. Ob ein Kind zum Beispiel mit 36 Monaten dazu in der Lage ist, von einer unteren Treppenstufe beidbeinig abzuspringen und dabei im Gleichgewicht zu bleiben, mag der pädagogischen Fachkraft nicht für jedes Kind präsent sein. Hier muss also zunächst beobachtet werden, bevor die Einschätzung vorgenommen werden kann. Das Ausfüllen und die Auswertung des Einschätzbogens selbst dauern dann vielleicht zehn Minuten, da für jedes Alter des Kindes nur fünf bis 20 Fragen mit Ja oder Nein zu beantworten sind.

Zusammengestellt wurden die „Grenzsteine" von Hans-Joachim Laewen in Anlehnung an das an der Tübinger Universitätsklinik entwickelte Instrument Meilensteine der Entwicklung (Michaelis & Haas 1994). Die Grenzsteine der Entwicklung gelten für Kinder im Alter von drei Monaten bis sechs Jahren.

Welche Erkenntnisse sollen aus der Beobachtung gewonnen werden?

Grenzsteine der Entwicklung sind Entwicklungsziele in den Bereichen Körpermotorik, Hand- und Fingermotorik, Sprachentwicklung, kognitive Entwicklung, soziale Kompetenz und emotionale Kompetenz, die von etwa 90 bis 95 Prozent der Kinder bis zu einem bestimmten Alter erreicht worden sind. Im Bereich der Körpermotorik kann man zum Beispiel erwarten, dass Kinder zwischen ihrem ersten und zweiten Geburtstag laufen lernen. Bis zu ihrem zweiten Geburtstag sollten sie in ihrer Sprachentwicklung so weit vorangeschritten sein, dass sie einen aktiven Wortschatz von mindestens 50 Wörtern haben. Kinder im Alter von vier Jahren sollten die entsprechenden sozialen Kompetenzen besitzen, um sich erfolgreich an Regelspielen mit anderen beteiligen zu können. Wenn Kinder die für ein bestimmtes Alter zu erwartenden Entwicklungsziele nicht erreichen, das heißt, wenn eine oder mehrere Fragen auf dem Einschätzbogen für das Kind mit Nein beantwortet werden müssen, könnte es sich um eine Entwicklungsverzögerung handeln. In einem solchen Fall sollte von entsprechend ausgebildeten und erfahrenen Fachkräften (z.B. Kinderärzten oder Psychologinnen) abgeklärt werden, wo die Gründe für das Nichterreichen der Entwicklungsziele in einem oder mehreren Bereichen liegen.

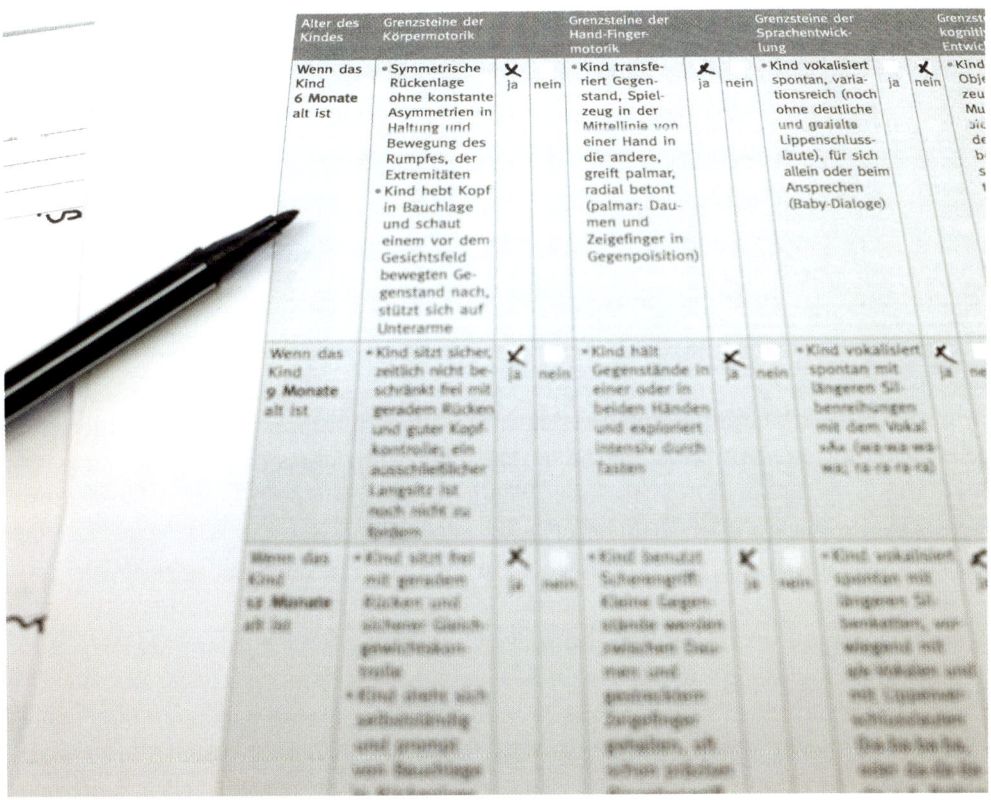

Wo liegt der Beobachtungsfokus?

Mit dem Verfahren Grenzsteine der Entwicklung werden immer einzelne Kinder beobachtet. Grundsätzlich sollte die Entwicklung jedes Kindes einer Gruppe mithilfe dieses Verfahrens regelmäßig bewertet werden. Der Zeitpunkt der Beobachtung richtet sich jeweils nach dem Alter des Kindes. Im ersten Lebensjahr wird das Verfahren viermal angewendet, und zwar, wenn das Kind drei, sechs, neun und zwölf Monate alt ist. Im zweiten Lebensjahr werden die Grenzsteine im Alter von 15, 18 und 24 Monaten erhoben. Danach wird das Verfahren einmal jährlich eingesetzt. Begonnen werden kann mit der Erhebung der Grenzsteine der Entwicklung zu jedem Zeitpunkt. Wenn ein Kind zum Beispiel erst im dritten Lebensjahr in den Kindergarten kommt, wird das Instrument das erste Mal angewendet, wenn das Kind 36 Monate alt ist.

Die Zeitpunkte für das Ausfüllen des Bogens sind jeweils auf das Ende des angegebenen Alterszeitraums bezogen, wobei ein Spielraum von maximal zwei Wochen eingehalten werden sollte. Der richtige Zeitpunkt für die Beurteilung eines Kindes, das drei Jahre alt ist, wäre also der Zeitraum von einer Woche vor seinem dritten Geburtstag bis eine Woche nach seinem dritten Geburtstag. Wenn dieser Zeitraum nicht eingehalten werden kann, weil das Kind zum Beispiel im Urlaub oder der Kindergarten geschlossen ist, ist es auch möglich, die Einschätzung früher vorzunehmen. Falls dabei Fragen mit Nein beantwortet werden, ist es jedoch nötig, möglichst bald nochmals zu beobachten, um abzuklären, ob das Kind einen Entwicklungsschritt genau im Zeitraum seiner Abwesenheit bewältigt hat.

Wie kann die Beobachtung dokumentiert werden?

Zur Dokumentation der Beobachtungen liegt für das Verfahren Grenzsteine der Entwicklung ein Einschätzbogen vor, der für jeden Entwicklungsbereich zwischen fünf und 20 Fragen enthält, die mit Ja oder Nein beantwortet werden können. Der Bogen ist entlang des Alters eines Kindes aufgebaut, sodass zu Beginn die Fragen stehen, die für drei Monate alte Säuglinge zu beantworten sind, und dann sukzessive die Fragen für die nächsten Altersabschnitte folgen. Zusätzlich wird eine Auswertungsliste zur Verfügung gestellt, in die der individuelle Entwicklungsverlauf eines Kindes und gegebenenfalls Entwicklungsrisiken eingetragen werden können.

Wie wird die Beobachtung ausgewertet?

Die Auswertung der Einschätzbogen ist vorgegeben, sodass sie von der pädagogischen Fachkraft allein vorgenommen werden kann. Wenn eine Frage aus dem Grenzsteininstrument für das beobachtete Kind mit Nein beantwortet wurde, ist dies ein Hinweis darauf, dass eine diagnostische Abklärung durch entsprechend ausgebildete Fachkräfte erfolgen sollte.

Wofür werden die aus der Beobachtung gewonnenen Erkenntnisse eingesetzt?

Der Erkenntnis, dass ein Kind unter Umständen entwicklungsverzögert ist, sollte zunächst ein Gespräch mit dessen Eltern folgen. Die Auffälligkeiten müssen den Eltern in taktvoller und einfühlsamer Weise mitgeteilt werden. Es geht letztendlich nicht darum, Eltern zu vermitteln, was ihr Kind alles nicht kann, sondern darum, sie dafür empfänglich zu machen, dass ihr Kind eventuell einem Entwicklungsrisiko ausgesetzt ist und dass es Sinn macht, diesen Hinweis abklären zu lassen. Dabei ist es durchaus möglich, dass trotz der mit dem Grenzsteininstrument erhobenen Auffälligkeiten die diagnostische Abklärung ohne Befund bleibt und keine Behandlungsbedürftigkeit gegeben ist.

Darüber hinaus kann die pädagogische Fachkraft in der Kindertageseinrichtung natürlich auch Gelegenheiten und Situationen bereitstellen, die das Kind herausfordern, seine Kompetenzen in den entsprechenden Entwicklungsbereichen weiterzuentwickeln. Ähnlich wie im Umgang mit der Entwicklungstabelle von Kuno Beller (siehe Seite 107ff.) können Stärken oder Vorlieben des Kindes genutzt werden, um ihm dabei zu helfen, Schwächen abzubauen. Wenn zum Beispiel ein vierjähriges Kind in der Entwicklung seiner sozialen Kompetenz verzögert ist, aber eine gute Körpermotorik aufweist, hilft es ihm vielleicht, über grobmotorische Spielangebote (Fußball, Seilspringen) einen Zugang zu anderen Kindern zu finden.

Welche Voraussetzungen sind notwendig, um das Verfahren einzusetzen?

Um die Grenzsteine der Entwicklung als Beobachtungsverfahren einzusetzen, brauchen Sie zunächst den Einschätzbogen. Darüber hinaus ist ein sehr genauer Zeitplan notwendig, in dem in Abhängigkeit vom Alter der Kinder festgehalten wird, wann welches Kind der Gruppe mit dem Grenzsteininstrument beobachtet werden muss. Die Einschätzung selbst können Sie dann allein vornehmen. Wenn Sie allerdings viel beobachten müssen, weil Sie sich in Ihrer Einschätzung nicht sicher sind, ist es hilfreich, eine Kollegin oder einen Kollegen um Unterstützung zu bitten. Unterstützung kann auch bei der Auswertung Ihrer Einschätzung und bei den Folgerungen, die Sie daraus für Ihre Arbeit ziehen, geboten sein.

Wo gibt es weitere Informationen und Anregungen zum Beobachtungsverfahren?

Den Einschätzbogen erhalten Sie zum kostenfreien Download im Internet zum Beispiel unter: https://mbjs.brandenburg.de/media/lbm1.a.3973.de/Grenzsteine_Fassung2009_Tabellen.pdf.

Hinweise zum theoretischen Hintergrund und zur praktischen Umsetzung der „Grenzsteine der Entwicklung als Grundlage eines Frühwarnsystems für Risikolagen in Kindertageseinrichtungen" finden Sie ebenfalls kostenfrei an mehreren Stellen im Internet, wenn Sie „Grenzsteine der Entwicklung" in eine Suchmaschine eingeben.

4.6.2 Entwicklungsbeobachtung und -dokumentation 3–48 (EBD 3–48) und 48–72 (EBD 48–72)

Diese systematische Beobachtungs- und Dokumentationshilfe für pädagogische Fachkräfte entstand im Rahmen eines Praxisprojekts, das in den Jahren 2006 bis 2008 in Mannheim durchgeführt wurde. Sie wurde zunächst in einer Version für Kinder im Alter von 3 bis 48 Monaten entwickelt und später um eine Version für Kinder zwischen dem 48. und 72. Lebensmonat ergänzt. Mit der **Entwicklungsbeobachtung und -dokumentation (EBD)** können spezifische Fertigkeiten von Kindern über diese Alterszeiträume gezielt beobachtet und dokumentiert werden. Die für jeden Entwicklungsbereich ausgewählten vier Aufgaben orientieren sich dabei wie im Verfahren Grenzsteine der Entwicklung am „Meilensteinprinzip". Es handelt sich also um Fertigkeiten, die für eine ungestörte Entwicklung zentral sind und die von 90 bis 95 Prozent aller Kinder im zugeordneten Zeitrahmen erreicht werden.

Die Meilensteine der Entwicklung sind notwendige Etappen im Entwicklungsverlauf; werden die Schritte nicht gemacht, ist ein Entwicklungsrückstand wahrscheinlich. Neben den kinderpsychologischen Grundlagen und Einsatzmöglichkeiten der Entwicklungsdokumentation wird in den umfassenden Veröffentlichungen auch auf die Durchführung, Auswertung und Interpretation der Beobachtungsergebnisse eingegangen. Anhand von Fallbeispielen und Fotos wird die praktische Anwendung verdeutlicht.

Welche Erkenntnisse sollen aus der Beobachtung gewonnen werden?

Die EBD 3–48 und EBD 48–72 umfassen die Entwicklungsbereiche „Haltungs- und Bewegungssteuerung", „Fein- und Visuomotorik", „rezeptive und expressive Sprache", „kognitive Entwicklung", „soziale Entwicklung" sowie „emotionale Entwicklung". Zur Haltungs- und Bewegungssteuerung gehören Fähigkeiten wie Treppensteigen, in die Hocke gehen und einen Ball werfen oder fangen. Fein- und visuomotorische Fähigkeiten äußern sich unter anderem darin, dass das Kind mit dem Löffel essen, eine gerade Linie zeichnen oder Papier falten kann. Fähigkeiten, die das Verständnis und die Anwendung von Sprache betreffen, sind zum Beispiel das Befolgen von Anweisungen, das Nachsprechen kurzer Sätze oder die Beantwortung von einfachen Fragen zu einer Geschichte. Die Überprüfung der kognitiven Entwicklung bezieht sich unter anderem darauf, ob das Zuordnen von Farben oder die Unterscheidung zwischen „eins" und „viele" gelingt, symbolisches Spiel beobachtbar ist oder mehrere Bildkarten korrekt einander zugeordnet werden. Emotionale Kompetenz umfasst den Umgang mit und Ausdruck von eigenen Gefühlen und das Erkennen von Gefühlen anderer Menschen. Die Aufgaben zur Sozialentwicklung beinhalten unter anderem Beobachtungen dazu, ob ein Kind Kontakt zu anderen Kindern und Erwachsenen sucht und herstellt und ob es sich an Regeln und Vereinbarungen halten kann (Petermann et al. 2015, S. 48f.).

Zur Entwicklungsüberprüfung liegen Aufgabenkataloge für verschiedene Zeitpunkte vor. Mit der **EBD 3–48** wird erstmalig im Alter von drei Monaten, danach auf den Altersstufen sechs, zwölf, 18, 24, 30, 36, 42 und 48 Monate beobachtet. Die **EBD 48–72** ist in fünf Altersstufen mit je sechsmonatigem Abstand unterteilt: 48, 54, 60, 66 und 72 Monate. Für jede Altersstufe sind vier Aufgaben pro Entwicklungsbereich ausführlich beschrieben. Sie sind außerdem mit konkreten Beispielen dafür versehen, wann eine Aufgabe als „erfüllt" bzw. „nicht erfüllt" gewertet werden soll, um eine gewisse Durchführungs- und Auswertungsobjektivität zu gewährleisten. Bei der Aufgabenzusammenstellung wurde darauf geachtet, dass das Verhalten im Alltag einer Kindertageseinrichtung gut beobachtbar ist und Material verwendet wird, das in der Regel vorhanden oder leicht zu beschaffen ist.

Wo liegt der Beobachtungsfokus?

Der Beobachtungsfokus liegt, wie bei allen Verfahren zur Risikoabschätzung, auf dem einzelnen Kind und seiner Entwicklung in allen zentralen Entwicklungsbereichen. Auch wenn die Verfasserinnen und Verfasser die Nutzbarkeit des Verfahrens für individuelle pädagogische Förderung betonen, zielt es weder primär auf Interessen noch auf besondere Stärken eines Kindes ab. Es handelt sich vielmehr um ein „Screening-Verfahren": Alle Kinder sollen regelmäßig mit der EBD 3–48 bzw. der EBD 48–72 beobachtet werden. Die EBD 3–48 und die EBD 48–72 beanspruchen, die fünf bis zehn Prozent aller Kinder zu entdecken, die im Vergleich zu Gleichaltrigen den geringsten Entwicklungsfortschritt aufweisen, um eine weiterführende, abklärende Diagnostik und gezielte Fördermaßnahmen einleiten zu können. Damit ist eine alltagsintegrierte pädagogische Nutzung des Verfahrens nur in engen Grenzen möglich und sinnvoll. Die Autorinnen und Autoren liefern zu jedem Entwicklungsbereich eine ein- bis dreiseitige theoretische Einführung, die Definitionen enthält, Entwicklungsmeilensteine heraushebt und die einzelnen Bereiche in einen Gesamtzusammenhang stellt. Durch den Einsatz des Verfahrens erwerben oder festigen pädagogische Fachkräfte somit auch ihre Grundkenntnisse über die kindliche Entwicklung.

Wie kann die Beobachtung dokumentiert werden?

Das Verfahren stellt sehr gut strukturierte Protokollbogen für die neun Altersstufen zur Verfügung. Die Beobachterin bzw. der Beobachter entscheidet, ob eine Aufgabe vom Kind „erfüllt" oder „nicht erfüllt" wurde und vergibt für erfüllte Aufgaben den Punktwert 1, für nicht erfüllte den Punktwert 0. Anschließend werden für jeden Bereich die Punkte zusammengezählt. Es ergibt sich ein Gesamtwert zwischen 1 und 4 für jeden Entwicklungsbereich, der in ein Ergebnisprofil übertragen wird. In die Protokollbogen können auch zusätzliche Beobachtungen eingetragen werden. Außerdem gibt es ein Formblatt, in das sukzessive alle Ergebnisse übertragen werden können, um einen einfachen Überblick über den Entwicklungsverlauf eines Kindes zu gewinnen. Alle Materialien sind auf der mitgelieferten CD-ROM zum Ausdrucken aufbereitet.

Wie wird die Beobachtung ausgewertet?

Aus dem Ergebnisprofil lassen sich die Fähigkeiten eines Kindes im Vergleich zur maximal erreichbaren Punktzahl schnell ablesen. Bei drei bis vier gelösten Aufgaben pro Bereich liegt kein Hinweis auf eine auffällige Entwicklung vor. Sind zwei von vier Aufgaben gelöst, liegt nach Angaben der Autorinnen und Autoren ein grenzwertiger Befund vor. Kann ein Kind nur eine oder überhaupt keine der Aufgaben bewältigen, bildet ein solches Ergebnis auf jeden Fall einen Hinweis auf eine bereichsspezifische oder allgemeine Entwicklungsverzögerung.

Wofür werden die aus der Beobachtung gewonnenen Erkenntnisse eingesetzt?

Da es sich durchgängig um Anforderungen handelt, die für über 90 Prozent aller Kinder kein Problem darstellen, müssen bei nicht gelösten Aufgaben auf jeden Fall Schritte folgen. Wenn nur eine Aufgabe in einem Bereich nicht bewältigt wurde, soll diese als Entwicklungsziel für das Kind gewertet werden. Die pädagogische Fachkraft sollte das Kind dann unterstützen, diese Fertigkeit zu erlernen und hierfür entsprechende Situationen schaffen. Zeitnah (innerhalb von zwei Wochen) wird nachgeprüft, ob das Kind die Aufgabe nunmehr erfüllt. Sind zwei Aufgaben nicht gelöst, wird ein Elterngespräch empfohlen, um abzuklären, ob das Kind die Fertigkeiten eventuell zu Hause zeigt. Die Aufgaben werden als Entwicklungsziele für das Kind formuliert und sowohl in der Kita als auch zu Hause „geübt". Hat das Kind Schwierigkeiten, die Fertigkeiten trotz gezielter Unterstützung zu erwerben, wird zur weiteren Abklärung eine allgemeine Entwicklungsdiagnostik durch Fachkräfte der Frühförderung oder andere Spezialisten empfohlen. Dies ist unbedingt notwendig, sollte ein Kind nur eine oder überhaupt keine Aufgabe in einem oder mehreren Bereichen lösen können. Die Autoren weisen darauf hin, dass die EBD 3–48 und die EBD 48–72 noch keine solche Entwicklungsdiagnostik darstellen, sondern nur auf deren Notwendigkeit hinweisen können. Ebenso zeigen sie die Grenzen gezielter Förderung durch pädagogische Fachkräfte und Eltern auf, die bei diagnostizierten Entwicklungsverzögerungen letztlich keine therapeutischen Maßnahmen ersetzen kann.

Welche Voraussetzungen sind notwendig, um das Verfahren einzusetzen?

Sie benötigen zunächst die Aufgabenbeschreibungen und die Protokollbogen für die jeweilige Altersstufe. Das genaue Alter des Kindes wird errechnet und mit einigen anderen Daten in den Kopf des Bogens eingetragen. Die Autorinnen und Autoren empfehlen, zur Vorbereitung alle Beobachtungsaufgaben einmal durchzulesen. Besser ist es, sich im Team Zeit zu nehmen, um das Verfahren in Aufbau und Inhalt gemeinsam genau durchzugehen und gegebenenfalls Begriffe oder Unklarheiten zu diskutieren. Ideal wäre, wenn zu Beginn mindestens zwei Fachkräfte ein Kind zunächst unabhängig voneinander einschätzen und ihre Ergebnisse vergleichen, um Sicherheit zu gewinnen und die Zuverlässigkeit der Einschätzungen zu erhöhen. Die Hinweise zur Durchführung sind genau zu befolgen; eventuell können einige Fragen aber auch aufgrund vorangegangener freier Beobachtungen beantwortet werden. Das benötigte Material ist bereitzulegen; außerdem müssen genügend Zeit und eine ablenkungsarme Umgebung zur Verfügung stehen. Das Kind sollte in seiner aktiven Wachphase sein und nicht durch Krankheit, Hunger, außergewöhnliche Erlebnisse (z.B. Geburtstagsfeier) etc. in seiner Aufmerksamkeit oder Explorationsfreude beeinträchtigt sein.

Wo gibt es weitere Informationen und Anregungen zum Beobachtungsverfahren?

Das Verfahren liegt als folgende Veröffentlichungen vor:

- Koglin, Ute; Petermann, Franz & Petermann, Ulrike (2017): Entwicklungsbeobachtung und -dokumentation (EBD) / 3-48 Monate (9. Auflage). Eine Arbeitshilfe für pädagogische Fachkräfte in Krippen und Kindergärten. Mit CD-ROM. Berlin, Düsseldorf und Mannheim: Cornelsen.
- Petermann, Ulrike; Petermann, Franz & Koglin, Ute (2017): Entwicklungsbeobachtung und -dokumentation (EBD) / 48–72 Monate (7. aktualisierte Auflage). Eine Arbeitshilfe für pädagogische Fachkräfte in Krippen und Kindergärten. Mit CD-ROM. Berlin, Düsseldorf und Mannheim: Cornelsen.

4.6.3 Beobachtungsbogen zur Erfassung von Entwicklungsrückständen und Verhaltensauffälligkeiten bei Kindergartenkindern – BEK

Der **Beobachtungsbogen zur Erfassung von Entwicklungsrückständen und Verhaltensauffälligkeiten bei Kindergartenkindern - BEK** wurde ursprünglich im Jahr 1998 am Staatsinstitut für Frühpädagogik entwickelt. Auf der Grundlage neuer fachlicher Erkenntnisse und vieler Praxiserfahrungen wurde er in den Jahren 2005 und 2006 in Kooperation mit der Arbeitsstelle Frühförderung Bayern überarbeitet. Das Verfahren hilft pädagogischen Fachkräften, Alltagsbeobachtungen, die auf Störungen hinweisen, festzuhalten und zu ordnen, um die Früherkennung von Entwicklungsrückständen und Verhaltensauffälligkeiten zu erleichtern. Im Gegensatz zu den bisher beschriebenen Verfahren geht es nicht um die routinemäßige Einschätzung aller Kinder einer Gruppe. Der Bogen sollte vielmehr nur dann herangezogen werden, wenn bei einem Kind aufgrund von Alltagsbeobachtungen bereits Hinweise auf eine Auffälligkeit im Verhalten und/oder in der Entwicklung vorhanden sind. Eine pädagogische Nutzung der Beobachtungen ist nicht intendiert.

Welche Erkenntnisse sollen aus der Beobachtung gewonnen werden?

Mit dem BEK ist es möglich, Hinweise auf Verhaltensauffälligkeiten und Entwicklungsverzögerungen bei Kindern im Alter von vier bis sechs Jahren zu erhalten. Dazu werden insgesamt acht „Problembereiche" aufgeführt: „Sprache und Sprechen" (z.B. Satzbau/Grammatik, Sprachverständnis), „Kognitive Entwicklung" (z.B. Ordnen/Unterscheiden; Ideenreichtum/Kreativität), „Wahrnehmung/Orientierung" (visueller, auditiver und taktil-kinästhetischer Bereich), „Motorik" (Grobmotorik, Krafteinsatz, Feinmotorik), „Verhalten" (z.B. aggressives Verhalten, motorische Unruhe, soziale Stellung in der Gruppe), „Einzelsymptome" (z.B. Einnässen, Nägelkauen), „Gesundheit – körperlicher Zustand" (z.B. körperliche Beeinträchtigungen, häufige Erkrankungen) sowie „familiäre und psychosoziale Belastungen" (z.B. Hinweise auf Vernachlässigung, Misshandlung). Zu diesen Bereichen sind insgesamt 42 Einzelfragen formuliert, die bei Bejahung auf Auffälligkeiten oder Risiken hindeuten.

Wo liegt der Beobachtungsfokus?

Der Beobachtungsfokus liegt auf einzelnen Kindern, bei denen die pädagogische Fachkraft durch Alltagsbeobachtungen den Eindruck bekommen hat, genauer hinsehen zu müssen. Im pädagogischen Alltag passiert es häufig, dass pädagogische Fachkräfte den Verdacht haben, dass „irgendetwas mit dem Kind nicht stimmt". Ihnen fällt zum Beispiel auf, dass ein Kind sich ungeschickt bewegt und häufig gegen Gegenstände läuft, ungern klettert und nicht balancieren kann oder dass ein anderes Kind eine verwaschene Aussprache hat und sie es deshalb kaum verstehen können, wenn es etwas erzählen will. Der BEK stellt diese Einzelbeobachtungen in einen breiteren Kontext, indem für die genannten Entwicklungs- und Verhaltensbereiche eine Reihe von Kompetenzen erfragt wird. So kann zum Beispiel ein Bild darüber gewonnen werden, ob es sich um eine auf einen Entwicklungsbereich eingegrenzte Problematik handelt oder ob ein Kind eine eher generalisierte Entwicklungsverzögerung zeigt.

Wie kann die Beobachtung dokumentiert werden?

Das insgesamt zwölfseitige Beobachtungsinstrument dient gleichzeitig der Dokumentation der durch die Fachkraft vorgenommenen Einschätzungen. Vor der Bearbeitung ist der Einschätzbogen in Ruhe durchzulesen; danach wird das Kind beobachtet (dafür werden keine Angaben zu Umfang und Häufigkeit gemacht) bzw. es werden Beobachtungen und Erfahrungen von Teamkolleginnen und -kollegen eingeholt. Erst danach soll der Bogen ausgefüllt werden. Bei Unsicherheiten, die auch nicht durch erneute Beobachtungen aufgelöst werden können, wird auf eine Einschätzung verzichtet, und die entsprechende Frage wird mit einem X markiert. Die Mehrzahl der Fragen ist durch eine Einschätzung auf einer Dreierskala zu beantworten. Dabei bedeutet 0, dass das Verhalten bzw. die Kompetenzen des Kindes in Bezug auf diese Frage „unauffällig" sind, eine 1 beschreibt eine leicht ausgeprägte und eine 2 eine stark ausgeprägte Auffälligkeit. Rechts neben den Fragen und Skalen befindet sich Platz für eigene Beschreibungen und Anmerkungen zu den Problembereichen. Einzelsymptome sind ebenfalls auf einer Dreierskala (nie oder selten; gelegentlich; oft) einzuschätzen, Auffälligkeiten in den Bereichen „Gesundheit – körperlicher Zustand" und „familiäre und psychosoziale Belastungen" sind durch einfaches Ankreuzen kenntlich zu machen, manchmal verbunden mit der Möglichkeit, detailliertere Ausführungen festzuhalten. Am Ende des Bogens soll in Stichpunkten dokumentiert werden, welche Konsequenzen aus den Beobachtungen gezogen werden und wie weiter verfahren werden soll. Dabei sollen Termine, Arbeitsschritte und Ergebnisse festgehalten werden.

Wie wird die Beobachtung ausgewertet?

Die Beobachtungen werden Frage für Frage ausgewertet; ein Summenwert wird nicht berechnet. Man erhält somit einen Überblick darüber, in welchen Bereichen ein Kind leichte oder stark ausgeprägte Schwierigkeiten hat bzw. problematisches Verhalten zeigt. Grundsätzlich gilt, dass bei der Auswertung immer die Gesamtsituation eines Kindes und seiner Familie sowie der Verlauf seiner Entwicklung berücksichtigt werden müssen. Eine Einstufung einer Frage oder sehr weniger Fragen mit 1 sollte zunächst dazu führen, die Entwicklung dieses Kindes genauer im Auge zu behalten. Wenn viele Probleme als „leicht ausgeprägt" beurteilt werden, ist über eine zusätzliche diagnostische Abklärung nachzudenken, die von fachlich ausgebildeten Personen vorgenommen werden muss. Kommt es bei einer oder gar mehreren Fragen zur Einschätzung einer „stark ausgeprägten" Auffälligkeit, ist dies als Hinweis darauf zu werten, dass das betreffende Problem einer genaueren Abklärung bedarf. Dies gilt insbesondere dann, wenn die stark ausgeprägte Problematik über einen Zeitraum von mehr als einem Vierteljahr besteht oder sich weiter verschlechtert hat. Je mehr Aspekte als „stark ausgeprägt" eingestuft werden, desto dringlicher ist eine ausführliche diagnostische Untersuchung durch dafür qualifizierte Fachpersonen.

Wofür werden die aus der Beobachtung gewonnenen Erkenntnisse eingesetzt?

Der Autor sieht den BEK als einen Baustein in einem abgestuften System zur Früherkennung von Entwicklungsrisiken (Mayr 2008). Er soll nur dann zum Einsatz kommen, wenn mindestens zwei Fachkräfte nach einer ersten Grobeinschätzung den Verdacht auf Entwicklungsverzögerungen oder Verhaltensauffälligkeiten teilen. Der BEK dient dann dazu, sich einen differenzierteren Eindruck und Überblick zu verschaffen. Er gestattet es jedoch nicht, eine Entwicklungsstörung sicher zu diagnostizieren. Der Einsatz des Verfahrens ist vielmehr als „eine Stufe in einem umfassenden Entscheidungsprozess" zu sehen (Mayr & Ulich 2006, S. 4). Dies ist unbedingt zu berücksichtigen, wenn mit Eltern über die Beobachtungsergebnisse gesprochen wird. Zusammen mit Kolleginnen und Kollegen sowie den Eltern wird versucht zu klären, wo die Ursachen für die Probleme liegen könnten, wie mit dem Kind zukünftig pädagogisch gearbeitet werden soll und ob es notwendig ist, weitere diagnostische Maßnahmen durch einen Fachdienst einzuleiten. Dies setzt in der Regel das Einverständnis der Eltern voraus.

Welche Voraussetzungen sind notwendig, um das Verfahren einzusetzen?

Das Verfahren erscheint zunächst angesichts des klaren Aufbaus des Bogens und der eindeutigen Bearbeitungsregeln einfach anwendbar. Zur Beantwortung einiger Fragen ist aber entwicklungspsychologisches Grundlagenwissen notwendig, zum Beispiel für die Beurteilung, inwieweit ein Kind sich schwertut bzw. lange benötigt, um den Sinn oder Zusammenhänge bei Spielregeln zu verstehen. Zur Verbesserung der Gültigkeit und Zuverlässigkeit der Einschätzungen sollte sich ein Team, das den BEK anwenden möchte, genügend Zeit im Vorfeld nehmen, um den Bogen Frage für Frage durchzugehen und sich darüber zu verständigen, was die einzelnen Fachkräfte unter den jeweiligen Beschreibungen genau verstehen (z.B. „sich schwertun"; „sich provozierend verhalten"). Hierbei kann es durchaus zu Überraschungen kommen, denn was die eine pädagogische Fachkraft als provozierend oder frech wahrnimmt, kann von einer anderen eventuell positiv als Durchsetzungsfähigkeit oder Schlagfertigkeit verstanden werden. Diese verschiedenen Perspektiven gilt es zu hinterfragen und offen zu diskutieren. Es ist deshalb auch sinnvoll, für alle Einstufungen mit 1 oder 2 konkrete Situationen bzw. Beobachtungen zu notieren, auf deren Grundlage sie vorgenommen wurden, und diese ebenfalls im Team zu besprechen. Ferner sollten die Mitarbeiterinnen und Mitarbeiter der sozialen Dienste, mit denen die Einrichtung kooperiert, darüber informiert sein, dass die Einrichtung mit dem BEK arbeitet.

Wo gibt es weitere Informationen und Anregungen zum Beobachtungsverfahren?

Der Beobachtungsbogen zur Erfassung von Entwicklungsrückständen und Verhaltensauffälligkeiten bei Kindergartenkindern (BEK) ist kostenfrei im Internet abrufbar unter: www.ifp.bayern.de/imperia/md/content/stmas/ifp/beobachtungsbogen_bek.pdf.

Wie das Verfahren in ein abgestuftes System der Früherkennung von Entwicklungsrisiken eingebettet werden kann, wird beschrieben in:

Mayr, Toni (2008): Früherkennung von Entwicklungsauffälligkeiten im Kindergarten als Prozess – ein Stufenmodell. In: Detlef Diskowski & Ludger Pesch (Hrsg.): Familien stützen – Kinder schützen. Was Kitas beitragen können (S. 199–213). Berlin, Weimar: verlag das netz.

5. Dokumentationsformen

Das Beobachten der Kinder ist die eine Seite der Medaille, die andere Seite ist die Dokumentation dieser Beobachtungen. Ohne Dokumentation laufen Sie Gefahr, einfach zu schnell zu vergessen, was Sie wirklich gesehen haben, oder Wahrgenommenes vermischt sich zu schnell mit Interpretation und Deutung. Die fachliche Reflexion mit Kolleginnen und Kollegen sowie die Entwicklung von pädagogischen Angeboten, die auf den Beobachtungen aufbauen, werden dann schwierig bis unmöglich.

Auch Entwicklungsschritte eines Kindes oder eine Veränderung seiner Themen sind ohne eine systematische Dokumentation nicht immer nachzuvollziehen. Ein zweijähriges Kind, das vor einem halben Jahr viel Spaß am Treppensteigen hatte, weil es dadurch seine Bewegungskompetenz erweitern konnte, beherrscht nun vielleicht das Erklimmen bzw. Hinabsteigen der Treppe. Sich weiterhin viel Zeit mit diesem Kind zu lassen, wenn es sich im Treppenhaus der Kindertageseinrichtung befindet, macht keinen Sinn mehr. Vielleicht genießt das Kind die Zeit im Treppenhaus nach wie vor, aber nicht etwa deshalb, weil es seine Bewegungskompetenz erweitern kann, sondern weil es hier die ungestörte Aufmerksamkeit der pädagogischen Fachkraft besitzt. Diese kann die Fachkraft dem Kind nun jedoch auch in anderen Situationen, in denen es seine aktuellen Bildungsthemen bearbeitet, zuteilwerden lassen.

Um die eigene pädagogische Arbeit und die individuellen Angebote, die aufgrund der Beobachtungen entwickelt wurden, zu überprüfen, bietet es sich an, auch diese in die Dokumentation aufzunehmen. Zum einen wird dadurch deutlich, auf Basis welcher Beobachtungen und Einschätzungen Sie welche pädagogischen Angebote gemacht haben. Zum anderen besteht die Möglichkeit zu reflektieren, ob die pädagogischen Angebote tatsächlich das aktuelle Bildungsinteresse des Kindes treffen oder ob das Beobachtete überdacht werden muss.

Eine pädagogische Fachkraft notiert: „Carlos (2 Jahre) holt sich immer wieder die bunten Bausteine aus dem Regal und kann dann stundenlang damit spielen. Ich denke, er beschäftigt sich gerade damit, wie man Dinge aufeinanderschichten kann, sodass sie nicht umfallen. Leider haben wir nur sehr wenig Bausteine. Morgen werde ich mir die braunen Holzbausteine aus der Nachbargruppe leihen, damit Carlos mehr Material zur Verfügung hat."
Am nächsten Tag spielt Carlos tatsächlich wieder mit den Bausteinen, die geliehenen Bausteine beachtet er jedoch gar nicht. Die pädagogische Fachkraft schaut nochmals hin und entdeckt Folgendes: „Carlos baut gar nicht mit den Bausteinen, sondern sortiert sie nach Farben und legt alle Bausteine, die die gleiche Farbe haben, in eine Reihe." Offensichtlich ist das Bildungsthema von Carlos eher die Reihenbildung als die Statik.

Für alle Beobachtungsverfahren, die wir Ihnen vorgestellt haben, gibt es Einschätz- oder Beobachtungsbogen, die eine systematische Dokumentation der Beobachtung ermöglichen. Beobachtungen werden Sie jedoch auch dann machen, wenn Sie eigentlich keine Beobachtungszeit eingeplant hatten oder Fotoapparat bzw. Filmkamera für Ihre Aufzeichnungen nutzen. In solchen Fällen können Sie die diversen Einschätz- und Beobachtungsbogen zunächst nicht als Hilfestellung für die Dokumentation und Analyse Ihrer Beobachtungen verwenden. Dennoch sollten auch spontane Beobachtungen oder Foto- und Filmbeobachtungen nicht undokumentiert bzw. unanalysiert bleiben.

Im Folgenden geben wir einige Hinweise darauf, was bei der Dokumentation und Analyse spontaner Beobachtungen zu beachten ist, welche Chancen die Dokumentation mithilfe von Fotoapparat und Filmkamera bietet und welche Punkte beim Aufzeichnen und bei der Auswertung zu bedenken sind. Außerdem finden Sie Anregungen dazu, wie alle Beobachtungen, Fotos, Geschichten und Produkte der Kinder systematisch in Form der Portfoliodokumentation zusammengetragen und aufbewahrt werden können.

5.1 Dokumentation und Analyse spontaner Beobachtungen

Je mehr Sie sich mit der Beobachtung und der darauf aufbauenden Unterstützung und Herausforderung der kindlichen Bildungsprozesse beschäftigen, desto häufiger werden Sie in Situationen kommen, in denen Sie sehr bewusst wahrnehmen, was die Kinder tun, ohne dass Sie diese Beobachtung in Ihren Arbeitsalltag eingeplant hätten. Zu diesen spontanen Beobachtungen gehört zum Beispiel jene, die die Erzieherin Anja gemacht hat (siehe Seite 14), als sie die sich scheinbar prügelnden Jungen im Sandkasten wahrnahm. Auch können Situationen entstehen, in denen Sie mit Kindern ins Gespräch kommen und dabei etwas über deren Kompetenzen, Entwicklungsschritte oder Themen erfahren. Hier wäre es eher unangemessen und für das Kind unter Umständen irritierend, wenn Sie das Gespräch unterbrächen, sich einen Beobachtungsbogen holten und aufschrieben, was das Kind sagt. Ebenso ist eine unmittelbare schriftliche Dokumentation von Situationen nicht möglich, wenn Sie mithilfe eines Fotoapparats oder einer Filmkamera einfangen, was die Kinder tun.

Dennoch sollten auch jene Beobachtungen, die nicht mit Einschätzbogen dokumentiert werden können, in schriftlicher Form festgehalten werden. Nur mithilfe der schriftlichen Dokumentation ist es möglich, Beobachtungen exakt zu erinnern und sie möglichst genau an Kolleginnen und Kollegen oder Eltern weiterzugeben. Ebenso kann eine differenzierte Analyse von Beobachtungen im Team nur dann stattfinden, wenn es Aufzeichnungen über das Wahrgenommene gibt, die es ermöglichen, eine Situation aus verschiedenen Blickwinkeln zu beleuchten.

5.2 Dokumentation und Analyse von ungeplanten Beobachtungen

Bereits in Kapitel 3.4 haben wir darauf aufmerksam gemacht, dass die Beschreibung von Beobachtungen zu allgemein oder zu technisch ausfallen kann. Gerade bei ungeplanten Beobachtungen, die im Nachhinein aufgezeichnet werden müssen, ist diese Gefahr besonders groß. Sätze wie „Lukas und Benjamin haben sich schon wieder heftig gestritten“ oder „Lukas ging auf Benjamin zu, berührte ihn an der Schulter, Benjamin stellte sein Bein vor das Bein von Lukas, Lukas fiel hin“ helfen in der Regel nicht, wenn man später versucht, die Situation zwischen Benjamin und Lukas zu analysieren.

Gerade bei ungeplanten Beobachtungen fällt es Ihnen aber vielleicht manchmal schwer, genau zu erkennen, was denn nun eigentlich geschehen ist, weil die Beobachtung sozusagen „nebenbei“ gemacht wird. Dennoch gewinnen Sie den Eindruck, es könnte von Bedeutung gewesen sein. In solchen Fällen bietet es sich an, nur das aufzuschreiben, was Sie tatsächlich wahrgenommen haben, und sich zu notieren, dass sie bei der nächsten geplanten Beobachtung genauer hinschauen möchten. Eine solche Notiz könnte folgendermaßen aussehen: „Seit einigen Tagen kommt es zwischen Lukas und Benjamin immer wieder zum Streit, wenn die beiden zusammen spielen. Bei der nächsten Beobachtung genau hinschauen, was da eigentlich abläuft!“

Bei anderen ungeplanten Beobachtungen gelingt es Ihnen vielleicht, sich die Zeit zu nehmen, um genau hinzuschauen. Bis Sie aber dazukommen, Ihre Beobachtung aufzuschreiben, vergeht eine Weile, in der Sie sich über das Wahrgenommene bereits „so ihre Gedanken machen“. Diese Gedanken können dann recht schnell unreflektiert in die Beobachtungsnotizen mit einfließen. Hier bietet es sich an, genau zu notieren, was beobachtet wurde und was bereits zur Analyse gehört.

„**Folgendes habe ich beobachtet:** Lukas und Benjamin haben in der Bauecke mit Autos gespielt. Dabei hatten sie eine heftige Auseinandersetzung darüber, wer den roten Porsche benutzen darf. Beide Jungen beschimpften sich verbal mit Worten wie ‚Blödmann‘ und ‚Idiot‘, und es kam auch zum Gerangel. Dabei schubste Lukas Benjamin an der Schulter, und Benjamin stellte Lukas ein Bein, sodass dieser hingefallen ist. Daraufhin hat Benjamin die Bauecke ziemlich schnell verlassen und ist in den Garten gelaufen. Ich habe Lukas getröstet und ihn gefragt, was denn los gewesen sei. Lukas hat geantwortet, dass Benjamin immer der ‚Bestimmer‘ sein will. Mein eigener Eindruck ist: Schon seit längerer Zeit nehme ich wahr, dass sich Lukas und Benjamin häufiger streiten, obwohl sie eigentlich Freunde sind. In der Situation, die ich beobachtet habe, ging es um den roten Porsche, den beide Jungen als sehr attraktives Spielzeug ansehen. Ich kann mir vorstellen, dass für beide Jungen die Freundschaft zueinander gerade ein wichtiges Thema ist, mit dem sie sich auseinandersetzen. Meiner Ansicht nach war bisher immer Benjamin derjenige, der die guten Spielideen hatte, und Lukas hat sich angepasst. Jetzt entwickelt Lukas langsam eigene Ideen, die er durchsetzen will. Damit kommt Benjamin vielleicht nicht klar. Wir sollten hier weiter beobachten, ob die beiden Jungen ihre Beziehung zueinander klären können oder ob sie unsere Hilfe brauchen."

Ist eine solche Beobachtung aufgeschrieben, können zur weiteren Analyse Fragen genutzt werden, wie sie im Beobachtungsverfahren Bildungsthemen/Bildungsinteressen der Kinder im *infans*-Konzept der Frühpädagogik (siehe Kapitel 4.1.1) beschrieben sind.

5.3 Dokumentation und Analyse von Gesprächen mit Kindern

Erkenntnisse über die Themen der Kinder oder ihren aktuellen Entwicklungsstand können Sie auch dann gewinnen, wenn Sie mit den Kindern ins Gespräch kommen. Solche Gespräche sollten möglichst genau notiert werden und können als Dokumente für die individuelle Lern- und Bildungsgeschichte des Kindes genutzt werden. Oft handelt es sich dabei um Geschichten, die Ihnen deshalb so besonders auffallen, weil sie dem sogenannten „Kindermund" entspringen, wie folgendes Beispiel zeigt, in dem sich der fünfjährige Paul mit seiner Erzieherin Uta unterhält:

Paul: „Du Uta, glaubst du, dass eine Rakete die Erde tragen könnte?"
Uta: „Nein, das glaube ich eigentlich nicht."
Paul: „Sie müsste die Erde natürlich von unten tragen, also unter der Erde sein, in Amerika oder so."
Uta: „Wo bitteschön ist denn im Weltraum unten?"
Paul: „Na vom Mond aus gesehen natürlich."

Die Beschreibung dieses Gesprächs zaubert in der Regel zuerst einmal ein Lächeln auf das Gesicht von Erwachsenen. Es lohnt sich jedoch, es nicht einfach bei diesem Lächeln zu belassen, sondern genauer darüber nachzudenken, um darauf aufbauend Bildungsmöglichkeiten für Paul zu eröffnen. Bei einer Analyse des Gesprächs zeigt sich nämlich, dass mehr dahintersteckt als nur der sogenannte Kindermund. Zum einen wird offensichtlich, dass sich Paul für Geografie interessiert. Er weiß, dass es so etwas wie Amerika gibt und dass Amerika, von Deutschland aus gesehen, ungefähr auf der anderen Seite der Erde liegt. Vielleicht würde es Paul gefallen, einmal einen Atlas oder einen Globus anzuschauen. Zum anderen beschäftigt sich Paul ganz eindeutig mit verschiedenen Perspektiven auf ein und dieselbe Sache. Er hat die Idee, dass man die Erde vom Mond aus betrachten kann und dass es dabei ein Oben und Unten gibt. Vielleicht wäre es für Paul herausfordernd, wenn er die Möglichkeit bekäme, auch andere Dinge aus verschiedenen Perspektiven zu betrachten: „Wie sieht unser Gruppenraum aus, wenn ich auf eine Leiter steige?“ oder „Wie sieht unser Kindergarten aus, wenn ich ihn vom obersten Stockwerk des benachbarten Hochhauses aus betrachte?“

Gespräche zwischen Ihnen und den Kindern, die Rückschlüsse auf die Bildungsthemen der Kinder zulassen, können sich auch über die Werke der Kinder entwickeln. Natürlich sind hier nicht Bastelarbeiten oder Bilder gemeint, die die Kinder aufgrund einer Vorlage herstellen und deren Ergebnis bereits vorbestimmt ist. Interessant im Hinblick auf Bildungsthemen sind vielmehr jene kreativen Produkte, die aus eigenem Antrieb und mit der eigenen, oft sehr individuellen Sicht des Kindes auf die Welt gefertigt werden. Hierzu ein Beispiel:

Die vierjährige Yasemin hat lange am Tisch gesessen und gemalt. Nun zeigt sie der Kindheitspädagogin stolz ihr Werk. Diese nimmt das Blatt Papier und schaut es sich verdutzt an. Yasemin hat keine Buntstifte benutzt, sondern lediglich einen Bleistift. Zu erkennen sind für die Pädagogin gerade und gebogene Linien, Formen, die entfernt an Kreise und Rechtecke erinnern, und ein großes M. Beschäftigt sich Yasemin gerade mit geometrischen Formen?
Die Pädagogin nimmt sich Zeit und bittet Yasemin, ihr das Bild zu erklären. Yasemin erzählt: Das eine Rechteck ist das Haus, in dem sie wohnt. Von dort führen ein Weg zum Kindergarten und ein Weg zu ihrer Freundin Sylvia. Weil Sylvia so gerne Cheeseburger isst, hat Yasemin einen Weg vom Haus ihrer Freundin zu einem Fastfood-Restaurant eingezeichnet. Auch vom Kindergarten führt noch ein Weg zu einem anderen Rechteck. Dies ist das Haus, in dem sich die Kindergartengruppe am nächsten Tag ein Theaterstück ansehen wird, worauf sich Yasemin schon sehr freut.

5.4 Dokumentation und Analyse von Fotografien und Filmaufnahmen

Entschließen Sie sich dazu, Fotos oder Filme von den Kindern Ihrer Gruppe aufzunehmen, dann haben Sie mit dieser Art der Beobachtung schon einen Teil der Dokumentation geleistet. Fotos und Filmaufnahmen können durchaus als Dokumente kindlicher Lern- und Bildungsgeschichten angesehen werden. Sie stellen eine gute und angemessene Form dar, um das, was die Kinder tun, was sie beschäftigt und wofür sie sich engagieren, aufzuzeichnen.

In der Regel gewöhnen sich die Kinder auch schnell daran, dass sie von Zeit zu Zeit mit der Kamera aufgenommen werden, sodass Sie durchaus davon ausgehen können, normale Alltagssituationen einzufangen und nicht nur „Theater". Außerdem bietet Ihnen das Benutzen einer Kamera die Möglichkeit, eindeutig zu signalisieren, dass Sie nun beobachten und deshalb nicht ansprechbar sind.

Wenn Sie technische Hilfsmittel benutzen, sollten Sie allerdings berücksichtigen, dass das Erstellen solcher Dokumente in hoher Qualität nicht ganz einfach ist und dass die Auswertung in der Regel zeitaufwendiger ist als bei einer Beobachtung mit Stift und Papier.

Auf die sogenannte Objektivität von technischen Geräten sollten Sie sich nicht allzu sehr verlassen. Fotos und Filmaufnahmen geben nur einen begrenzten Ausschnitt der Wirklichkeit wieder und sind in mancher Hinsicht der menschlichen Fähigkeit zur ganzheitlichen Wahrnehmung sogar unterlegen (Huhn et al. 2000). Hierzu ein Beispiel:

Weil Sie sich sehr auf Ihre Aufnahme von Nathalie und Constanze konzentrieren, die in der Puppenecke intensiv Kochen und Puppefüttern spielen, bekommen Sie vielleicht nicht mit, dass auch Svenja am Rande der Puppenecke so tut, als ob sie eine Puppe wickelt. Als Svenja kurz weggeht, um eine neue Windel zu holen, greift sich Nathalie Svenjas Puppe. Svenja ist darüber erbost, und es kommt zum Konflikt zwischen den Mädchen. Als Beobachterin mit der Kamera können Sie jedoch nicht nachvollziehen, warum Svenja überhaupt wütend ist. Bedingt durch die Kamera standen in Ihrem Aufmerksamkeitsfokus nur Nathalie und Constanze. Ohne Kamera hätten Sie vielleicht „aus dem Augenwinkel" auch noch bemerkt, was Svenja gerade in der Puppenecke spielt.

Den Konflikt zwischen den Kindern können Sie mithilfe der Filmaufnahme nicht wirklich auswerten. Andererseits haben Sie natürlich mit Ihrer Aufnahme von Nathalie und Constanze eine hervorragende Basis geschaffen, um das Spiel dieser beiden Mädchen zu analysieren; und je mehr Sie mit dieser Technik umgehen, desto häufiger wird es Ihnen gelingen, trotz der Kameraperspektive auch das wahrzunehmen, was neben dem Aufnahmefokus passiert.

Diese Beobachtungen müssen dann jedoch schriftlich festgehalten werden, denn nur so sind sie als Hintergrundinformation für die mit der Kamera beobachteten Szenen nachvollziehbar und bei der Analyse verwendbar. Bei Fotodokumentationen ist dieses schriftliche Festhalten der Situation sogar noch wichtiger. Fotos sind Momentaufnahmen und sagen deshalb in der Regel weniger als Filmaufnahmen darüber aus, wie sich die Kinder mit ihren Themen auseinandersetzen. Im Gegensatz zu Filmaufnahmen fehlt bei Fotos die Sprache, und auch Bewegung lässt sich schwieriger abbilden. Sprache und Bewegung können Sie nur dann abbilden, wenn Sie die Geschichte, die sich hinter den Fotos verbirgt, aufschreiben.

Neben der „begrenzten" Wahrnehmung, die Sie sich durch das Verwenden von technischen Geräten bei der Beobachtung auferlegen, sollten Sie nicht unterschätzen, dass auch der kameratechnische Umgang mit Licht- und Raumverhältnissen und Bewegung geübt werden muss (Huhn et al. 2000). Auf Gegenlichtaufnahmen ist in der Regel kaum etwas zu erkennen, und sie sind deshalb für die Dokumentation von kindlichen Bildungsprozessen schlecht zu verwerten. Aber gerade, wenn Sie sich mit der Kamera durch den Raum bewegen und darauf konzentriert sind, eine Situation einzufangen, werden Sie bemerken, dass Ihnen solche „Gegenlichtfehler" am Anfang recht häufig unterlaufen. Um dem entgegenzuwirken, können Sie sich natürlich vor der Aufnahme überlegen, wo im Raum Sie sich mit der Kamera am besten positionieren und dann an diesem Platz stehenbleiben. Nun werden Sie jedoch bemerken, wie eng der Ausschnitt der Wirklichkeit ist, den sie auf diese Weise einfangen können. Kinder bewegen sich im Raum: Kommen sie zu nah an die Kamera, dann können Sie nur noch Gesichter oder Oberkörper aufnehmen; bewegen sie sich zu weit von der Kamera weg, dann läuft Ihnen bei der Aufnahme ständig jemand dazwischen. Nutzen Kinder für ihr Spiel den ganzen Raum, muss die Kamera immer wieder schwenken; ziehen sie sich in eine kleine, behagliche Ecke zurück, gibt es für die Kamera keinen Einblick mehr. Letztendlich bleibt Ihnen also nichts anderes übrig, als den Kindern mit der Kamera zu folgen und immer wieder eine neue, gute Position zu finden, aus der Sie das, was die Kinder tun, am besten aufzeichnen können. Je mehr Übung Sie jedoch im Umgang mit der Technik haben, desto besser wird Ihnen das auch gelingen.

Ein weiteres grundlegendes Problem bei der Dokumentation mit einer Kamera ist die Qualität der Tonaufnahme. Eine normale Kamera fängt häufig nur sehr schlecht ein, was die Kinder miteinander reden, Nebengeräusche sind viel zu stark, oder Sie hören auf der Aufnahme vor allem das Kind, das unmittelbar hinter Ihnen fröhlich ein Lied trällert. Eine Lösung für dieses Problem wäre ein Richtmikrofon. Allerdings ist dafür der technische Aufwand sehr hoch. Zum einen brauchen Sie, um beweglich zu sein, eine zweite Person, die das Mikrofon immer wieder neu ausrichtet, zum anderen sind insbesondere ältere Kinder durch den Einsatz von zu viel Technik leicht irritierbar. Letztendlich müssen Sie also das, was die Kinder sagen, auch bei Filmaufnahmen häufig im Nachhinein schriftlich niederlegen. Dazu können Sie natürlich die Aufnahme selbst nutzen, und bei zeitnahem Anschauen werden Sie auch bemerken, dass Sie als Aufnehmende viel mehr verstehen als andere Personen, die bei der Aufnahme nicht zugegen waren. Doch kann es mühevoll und manchmal sehr zeitaufwendig sein, mehrmals zurückzuspulen und sich den Satz, den Nathalie zu Svenja sagt, wieder und wieder anzuhören.

Gehen wir nun aber einmal davon aus, dass Sie mit etwas Übung relativ schnell zur Expertin in Sachen Foto- und Filmdokumentation werden. Die Aufnahmen sind nahezu perfekt, und es existiert ein schriftliches Protokoll, aus dem viel darüber zu entnehmen ist, was die Kinder sagen und was ansonsten mit der Kamera nicht eingefangen werden konnte. Nun müssen diese Dokumente allerdings auch analysiert werden, und auch hierbei sollten Sie den Aufwand nicht unterschätzen.

Auswertung von Fotos

Ähnlich wie bei der Dokumentation von Gesprächen mit Kindern oder der Dokumentation kindlicher Werke bedarf es auch bei Fotos einer Klärung, welche Bildungsthemen des Kindes beobachtet worden sind oder welche Kompetenzen und Entwicklungsschritte sich daran erkennen lassen. Für sich genommen, können die von Ihnen erstellten Bilddokumente zwar Eltern und Kinder erfreuen und als nette Erinnerungsstücke wahrgenommen werden, im Hinblick auf kindliche Bildungsprozesse und darauf aufbauende pädagogische Angebote sind sie aber nur wenig aussagekräftig, wenn sie nicht analysiert werden. Zu den Fotos gehört also auch die schriftlich festgehaltene Geschichte, die sich dahinter verbirgt, die Einschätzung der Bildungs- oder Entwicklungsthemen, die sich anhand der Fotos erkennen lassen, und Hinweise, wie darauf aufbauend individuelle pädagogische Angebote für die beobachteten Kinder entwickelt wurden.

Fotoserien von zwei bis fünf Fotos sind geeignet, um Kinder bei typischen, herausfordernden oder ungewöhnlichen Aktivitäten einzufangen. Mit einer kurzen Beschreibung bzw. Interpretation versehen sind sie nicht nur ein Teil der individuellen Bildungsgeschichte eines Kindes, sondern können auch – wenn Eltern und Kinder einverstanden sind – der öffentlich zugänglichen Dokumentation der Bildungsarbeit in der Kita dienen.

Auswertung von Filmaufnahmen

Bei Filmaufnahmen kann die Analyse immens zeitaufwendig sein. Mit der Kamera ausgerüstet neigt man dazu, viel mehr Beobachtungsmaterial als mit Papier und Bleistift zu erstellen. Schnell wird aus der geplanten fünfminütigen Beobachtungszeit eine halbe Stunde. Aus dem so gewonnenen Material gilt es dann auszusortieren, was besonders interessant erscheint und was besonders aussagekräftig im Hinblick auf kindliche Bildungsprozesse sein könnte.

Die Auswertung von Filmaufnahmen sollte, wie generell bei allen Beobachtungen, möglichst zeitnah vorgenommen werden. Wenn Sie sich mit dem Aussortieren bedeutsamer Szenen zu viel Zeit lassen, weil Sie glauben, alles Wichtige eingefangen zu haben, und wenn kein schriftliches Protokoll über das existiert, was um die Aufnahme herum stattgefunden hat, kann die Analyse der ausgewählten Szenen unter Umständen schwierig werden. So stellen Sie vielleicht fest, dass auf der Filmaufnahme kaum zu verstehen ist, was die Kinder sagen, dass Sie sich aber auch nicht mehr daran erinnern können. Oder Sie bemerken, dass Sie mit der Kamera weder den Beginn noch die Auflösung einer Szene eingefangen haben, wie in unserem Beispiel des Konflikts zwischen Nathalie, Constanze und Svenja (siehe Seite 173). Nun wissen Sie weder, was zum Konflikt in der Puppenecke führte, noch, was nach der Auseinandersetzung eigentlich passiert ist. Erinnern können Sie sich im Nachhinein meist nur schwer. In solchen Fällen gerät man leicht in den Bereich der Spekulation, und Sie sollten deshalb eine Analyse vermeiden oder nur sehr vorsichtig betreiben.

Wenn die Auswertung der Filmaufnahmen jedoch zeitnah erfolgt und ein schriftliches Protokoll zur Aufnahme vorhanden ist, stellt dieses Beobachtungsmaterial eine hervorragende Ausgangsbasis dar, um gemeinsam mit Ihren Kolleginnen und Kollegen kindliche Bildungsprozesse nah am tatsächlichen Geschehen nachzuvollziehen und zu analysieren. Ihre Kolleginnen und Kollegen können dann mit eigenen Augen sehen, was Sie beobachtet haben, und Sie bekommen von ihnen sowie durch das Protokoll entsprechende Hintergrundinformationen zur beobachteten Situation. Das Material regt dazu an, die Situation aus verschiedenen Perspektiven zu betrachten und zu diskutieren. Darauf aufbauend können individuelle pädagogische Angebote entwickelt und fundiert begründet werden.

5.5 Portfolio-Dokumentation

Wenn Sie beobachten und dokumentieren, dann tun Sie das mit verschiedenen Zielen. Es geht Ihnen sicherlich darum, jedes einzelne Kind und die Kindergruppe, für die Sie Ansprech- und Bezugsperson sind, im Blick zu behalten und in ihren Lebenssituationen, Fähigkeiten, Interessen und Bedürfnissen immer besser kennenzulernen. Es geht auch darum, für jedes Kind einen Ausschnitt der individuellen Bildungsbiografie festzuhalten und nachvollziehbar zu machen – als Grundlage für die Reflexion der pädagogischen Arbeit, als Ausgangspunkt für die Planung und Umsetzung von pädagogischen Angeboten und als Basis für den engagierten Austausch und die Kooperation mit Eltern und Familien.

aus: Portfoliogestaltung leicht gemacht (2017). Freiburg: Herder.

Portfolios können in Mappen oder Ordnern organisiert sein. Sie enthalten sowohl Aufzeichnungen über das Kind als auch Produkte des Kindes: also spontane Beobachtungen, anekdotische Geschichten, Auswertungsbogen zu systematischen Beobachtungen, Fotos oder Fotoserien, die das Kind bei bevorzugten Aktivitäten, mit bestimmten Spielpartnern oder in typischen Situationen zeigen, Bilder, die das Kind gemalt hat, Fotos von Bauwerken oder Tonarbeiten des Kindes. Auch Informationen aus dem Familienzusammenhang oder Familiengeschichten können in Portfolios ihren Platz finden. Mittlerweile sind einige aussagekräftige Veröffentlichungen über die Arbeit mit Portfolios oder „Bildungsbüchern" erschienen (z.B. Groot-Wilken 2008; Gewerkschaft Erziehung und Wissenschaft 2006).

Alle Dokumente mit individuellem Bezug, die Auskunft geben können über Bildungs- und Entwicklungsprozesse sowie deren Themen, sollten Sie sinnvollerweise in einer geordneten Art zusammenführen. Nicht mehr und nicht weniger macht ein Portfolio aus.

Was unterscheidet das Portfolio von „Mappen" mit Mal- und Bastelarbeiten?

Viele pädagogische Fachkräfte legen bereits für jedes Kind eine Mappe an, in der die Produkte, die die Kinder über das Kindergartenjahr hinweg anfertigen, ihren Platz finden und die zum Abschied den Kindern bzw. Eltern mitgegeben wird. Ein Portfolio geht über diese Form des Sammelns hinaus. Es ist eine Zusammenstellung von vielen Stationen in den Bildungsprozessen eines Kindes, um letztlich dessen Bildungsbiografie nachvollziehen zu können. Deshalb muss ein Portfolio bewusst und systematisch geführt werden. Das heißt, dass man zu jeder Eintragung bzw. zu jedem Dokument eine Idee davon haben sollte, warum diese/dieses im Portfolio „gelandet" ist: Welcher Schritt im Bildungsprozess des Kindes, welche für das Kind wichtige Erfahrung ist dort beschrieben oder im Foto festgehalten? Welche Bedeutung hat die abgeheftete Malerei für das Kind, welches Thema hat es dabei bewegt und beschäftigt? Portfolios enthalten also nicht nur die „nackten" Produkte oder Ergebnisse von Beobachtungen, sondern möglichst immer auch kurze Reflexionen, Notizen über Konsequenzen für die pädagogische Arbeit, Verweise auf Querverbindungen zwischen einzelnen Dokumenten und Aufzeichnungen darüber, was die Kinder selbst zu ihren Produkten oder Fotografien sagen.

Wie lege ich ein Portfolio an?

Für das Anlegen eines Portfolios gibt es keine festen Regeln, aber durchaus Erfahrungswerte. Portfolios sind in den USA und in England seit vielen Jahren ein bewährtes Arbeitsinstrument in Kindertageseinrichtungen und haben mittlerweile auch in deutschen Kitas Einzug gehalten.

Dabei sind die folgenden wichtigen Punkte zu berücksichtigen bzw. zu klären:

- **Worin sollen die Beobachtungen und Informationen gesammelt werden?** Hier kann ein einfacher Ringordner genutzt werden, der mit dem Namen des Kindes versehen wird. Berücksichtigen sollten Sie auch, dass Dokumentierenswertes nicht immer ein Format hat, das man in Ordnern abheften kann (z.B. große Bilder, Gesammeltes von Ausflügen). Zu überlegen wäre deshalb, für jedes Kind eine Foto-Box oder einen Plastikkasten anzuschaffen, in dem solche Gegenstände aufbewahrt werden können.
- **Wie soll das Portfolio aufgebaut werden?** Das Portfolio sollte der Übersichtlichkeit halber durch Trennblätter in Abschnitte eingeteilt werden. Bewährt hat sich die chronologische Ordnung der Dokumente. Das heißt, dass alle Beobachtungen, Notizen und Fotos zum Beispiel in Halbjahresabschnitten abgelegt werden. Innerhalb dieser Abschnitte können einzelne Formulare wiederum in einer festgelegten Reihenfolge erscheinen. Zu berücksichtigen ist auch, welchen „ersten Eindruck" ein Portfolio vermitteln soll. Ein Foto auf der ersten Seite ist sicherlich lebendiger als ein Auswertungsbogen und vermittelt vielleicht auch eher Ihr Anliegen, das einzelne Kind in seiner Individualität zu würdigen. Sie sollten ebenfalls darüber entscheiden, ob und an welcher Stelle Informationen von den Eltern bzw. aus den Familien aufgenommen werden.
- **Wo finden die Portfolio-Ordner und gegebenenfalls die Materialkästen ihren Platz?** Sie sollten gut zugänglich sein, aber nicht so öffentlich aufbewahrt werden, dass jeder ungefragt Einsicht nehmen kann. Das Portfolio ist Eigentum des Kindes. Deshalb sollten Kinder immer gefragt werden, ob sie zustimmen, dass sich jemand den Inhalt ansieht.

- **Wer ist für welche Portfolios zuständig?** Die Verantwortung für die einzelnen Dokumentationen muss im Team verteilt werden. In Einrichtungen, die mit festen Gruppen arbeiten, werden die in einer Gruppe zusammenarbeitenden Fachkräfte die Zuständigkeit für die Portfolios „ihrer" Kinder unter sich aufteilen. Auch in Einrichtungen, die ein offenes oder teiloffenes Konzept haben, gibt es meist für jedes Kind eine „Bezugsperson", die das Führen des Portfolios übernehmen kann. Als machbar hat sich erwiesen, dass eine Fachkraft die Portfolios von acht bis zehn Kindern pflegt.
- **Wie behalte ich den Überblick?** Zunächst einmal sollte jedes Dokument mit Datum und Urhebervermerk versehen werden. Als sinnvoll hat sich auch ein Übersichtsplan erwiesen, der zeigt, welche Beobachtungsverfahren regelmäßig eingesetzt werden sollen und wann die Beobachtungen für das jeweilige Kind tatsächlich erfolgt sind (siehe Kapitel 3.2). Auch Termine für Elterngespräche sollten dort eingetragen werden. Der Übersichtsplan wird außen am Portfolio-Ordner angebracht oder am Anfang des Portfolios eingeheftet.

Wie pflege ich die Portfolios?

Damit Portfolios nutzbar bleiben, müssen sie gepflegt – und das heißt in erster Linie regelmäßig aktualisiert – werden. Es ist schade, wenn in einem Portfolio größere „Lücken" entstehen, denn diese Abschnitte aus der Bildungsbiografie des Kindes sind dann verloren und können im Nachhinein nur mühsam oder überhaupt nicht mehr rekonstruiert werden.

Um solche Lücken erst gar nicht entstehen zu lassen, ist eine möglichst gute Beobachtungsplanung (siehe Kapitel 3.2) eine hilfreiche Maßnahme. Zum anderen hilft es bereits viel, alles, von dem sie denken, es könnte für die Bildungsgeschichte eines Kindes außerdem informativ sein – wie Bilder, Gesagtes, spontane Beobachtungen, die sie mit einem Bildungsthema des Kindes in Zusammenhang bringen –, mit Datum und kurzen Anmerkungen versehen zu sammeln. Zu einem späteren Zeitpunkt sollten aber auch diese Quellen ihren systematischen Platz im Portfolio finden. Auch hierbei ist das Votum des Kindes ernst zu nehmen: Wenn es sich dafür entscheidet, dass etwas ins Portfolio aufgenommen werden soll, dann nehmen Sie es auf – wenn ein Kind partout dagegen ist, dass etwas ins Portfolio kommt, dann sollten Sie auch diese Entscheidung respektieren. Trauen Sie sich selbst ruhig auszusortieren und (mit Einverständnis des Kindes) das wegzuwerfen, von dem Sie gar nicht mehr wissen, warum es eigentlich aufgehoben wurde. Denn auch das wird Ihnen gelegentlich passieren! Drei oder vier über den Zeitraum eines halben Jahres gemalte Bilder eines Kindes mit seinen eigenen Kommentaren und Ihren Überlegungen zu seinen Bildungsprozessen versehen, die sich dort widerspiegeln, sind aufschlussreicher und spannender als zehn getuschte Bilder oder schöne Fotos vom Sommerfest, zu denen keine weiterführenden Informationen vorhanden sind.

Wem gehört das Portfolio?

Mittlerweile hat sich eine Rechtsauffassung durchgesetzt, die sich dazu bekennt, dass die Aufzeichnungen, die in einem Portfolio gesammelt werden, dem Kind bzw. seinen Eltern als Erziehungs- und Sorgeberechtigten gehören. Nur diese sollten entscheiden, wer die Aufzeichnungen einsehen kann und vor allem, wann und an wen sie weitervermittelt werden. Beim Ausscheiden des Kindes aus der Einrichtung ist sein Portfolio an die Eltern auszuhändigen. Den größten Nutzen hat ein Portfolio natürlich dann, wenn alle Beteiligten und am Kind und seiner Entwicklung interessierten Akteure bei der Erstellung des Portfolios und bei Entscheidungen, wofür die gesammelten Dokumente genutzt werden, Hand in Hand arbeiten – ungeachtet formaler rechtlicher Bestimmungen. Es gibt erste Versuche von engagierten Kindertageseinrichtungen und Grundschulen, Portfolios als Instrumente für einen abgestimmten Übergang der Kinder zwischen den Institutionen zu nutzen; noch werden allerdings die Potenziale, die in einer solchen Vorgehensweise stecken, deutschlandweit viel zu selten ausgeschöpft.

Wie und wozu nutze ich die Portfolios?

Die Bildungs- und Lerndokumentationen der Kinder sind eine wichtige Grundlage für die fortlaufende pädagogische Planung allein und im Team. Pädagogische Angebote können gezielter entwickelt und immer wieder auf ihre Angemessenheit für einzelne Kinder oder Gruppen von Kindern überprüft werden. Auch die räumlichen Bedingungen und das Materialangebot können aus der Perspektive des einzelnen Kindes analysiert werden: Entsprechen die Spielmaterialien und -möglichkeiten den aktuellen Themen und Interessen dieses Kindes? Was müssen wir ergänzen oder verändern?

> Im Portfolio finden die Kinder ein Stück ihrer eigenen Lebensgeschichte wieder und entwickeln so ein Verständnis von Vergangenheit und Zukunft, von Gewesensein und Werden und der Kontinuität der eigenen Existenz.

Gleichzeitig sind Portfolios ein Ausdruck der Wertschätzung und des Interesses, das Sie den Kindern, ihren Aktivitäten und Produkten entgegenbringen. Indem Sie das Kind in seinen vielen Facetten wahrnehmen lernen, sind Sie ihm näher und verbundener, und die Beziehung zu ihm intensiviert und verändert sich. Die meisten Kinder nehmen ausgesprochen gerne Gelegenheiten wahr, ihr Portfolio gemeinsam mit der pädagogischen Fachkraft oder ihren Eltern anzusehen. Sie wollen wissen, was dort über sie geschrieben steht, wie sie als „Baby" waren und was sie selbst zu ihren eigenen Werken gesagt haben.

Deshalb ist es selbstverständlich, dass Portfolios nicht nur eine Angelegenheit der Erwachsenen sind, sondern Eigentum des Kindes. Portfolios stehen ihnen prinzipiell zum Anschauen zur Verfügung, und die Kinder entscheiden (mit), wer zu welchem Zeitpunkt Einsicht erhält.

Pädagogische Fachkräfte, die bereits über Erfahrungen mit der Portfolio-Dokumentation verfügen, berichten besonders begeistert über die Veränderungen in ihrer Kommunikation mit den Eltern. Die Fachkräfte können zum Beispiel anhand dokumentierter Lerngeschichten, Fotoserien und verschriftlichter Filmaufnahmen genauer und detaillierter Auskunft geben. Die Eltern erhalten eine aussagekräftige Rückmeldung über das, was ihr Kind in der Kita tut, was es lernt und wofür es sich interessiert, und müssen sich nicht mit dem oft üblichen „Er hat gut gegessen und schön gespielt; sonst war nichts Besonderes" zufriedengeben.

Dies hat mehrere Effekte. Zum einen verlieren die regelmäßigen Bastel- und Malprodukte, die von Eltern mangels anderer Informationen gerne als Beleg des pädagogischen Geschehens in der Einrichtung eingefordert werden, an Bedeutung. Eltern nehmen die Fachkräfte verstärkt in ihrer Professionalität als Bildungsbegleiterinnen und -begleiter sowie Arrangeurinnen und Arrangeure für Lernumwelten wahr, was das Image der „Basteltanten" nach und nach verdrängt. Wenn Eltern merken, dass pädagogische Fachkräfte gegenüber den individuellen Fähigkeiten und Interessen ihres Kindes aufgeschlossen und dass auch ihre Beobachtungen und Schlüsse gefragt sind, kommt es vielfach dazu, dass sie die Berichte und Dokumentationen der Pädagoginnen und Pädagogen durch eigene Beobachtungen, Fotografien oder Geschichten ergänzen. Damit wird das Portfolio zum Ausdruck einer tatsächlichen Erziehungs- und Bildungspartnerschaft zwischen pädagogischen Fachkräften und Eltern. Um dies möglich zu machen, sind allerdings regelmäßig Zeiten für Gespräche mit den Eltern einzuplanen, für die das Portfolio dann die inhaltliche Basis liefert.

Schließlich enthalten Portfolios Informationen, die eine wichtige Rolle für einen gelingenden Übergang in die Schule spielen können. Wenn Lehrkräfte die Chance haben, ihre Neuankömmlinge in ihren individuellen Lernwegen und Zugängen zu Bildungsthemen kennenzulernen, können sie an Stärken anknüpfen, Verhalten besser einordnen und mit Eltern leichter eine Verständigung erreichen (vgl. Viernickel 2009). Allerdings sind viele Eltern verunsichert, ob die dokumentierten Beobachtungen wirklich immer zum Wohle ihres Kindes eingesetzt und ob sie überhaupt beachtet werden, wenn sie die Einrichtung verlassen haben. Tatsächlich lässt sich nicht ausschließen, dass auch solche Verfahren, wie sie in diesem Buch vorgestellt und alle einem ressourcenorientierten Ansatz verpflichtet sind, dazu verwendet werden, Schwächen, Auffälligkeiten oder Defizite zu erklären und zu begründen. Die Entscheidung, ob ein Portfolio in die neue Kita oder in die Schule „mitwandert", liegt deshalb immer bei den Eltern.

6.

Zum Abschluss: Was Sie auf jeden Fall beachten sollten, wenn Sie beobachten

Gleichgültig, für welche Form der Beobachtung und Dokumentation Sie sich entscheiden, um den Bildungsauftrag im Elementarbereich in Ihrer Einrichtung zu konkretisieren und umzusetzen, wichtig ist zunächst einmal, dass Sie die folgenden **Grundannahmen teilen und vertreten können:**

- Kinder sind in Sachen Bildung keine defizitären Wesen.
- Wenn sie zur Welt kommen, besitzen sie bereits die Fähigkeit, sich zu bilden, und setzen diese Fähigkeit gezielt ein.
- Aufgabe der Erwachsenen ist es, den Kindern Bildungsmöglichkeiten zur Verfügung zu stellen, die ihre Bildungsfähigkeiten unterstützen und herausfordern.
- Wenn pädagogische Fachkräfte Kinder beobachten, sollten sie dies nicht in erster Linie tun, um herauszufinden, was Kinder nicht können, wo sie Schwächen haben, wo ihnen Kompetenzen fehlen, wo sie sich nicht konzentrieren können.
- Vielmehr geht es in der Beobachtung darum zu erkennen, wo Kinder ihre Stärken haben, was sie besonders gut können, welche Kompetenzen sie besonders intensiv nutzen und bei welchen Aktivitäten sie ganz bei der Sache sind, um auf dieser Grundlage pädagogische Angebote zu entwickeln, die die Fähigkeit der Kinder, sich zu bilden, angemessen begleiten, unterstützen und herausfordern.

Wenn Sie mit dem Vorhaben, regelmäßig zu beobachten, bisher alleine stehen, dann sollten Sie überlegen, auf welche Weise sich Ihre Kolleginnen und Kollegen einbeziehen lassen. Das Ziel, Beobachtung und Dokumentation zu einem regelmäßigen Bestandteil der fachlichen Arbeit und zur Grundlage pädagogischer Planung zu machen, lässt sich am ehesten verwirklichen, wenn das gesamte Team einer Einrichtung an einem Strang zieht. Aber auch dann steht die Verständigung über die genannten Grundsätze am Anfang des Prozesses.

Die Entscheidung für ein bestimmtes Beobachtungsverfahren oder Beobachtungskonzept ist nach dieser grundsätzlichen Klärung über das „Bild vom Kind" abhängig davon, wie viel Zeit und Energie bzw. welche Intensität sich die pädagogischen Fachkräfte selbst zutrauen. Für eine Einrichtung, in der ein konkretes Problem aktuell im Vordergrund steht, ist es vielleicht einfacher, sich zunächst mit der Beobachtung und Dokumentation einzelner Aspekte der kindlichen Entwicklung oder der kindlichen Bildung zu beschäftigen. In Einrichtungen, die anstreben, eine Bildungskonzeption zu entwickeln, bietet es sich dagegen an, den Bildungsprozess der Kinder in seiner Gesamtheit zum Gegenstand der Aufmerksamkeit zu machen. Wenn Sie sich für ein Beobachtungsverfahren entschieden haben bzw. das Team sich auf ein Beobachtungsverfahren geeinigt hat, besteht der nächste Schritt darin, Eltern und Kinder einzubeziehen. Das Einholen einer schriftlichen Einverständniserklärung, die zum Inhalt hat, dass Aufzeichnungen angefertigt, im Team besprochen und aufbewahrt werden dürfen, ist angeraten. Mindestens ebenso wichtig ist es jedoch, den Eltern zu vermitteln, dass die Beobachtung ihres Kindes eine Vorgehensweise mit dem Ziel ist, dessen Stärken und Potenziale zu erkennen, um es auf seinem Bildungsweg bestmöglich unterstützen zu können.

Zusammenfassend möchten wir die unterschiedlichen Herangehensweisen an die Beobachtung und Dokumentation von kindlichen Lern- und Bildungsprozessen nochmals dahingehend miteinander vergleichen, welche Annahmen von Bildungs- und Lernverläufen sie beinhalten, inwieweit Eltern und Kinder an der Dokumentation der Lern- und Bildungsgeschichten beteiligt werden und wie mit den Ergebnissen der Dokumentation umgegangen werden kann. Darüber hinaus wird noch einmal die Frage gestellt, welche praktischen Voraussetzungen für die Arbeit mit den unterschiedlichen Verfahren notwendig sind.

6.1 Das Bild vom Kind

Alle hier beschriebenen Ansätze und Konzepte zur Dokumentation von Lern- und Bildungsprozessen gehen von einem Kind aus, das aktiver Gestalter seiner eigenen Entwicklung ist und sein Wissen und seine Kenntnisse über die Welt durch die selbsttätige Handlung gewinnt. Basis für die Dokumentation ist daher eine konstruktivistische Sicht auf das Kind, wie sie zum Beispiel Wygotski (1987) und Piaget (1981) in ihren Theorien beschreiben und wie sie in zahlreichen neueren wissenschaftlichen Arbeiten weiterentwickelt wird.

Beobachtung und Dokumentation mit dem Ziel, Kinder in ihren Lern- und Bildungsprozessen zu unterstützen und anzuregen, machen es notwendig, im Team ein verbindendes Bild vom Kind zu erarbeiten und sich über die darauf aufbauenden Erziehungsziele der Erwachsenen zu verständigen. Dabei reicht es nicht, den Kolleginnen und Kollegen die Bedeutung von Selbstbildungsprozessen zu erklären. Vielmehr müssen auch sie vor dem Hintergrund ihrer eigenen Erfahrungen, Wünsche und Vorstellungen ein konstruktivistisches Bild vom Kind selbsttätig entwickeln. Dies sollte sowohl im Vorfeld der Beobachtung von

Lern- und Bildungsprozessen als auch im Verlauf der Arbeit immer wieder zum Thema gemacht werden.

6.2 Perspektivenübernahme

Ferner ist allen hier beschriebenen Beobachtungsverfahren die Einschätzung gemeinsam, dass kindliche Lern- und Bildungsprozesse nur dann sinnvoll beobachtet und dokumentiert werden können, wenn es gelingt, sich in die Lage der Kinder zu versetzen und aus deren Perspektive Themen, Interessen und Engagement zu identifizieren. Oft wird es pädagogischen Fachkräften jedoch schwerfallen, nicht sofort zu bewerten und einzuordnen, was sie beobachtet haben. Es erscheint daher sinnvoll, immer wieder den Blick für die Perspektive der Kinder zu schärfen.

Für den Umgang mit den Beobachtungsergebnissen wird in einigen Konzepten die „Zone der nächsten Entwicklung“ (Wygotski 1987) angesprochen, in der Kinder in ihrer Entwicklung herausgefordert werden sollen. Insbesondere bei den beobachtungsbasierten Bildungskonzepten ist es das explizite Ziel von Beobachtung und Dokumentation, Kindern eine Entwicklungsumwelt anzubieten, in der ihre jeweiligen Kompetenzen herausgefordert werden, ohne sie zu überfordern. Hierfür sind entwicklungspsychologische Kenntnisse hilfreich, die es der pädagogischen Fachkraft ermöglichen, den Anregungsgehalt der Umgebung individuell zu gestalten und ihre pädagogische Intervention immer wieder durch die Beobachtung der Kinder auf Angemessenheit zu überprüfen. Falls solche Kenntnisse nicht in umfangreichem Ausmaß gegeben sind, besteht Fortbildungsbedarf.

6.3 Theoretische Grundannahmen zu Entwicklung und Entwicklungsverläufen

Alle Verfahren der Beobachtung und Dokumentation kindlicher Lern- und Bildungsprozesse gehen von den Kompetenzen der Kinder aus, die es zu begleiten, zu unterstützen und herauszufordern gilt. Mit Ausnahme der Verfahren, die in Kapitel 4.6 beschrieben werden, stehen nicht Defizite in der kindlichen Entwicklung im Mittelpunkt, sondern Fähigkeiten und Kenntnisse, die das Kind besitzt und auf denen die pädagogische Fachkraft aufbauen kann. Darüber hinaus finden sich jedoch auch spezifische Entwicklungskonzepte, die es zu klären und zu verstehen gilt. Insbesondere wenn der Bildungsprozess selbst zum Gegenstand der Analyse werden soll, müssen je nach Auswahl der Beobachtungs- und Dokumentationsschwerpunkte Begriffe wie „Schema“, „Engagiertheit“, „Wohlbefinden“, „Selbstbildungspotenziale“ und „Lerndispositionen“ definiert werden.

6.4 Beteiligung von Eltern und Kindern an der Dokumentation

Alle Beobachtungsverfahren haben gemeinsam, dass sie als Grundlage für das Gespräch und den Austausch mit den Eltern der Kinder dienen sollen. Eine besonders intensive Beteiligung der Eltern sowohl an der Beobachtung der Lern- und Bildungsprozesse der Kinder als auch an deren Analyse bietet sich bei den Konzepten „Bildungs- und Lerngeschichten" sowie „Early Excellence" an. Wenn Eltern in die Beobachtung und Dokumentation der Lern- und Bildungsprozesse ihrer Kinder intensiv einbezogen werden sollen, ist es notwendig, über das Verhältnis zwischen Eltern und pädagogischen Fachkräften nachzudenken und nach Wegen zu suchen, wie Eltern ernsthaft an der Arbeit in der Kindertageseinrichtung beteiligt werden können.

Die Beteiligung der Kinder an der Dokumentation scheint im umfassenden Konzept der Bildungs- und Lerngeschichten am stärksten verankert zu sein, findet sich jedoch auch im Early-Excellence-Ansatz wieder. Die sprachlichen und kreativen Äußerungen des Kindes mit seinen „100 Sprachen" werden in die Dokumentation aufgenommen und in die Analyse einbezogen. Eine solche Beteiligung der Kinder an der Dokumentation ihrer eigenen Lern- und Bildungsprozesse ist ohne Zweifel bereits im Vorschulalter möglich und vermittelt den Kindern, dass ihre Aktivitäten und Aussagen anerkannt werden und von Bedeutung sind.

6.5 Praktische Erfordernisse zur Arbeit mit den unterschiedlichen Verfahren

Die hier beschriebenen Beobachtungs- und Dokumentationsverfahren sind prinzipiell alle im Alltagsgeschehen einer Kindertageseinrichtung und zum Teil auch in der Grundschule anwendbar. Sinnvoll ist es, sich vorab im Team auf die Erprobung eines Verfahrens oder Konzeptes zu einigen, damit ein Austausch unter den pädagogischen Fachkräften im Verlauf des Projekts erleichtert wird. Außerdem sind zur Durchführung der Beobachtungen Absprachen unter den Kolleginnen und Kollegen erforderlich. Es ist wichtig zu klären, wer wann beobachtet und dann für die Kinder weniger ansprechbar ist und welche Kollegin oder welcher Kollege sich in dieser Zeit für die Kinder mit ihren aktuellen Bedürfnissen verantwortlich fühlt. Ebenso müssen Zeiten festgelegt werden, in denen die Ergebnisse der Beobachtungen gemeinsam diskutiert und ausgewertet werden können.

Die vorgestellten Verfahren der Beobachtung und Dokumentation unterscheiden sich im Hinblick auf den Grad ihrer Strukturiertheit, den zeitlichen Aufwand und die fachlichen Voraussetzungen, die eine pädagogische Fachkraft mitbringen oder erwerben muss. Sie bzw. Ihr Team sollten sich daher überlegen, welche Ziele Sie mit der Beobachtung und Dokumentation verbinden, wie intensiv Sie glauben, sich damit beschäftigen zu können, und wie viel Struktur Sie benötigen bzw. wie viel Offenheit ihnen entgegenkommt.

Die Beobachtungen, Dokumentationen und Analysen kindlicher Lern- und Bildungsprozesse, wie sie bei den Verfahren zur Einschätzung der kindlichen Entwicklung bzw. bei den meisten beobachtungsbasierten Bildungskonzepten und beim Soziogramm vorgeschlagen werden, können in sehr strukturierter Form vorgenommen werden. Für einige Verfahren ist sogar Trainingsmaterial vorhanden. Die Gefahr solcher Arten von Beobachtung und Dokumentation liegt jedoch darin, sie zu statisch und zu wenig aus der Perspektive des Kindes vorzunehmen, auch wenn dies sicherlich nicht die Intention der Verfahren ist. Offenere Verfahren der Beobachtung und Dokumentation, wie sie zum Beispiel im *infans*-Konzept der Frühpädagogik vorgeschlagen werden, bergen dagegen die Gefahr, dass sie zu unspezifisch und damit zu nichtssagend ausfallen.

Um sowohl aussagekräftige Dokumentationen von Lern- und Bildungsprozessen zu erstellen als auch die Beobachtungen so weit wie möglich aus der Perspektive des Kindes durchzuführen, ist es notwendig, immer wieder in einem Team mit anderen Erwachsenen über das Beobachtete zu diskutieren. Für eine genaue Analyse und insbesondere für die Entwicklung von umfassenden Konzepten zur Begleitung und Herausforderung kindlicher Bildungsprozesse, die auf den Beobachtungen und Dokumentationen aufbauen, ist es hilfreich, wenn nicht unerlässlich, dass diese Diskussionen durch Beratung und Fort- und Weiterbildungen begleitet werden.

Damit ist die Frage angesprochen, was dieses Buch leisten kann und wo seine Grenzen liegen. Wenn es Ihnen vermitteln konnte, warum wir Beobachten und Dokumentieren als Ausgangspunkt für Bildungsangebote ansehen, wenn es Ihnen einen Überblick gegeben hat über praxiserprobte Ansätze und Verfahren und Sie Lust verspüren, einige Anregungen umzusetzen, und wenn Sie sich gewappnet fühlen, mit dem Beobachten und Dokumentieren anzufangen, und zuversichtlich sind, dass es Ihnen gelingen wird, beides in Ihre alltägliche Arbeit zu integrieren – dann hat dieses Buch das erreicht, was möglich ist.

Das Beobachten selbst, das Aufzeichnen des Beobachteten und das Deuten des Gesehenen, das schließlich zu pädagogischem Handeln führt, sind Kompetenzen, die Sie nicht lesend, sondern nur durch konkretes Tun entwickeln: durch Übung, Versuch und Irrtum, gemeinsames Ausprobieren und gegenseitige Unterstützung. Wir wünschen uns, dass dieses Buch Sie dabei unterstützt, mit all dem zu beginnen oder fortzufahren. Denn wir sind überzeugt davon, dass Beobachten und Dokumentieren zum professionellen Handwerkszeug gehören, mit dessen Hilfe die Potenziale aller Kinder erkannt und gezielter gefördert werden können; mehr aber noch, dass Beobachten Teil einer pädagogischen Grundhaltung ist, die Kinder in ihren Persönlichkeiten, Ausdrucksformen und Aktivitäten wertschätzt und ihnen mit Achtung und Interesse begegnet.

Literatur

Alemzadeh, Marjan (Hg.) (2021): Wahrnehmendes Beobachten in Krippe und Kindertagespflege. Partizipatorische Didaktik. Freiburg: Herder.

Andres, Beate & Laewen, Hans-Joachim (2011): Das *infans*-Konzept der Frühpädagogik. Bildung und Erziehung in Kindertagesstätten. Weimar: verlag das netz.

Arbeitsgruppe Professionalisierung frühkindlicher Bildung (Hrsg.) (2005): Beobachtung und Dokumentation in der Praxis. Arbeitshilfen zur professionellen Bildungsarbeit in Kindertageseinrichtungen nach der Bildungsvereinbarung NRW. München, Kronach: Carl Link.

Beller, Simone (2016): Kuno Bellers Entwicklungstabelle 0–9. Berlin: Forschung und Fortbildung in der Kleinkindpädagogik.

Beller, E. Kuno & Beller, Simone (2003): Beobachtung in den ersten drei Lebensjahren. KiTa spezial, 1, 14–17.

Berger, Marianne & Berger, Lasse (2004): Der Baum der Erkenntnis – Kunskapen Träd. Ein schwedischer Lehrplan für Kinder und Jugendliche von 1–16 Jahren. Eigenverlag.

Blaschke-Nacak, Gerald & Thörner, Uta (2019): Das Entwicklungsparadigma in der Frühpädagogik. In: Cornelie Dietrich, Ursula Stenger & Claus Stieve (Hrsg.): Theoretische Zugänge zur Pädagogik der frühen Kindheit. Eine kritische Vergewisserung. Weinheim, Basel: Beltz, S. 35–45.

Bundesverband Katholischer Tageseinrichtungen für Kinder (Hrsg.) (2016): KTK-Gütesiegel. Bundesrahmenhandbuch. 4. Aufl. Kempten: Kösel.

Bundesvereinigung Evangelischer Tageseinrichtungen für Kinder e.V./Diakonisches Institut für Qualitätsentwicklung Diakonie Deutschland (2016): Bundesrahmenhandbuch Leitfaden für den Aufbau eines Qualitätsmanagementsystems in Tageseinrichtungen für Kinder. 5., erw. Aufl. Berlin.

Carr, Margaret (2001): Assessment in Early Childhood Settings. Learning Stories. London: Sage.

Deutscher Bildungsserver: Bildungspläne und Bildungsprogramme der Bundesländer. www.bildungsserver.de/Bildungsplaene-der-Bundeslaender-fuer-die-fruehe-Bildung-in-Kindertageseinrichtungen-2027.html.

Dreier, Annette (2010): Was tut der Wind, wenn er nicht weht? Begegnung mit der Kleinkindpädagogik in Reggio Emilia. 7., neu gestaltete Aufl. Mannheim, Berlin: Cornelsen.

Elschenbroich, Donata (2001): Weltwissen der Siebenjährigen. Wie Kinder die Welt entdecken können. München: Kunstmann.

Flämig, Katja; Musketa, Benjamin & Leu, Hans Rudolf (2009a): Bildungs- und Lerngeschichten – Entwicklungstheoretische Hintergründe. Weimar, Berlin: verlag das netz.

Flämig, Katja; Musketa, Benjamin & Leu, Hans Rudolf (2009b): Bildungs- und Lerngeschichten für Kinder mit besonderem Förderbedarf. Weimar, Berlin: verlag das netz.

Frankenstein, Yvonne; Kleeberger, Fabian; Leu, Hans Rudolf & Wolf, Steffi (2009): Bildungs- und Lerngeschichten in der Kindertagespflege. Weimar, Berlin: verlag das netz.

Fthenakis, Wassilios E.; Hanssen, Kirsten; Oberhuemer, Pamela & Schreyer, Inge (Hrsg.) (2003): Träger zeigen Profil. Qualitätshandbuch für Träger von Kindertageseinrichtungen. Weinheim, Basel: Beltz.

Gardner, Howard (2001): Abschied vom IQ – Die Rahmentheorie der vielfachen Intelligenzen. 3. Aufl. Stuttgart: Klett-Cotta.

Gewerkschaft Erziehung und Wissenschaft (Hrsg.) (2006): Bildung sichtbar machen. Von der Dokumentation zum Bildungsbuch. Weimar, Berlin: verlag das netz.

Greve, Werner & Wentura, Dirk (1997): Wissenschaftliche Beobachtung. Eine Einführung. Weinheim, Basel: Beltz.

Groot-Wilken, Bernd (2008): Portfolioarbeit leicht gemacht: Leitfaden zur systematischen Dokumentation von Bildungsverläufen. Berlin, Düsseldorf, Mannheim: Cornelsen.

Haas, Sibylle (2016a): Das Lernen feiern. Lerngeschichten aus Neuseeland. Weimar: verlag das netz.

Haas, Sibylle (Hrsg.) (2016b): Begeisterung teilen. Lerngeschichten in die Praxis tragen. Weimar: verlag das netz.

Hebenstreit-Müller, Sabine (2013): Beobachten lernen – das Early Excellence-Konzept. Berlin: Dohrmann.

Hebenstreit-Müller, Sabine (Hrsg.) (2016): Beobachten und Talente entdecken – Die Bedeutung von Wohlbefinden und Engagiertheit in der pädagogischen Arbeit mit Kindern in der Grundschule. Berlin: Dohrmann.

Hebenstreit-Müller, Sabine & Kühnel, Barbara (Hrsg.) (2004): Kinderbeobachtung in Kitas. Erfahrungen und Methoden im ersten Early Excellence Centre in Berlin. Berlin: Dohrmann.

Hebenstreit-Müller, Sabine & Lepenies, Annette (Hrsg.) (2007): Early Excellence: Der positive Blick auf Kinder, Eltern und Erzieherinnen. Neue Studien zu einem Erfolgsmodell. Berlin: Dohrmann.

Huhn, Norbert; Dittrich, Gisela; Dörfler, Mechthild & Schneider, Kornelia (2000): Videographieren als Beobachtungsmethode in der Sozialforschung. In: Friederike Heinzel (Hrsg.): Methoden der Kindheitsforschung. Ein Überblick über Forschungszugänge zur kindlichen Perspektive. München: Juventa, S. ???.

Kleeberger, Fabian & Leu, Hans Rudolf (2009): Bildungs- und Lerngeschichten im Hort. Weimar, Berlin: verlag das netz.

Kleeberger Fabian; Frankenstein, Yvonne & Leu, Hans Rudolf (2009): Bildungs- und Lerngeschichten am Übergang vom Kindergarten in die Grundschule. Weimar, Berlin: verlag das netz.

Klein, Lothar & Vogt, Herbert (1998): Freinet-Pädagogik in Kindertageseinrichtungen. Entdeckendes Lernen oder „Vom Hunger nach Leben". Freiburg: Herder.

Klug, Wolfgang (2001): Erfolgreiches Kita-Management. Unternehmens-Handbuch für LeiterInnen und Träger von Kindertagesstätten. München: Reinhardt.

Koglin, Ute; Petermann, Ulrike & Petermann, Franz (2015): Entwicklungsbeobachtung und -dokumentation (EBD) 48–72 Monate. Eine Arbeitshilfe für Fachkräfte in Kindergärten und Kindertagesstätten. 4. Aufl. Mit CD-Rom. Berlin, Düsseldorf und Mannheim: Cornelsen.

Laevers, Ferre (Hrsg.) (2009): Beobachtung und Begleitung von Kindern. Arbeitsbuch zur Leuvener Engagiertheits-Skala. Verlag Erfahrung und Lernen: Wegberg.

Leu, Hans Rudolf (2006): Beobachtung in der Praxis. In: Lilian Fried & Susanna Roux (Hrsg.): Pädagogik der frühen Kindheit. Weinheim, Basel: Beltz, S. 232–243.

Leu, Hans Rudolf; Flämig, Katja; Frankenstein, Yvonne; Koch, Sandra; Pack, Irene; Schneider, Kornelia & Schweiger, Martina (2007): Bildungs- und Lerngeschichten. Bildungsprozesse in früher Kindheit beobachten, dokumentieren und unterstützen. Weimar, Berlin: verlag das netz.

Mayr, Toni (1998): BEK. Beobachtungsbogen zur Erfassung von Entwicklungsrückständen und Verhaltensauffälligkeiten bei Kindergartenkindern. Verfügbar unter: www.ifp.bayern.de/imperia/md/content/stmas/ifp/beobachtungsbogen_bek.pdf.

Mayr, Toni (2008): Früherkennung von Entwicklungsauffälligkeiten im Kindergarten als Prozess – ein Stufenmodell. In: Detlef Diskowski & Ludger Pesch (Hrsg.): Familien stützen – Kinder schützen. Was Kitas beitragen können. Berlin, Weimar: verlag das netz, S. 199–213.

Mayr, Toni; Hofbauer, Christiane; Simic, Mirjana & Ulich, Michaela (2012): Selsa. Sprachentwicklung und Literacy bei Kindern im Schulalter (1. bis 4. Klasse). Beobachtungsbogen und Begleitheft zum Beobachtungsbogen. Freiburg: Herder.

Mayr, Toni & Ulich, Michaela (2017): perik – Positive Entwicklung und Resilienz im Kindergartenalltag. 10 Beobachtungsbögen mit Begleitheft. Freiburg: Herder.

Mayr, Toni; Kieferle, Christa & Schauland, Nesiré (2017): Liseb. Literacy- und Sprachentwicklung beobachten (bei Kleinkindern). Beobachtungsbogen liseb-1 und liseb-2 und Begleitheft. Freiburg: Herder.

Michaelis, Richard & Haas, Gerhard (1994): Meilensteine der frühkindlichen Entwicklung – Entscheidungshilfen für die Praxis. In: Hans G. Schlack et al. (Hrsg.): Praktische Entwicklungsneurologie. München: Marseille, S. ???.

Montada, Leo (2002): Die geistige Entwicklung aus der Sicht Jean Piagets. In: Rolf Oerter & Leo Montada (Hrsg.): Entwicklungspsychologie. Weinheim, Basel: Beltz, S. 418–442.

Moreno, Jakob L. (1996): Die Grundlagen der Soziometrie. Wege zur Neuordnung der Gesellschaft. Wiesbaden: Springer.

Müller, Sabine (Hrsg.) (2014): Engagiertheit und Wohlbefinden. Übungsszenen aus Kita und Grundschule. DVD. Berlin: Dohrmann.

Pauen, Sabina (2018): Vom Baby zum Kleinkind. Beobachtung, Begleitung und Förderung in den ersten Lebensjahren. Berlin: Springer.

Petermann, Ulrike; Petermann, Franz & Koglin, Ute (2015): Entwicklungsbeobachtung und -dokumentation (EBD) 3–48 Monate. Eine Arbeitshilfe für pädagogische Fachkräfte in Krippen und Kindergärten. 6. Aufl. Mit CD-ROM. Berlin, Düsseldorf und Mannheim: Cornelsen.

Piaget, Jean (1981): Meine Theorie der geistigen Entwicklung. München: Fischer Taschenbuch.

Preissing, Christa & Heller, Elke (Hrsg.) (2009): Qualität im Situationsansatz. Qualitätskriterien und Materialien für die Qualitätsentwicklung in Kindertageseinrichtungen. Berlin, Mannheim: Cornelsen.

Rauh, Hellgard (2004): Schemata in der Entwicklung von Kindern. Theorie und Praxis der Sozialpädagogik (TPS), 9/10, 22–25.

Rugor, Regina & von Studzinski, Gundula (2003): Qualitätsmanagement nach der ISO-Norm. Weinheim, Basel: Beltz.

Schäfer, Gerd E. (2005): Bildung beginnt mit der Geburt. Ein offener Bildungsplan für Kindertageseinrichtungen in Nordrhein-Westfalen. 2. Aufl. Weinheim, Basel: Beltz.

Schäfer, Gerd E. & Alemzadeh, Marian (2012): Wahrnehmendes Beobachten. Beobachtung und Dokumentation am Beispiel der Lernwerkstatt Natur. Berlin, Weimar: verlag das netz.

Schlaaf-Kirschner, Kornelia (2014a): Auf einen Blick! Der Beobachtungsbogen für Kinder unter 3. Mit Tipps und Materialien für die Kita-Praxis. Mühlheim: Verlag an der Ruhr.

Schlaaf-Kirschner, Kornelia (2014b): Auf einen Blick! Der Beobachtungsbogen für Kinder von 3–6. Mit Tipps und Materialien für die Kita-Praxis. Mühlheim: Verlag an der Ruhr.

Schlaaf-Kirschner, Kornelia (2016): Auf einen Blick! Der Beobachtungsbogen für Vorschulkinder. Mit Infos und Förderideen für die Kita-Praxis. Mühlheim: Verlag an der Ruhr.

Schlaaf-Kirschner, Kornelia & Fege-Scholz, Uta (2017): Auf einen Blick! Der Beobachtungsbogen Sprachentwicklung von 1–6 Jahren: Mit Infos und Förderideen – auch für Deutsch als Zweitsprache. Mühlheim: Verlag an der Ruhr.

Singer, Wolf (2001): Was kann ein Mensch wann lernen? Vortrag anlässlich des ersten Werkstattgesprächs der Initiative „McKinsey bildet" in der Deutschen Bibliothek. Frankfurt am Main. Verfügbar unter: www.brain.mpg.de/fileadmin/user_upload/images/Research/Emeriti/Singer/mckinsey.pdf.

Spitzer, Manfred (2002): Geist im Netz – Modelle für Lernen, Denken und Handeln. Heidelberg: Spektrum Akademischer Verlag.

Stein, Christiane & Resing, Michael (www.baumderErkenntnis.de) (Hrsg.) (2021): Baum der Erkenntnis. 10. Auflage. Nürnberg.

Strätz, Rainer (2003): Ergebnisse der neurobiologischen Forschung – Teil 2. KiTa aktuell MO; Nr. 10, 211–213.

Strätz, Rainer; Hermens, Claudia; Fuchs, Ragnhild; Kleinen, Karin; Nordt, Gabriele & Wiedemann, Petra (2008): Qualität für Schulkinder in Tageseinrichtungen und offenen Ganztagsgrundschulen. Ein nationaler Kriterienkatalog. Berlin, Düsseldorf, Mannheim: Cornelsen.

Tietze, Wolfgang & Viernickel, Susanne (Hrsg.) (2017): Pädagogische Qualität in Tageseinrichtungen für Kinder. Ein nationaler Kriterienkatalog. 5. Aufl. Weimar, Berlin: verlag das netz.

Ulich, Michaela & Mayr, Toni (2017a): sismik (Sprachverhalten und Interesse an Sprache bei Migrantenkindern in Kindertageseinrichtungen). Beobachtungsbogen und Begleitheft. Freiburg: Herder.

Ulich, Michaela & Mayr, Toni (2017b): seldak (Sprachentwicklung und Literacy bei deutschsprachig aufwachsenden Kindern). Beobachtungsbogen für Kindertageseinrichtungen. Freiburg: Herder.

ver.di Vereinte Dienstleistungsgewerkschaft Fachbereich Gesundheit, Soziale Dienste, Wohlfahrt, Kirchen Fachbereich Gemeinden, Fachgruppe Sozial-, Kinder- und Jugendhilfe (o.J.): Macht Knäckebrot schwedische Kinder klüger? Der Baum der Erkenntnis. Umsetzung des schwedischen Bildungsplanes für Kindertagesstätten und Schulen Dokumentation von Fachtagungen mit Göran Frisk (Halmstadt, Südschweden).

Viernickel, Susanne (2009): Mit Portfolios Brücken bauen. Stärkenorientierte Dokumentationsformen im Kontext der Zusammenarbeit zwischen Kindertageseinrichtung und Grundschule. Lernende Schule, 4.

Voß-Rauter, Helga (1999): Heterogene Klassen und die Montessori-Pädagogik. In: Achim Hellmich & Peter Teigeler (Hrsg.): Montessori-, Freinet-, Waldorfpädagogik. Weinheim, Basel: Beltz, S. 87–90.

Whalley, Margy/Pen Green Centre Team (2008): Eltern als Experten ihrer Kinder. Das „Early Excellence"-Modell in Kinder- und Familienzentren. Berlin: Dohrmann.

Wygotski, Lew (1987): Ausgewählte Schriften. Band 2: Arbeiten zur psychischen Entwicklung der Persönlichkeit. Köln: Pahl-Rugenstein.

Zimmer, Renate (2019): BaSiK. Begleitende alltagsintegrierte Sprachentwicklungsbeobachtung in Kindertageseinrichtungen. Freiburg: Herder.

Anhang

Kontaktsoziogramm

Gruppe: ______________________ Erzieherin: ______________________

Anzahl von Einzelbeobachtungen: __________ Zeitraum der Beobachtung: __________

Name des Kindes	K 1	K 2	K 3	K 4	K 5	K 6	K 7	K 8	K 9	K 10	K 11	K 12	K 13	K 14	K 15	K 16	K 17	K 18	K 19	K 20	Anzahl aktiver Wahlen
K1																					
K2																					
K3																					
K4																					
K5																					
K6																					
K7																					
K8																					
K9																					
K10																					
K11																					
K12																					
K13																					
K14																					
K15																					
K16																					
K17																					
K18																					
K19																					
K20																					
Anzahl passiver Wahlen																					

Zellen = Aktive Wahlen: Kind sucht den Kontakt zu den mit X markierten Kindern.
Spalten = Passive Wahlen: Kind wird von den mit X markierten Kindern als Spiel- oder Interaktionspartner gewählt. Die Matrix muss für jedes Kind nur einmal ausgefüllt werden. Die passiven Wahlen können daraus berechnet werden.

Spielesoziogramm: Spielpartnerschaften

Gruppe: ______________________ Erzieherin: ______________________

Anzahl von Einzelbeobachtungen: ____________ Zeitraum der Beobachtung: ____________

Name des Kindes	K 1	K 2	K 3	K 4	K 5	K 6	K 7	K 8	K 9	K 10	K 11	K 12	K 13	K 14	K 15	K 16	K 17	K 18	K 19	K 20	Summe Spiel-partner	davon … Mädchen	davon … Jungen	Bevor-zugte Spiel-partner
K1 →																								
K2 →																								
K3 →																								
K4 →																								
K5 →																								
K6 →																								
K7 →																								
K8 →																								
K9 →																								
K10 →																								
K11 →																								
K12 →																								
K13 →																								
K14 →																								
K15 →																								
K16 →																								
K17 →																								
K18 →																								
K19 →																								
K20 →																								

Für jede Beobachtungssituation (empfohlen >10) pro Kind aus der Raumskizze übernehmen, welche Spielpartner es hatte bzw. in wessen räumlicher Nähe es gespielt hat. Das Spielesoziogramm kann neben der Auswertung nach Anzahl und Geschlecht der Spielpartner auch z. B. im Hinblick auf das Alter der Spielpartner ausgewertet werden.

Spielesoziogramm: Spielorte

Gruppe: ______________________ Erzieherin: ______________________

Anzahl von Einzelbeobachtungen: ____________ Zeitraum der Beobachtung: ____________

Name des Kindes	K 1	K 2	K 3	K 4	K 5	K 6	K 7	K 8	K 9	K 10	K 11	K 12	K 13	K 14	K 15	K 16	K 17	K 18	K 19	K 20	Summe Kinder/ Spielort	davon … Mädchen	davon … Jungen
Spielort A																							
Spielort B																							
Spielort C																							
Spielort D																							
Spielort E																							
Spielort F																							
Spielort G																							
Spielort H																							
Bevorzugte Spielorte / Kind																							

Für jede Beobachtungssituation (empfohlen >10) pro Kind aus der Raumskizze übernehmen, welche Spielpartner es hatte bzw. in wessen räumlicher Nähe es gespielt hat. Das Spielesoziogramm kann neben der Auswertung nach Anzahl und Geschlecht der Spielpartner auch z. B. im Hinblick auf das Alter der Spielpartner ausgewertet werden.

Renate Zimmer
MotorikPlus
HERDER

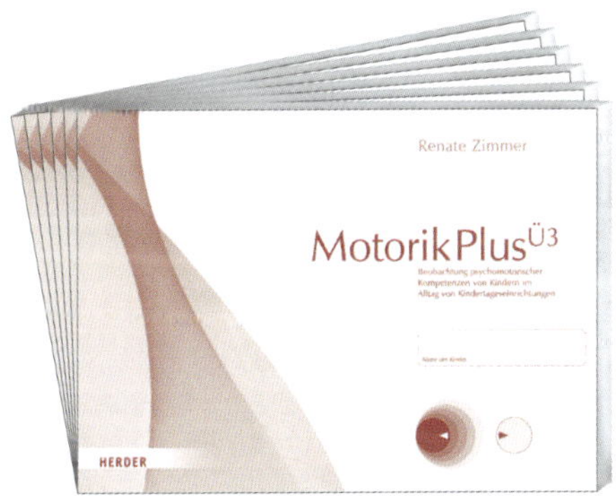

Renate Zimmer
MotorikPlus Ü3
HERDER

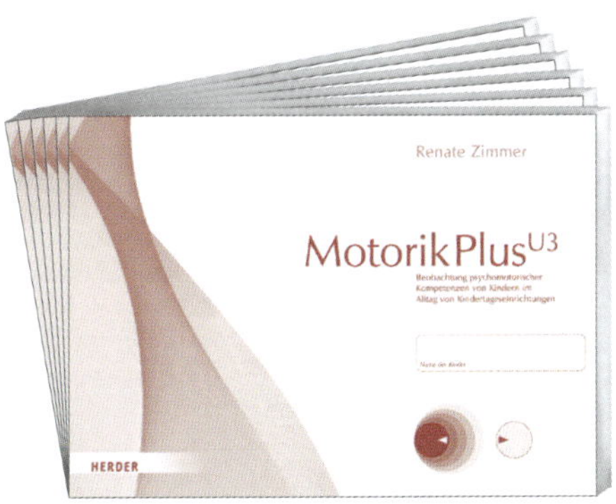

Renate Zimmer
MotorikPlus U3
HERDER